上海市文化和旅游事业发展中心重点研究项目（2024）

休闲研究专著系列

"上海旅游"品牌发展指数研究报告（2024）

REPORT ON "SHANGHAI TOURISM" BRAND DEVELOPMENT INDEXES（2024）

"上海旅游"品牌发展指数研究项目组　著

楼嘉军　宋长海　马红涛　陈彦婷

上海交通大学出版社
SHANGHAI JIAO TONG UNIVERSITY PRESS

内容提要

本书是由华东师范大学等高校与上海市文化和旅游事业发展中心共同组成的"'上海旅游'品牌发展指数"研究项目组发布的研究报告,是继 2022 年以来有关"上海旅游"品牌发展水平分析的第三份研究报告。本书由两部分组成:第一部分是指数研究,包括概论、指标体系、指数分析、结论与建议;第二部分是专题研究。本书对于打响"上海旅游"品牌,助力上海加快建成世界著名旅游城市发展步伐具有一定的理论意义。

本书可以用作高等院校旅游、休闲、会展、文化,以及社会学等专业师生的参考教材,也适合作为旅游管理、文化产业管理和城市公共服务管理部门实际操作人员的参考用书。

图书在版编目(CIP)数据

"上海旅游"品牌发展指数研究报告. 2024 /"上海旅游"品牌发展指数研究项目组等著. -- 上海 : 上海交通大学出版社, 2025. 5. -- ISBN 978-7-313-32672-0

Ⅰ. F127.51

中国国家版本馆 CIP 数据核字第 202574R3C2 号

"上海旅游"品牌发展指数研究报告(2024)

"SHANGHAI LÜYOU" PINPAI FAZHAN ZHISHU YANJIU BAOGAO (2024)

主　　编:	"上海旅游"品牌发展指数研究项目组,楼嘉军 等		
出版发行:	上海交通大学出版社	地　　址:	上海市番禺路 951 号
邮政编码:	200030	电　　话:	021 - 64071208
印　　制:	上海万卷印刷股份有限公司	经　　销:	全国新华书店
开　　本:	710 mm×1000 mm　1/16	印　　张:	16.5
字　　数:	202 千字		
版　　次:	2025 年 5 月第 1 版	印　　次:	2025 年 5 月第 1 次印刷
书　　号:	ISBN 978 - 7 - 313 - 32672 - 0		
定　　价:	88.00 元		

前　言

　　旅游品牌是衡量一个城市旅游业综合实力和核心竞争力的重要标志，是反映一座城市旅游市场影响力和感召度的一种软实力。在上海建设世界著名旅游城市的进程中，打响"上海旅游"品牌正在发挥着极其重要的作用。

　　中共中央、国务院于2021年在《关于支持浦东新区高水平改革开放打造社会主义现代化建设引领区的意见》中首次提出了"培育打响上海服务、上海制造、上海购物、上海文化、上海旅游品牌"等"五大品牌"建设的基本要求。"五大品牌"的提出，既是上海更好落实和服务国家战略、加快建设现代化经济体系的重要载体，也是推动高质量发展、创造高品质生活的重要举措，更是助力国际消费中心城市和社会主义现代化国际大都市建设的应有之义。

　　上海五大品牌各有特点。"上海服务"品牌重在提高辐射度，"上海制造"品牌重在彰显美誉度，"上海购物"品牌重在增强体验度，"上海文化"

品牌重在展现标识度①,而"上海旅游"品牌则是重在提升吸引度。作为我国重要的城市旅游目的地,上海旅游业发展正处在转型升级和提质增效的关键阶段,而旅游品牌建设就是旅游业高质量发展的重要标志。加强"上海旅游"品牌建设,就是要坚持"以文塑旅、以旅彰文"的理念,进一步挖掘都市文化、都市风光、都市商业资源潜力,依托"一江一河""建筑可阅读"和"海派城市考古"等海派文化的独特展现,实现旅游产品的迭代更新,推动文旅商体展联动发展,优化旅游服务质量,提升"上海旅游"品牌吸引度,加快建设世界著名旅游城市。此外,必须深刻认识"上海旅游"与"上海制造""上海服务""上海购物"和"上海文化"之间的内在联系,以系统思维推动"上海旅游"品牌战略的实施,借助五大品牌之间"耦合协调机制"的促进作用,着眼品牌内涵,着力品牌影响,着重打响"上海旅游"品牌攻坚战。同时,还应发挥中国国际进口博览会、上海旅游节、上海旅游产业博览会等重大节事会展平台的辐射作用,重塑都市型、综合性和国际化的上海城市旅游特质和市场形象,丰富"上海旅游"品牌内涵。

本报告旨在对2024年"上海旅游"品牌发展水平进行综合测衡,以便准确把握"上海旅游"品牌的发展规律,分析研判"上海旅游"品牌存在的薄弱环节,以期为"上海旅游"品牌朝着更高质量发展提供理论依据和实践参考,助推上海世界著名旅游城市建设进程,同时为其他城市旅游品牌建设提供借鉴。首先,为上海旅游实施品牌发展战略提供决策依据。旅游品牌建设为上海旅游谋求高质量发展带来了新的方向和路径,同时也面临更具挑战性的任务和要求。作为城市旅游运行的政府管理部门,既要对"上海旅游"品牌的发展现状进行整体把握,又要对打响"上海旅游"品牌过程中的核心要素进行科学分析,还必须厘清旅游品牌发展的历史

---

① 贺瑛.上海建设"四大品牌"重点问题与对策[J].科学发展,2019(3):16.

过程和演变趋势,为"上海旅游"品牌战略制定提供理论支撑和决策依据。其次,为上海城市旅游品牌实践活动开展提供理论和实践指导。在城市旅游品牌建设过程中,一方面存在着大量的无序竞争以及无效的建设活动,迫切需要运用切实有效的理论进行指导;另一方面容易忽视对品牌内涵的动态性把握,难以形成科学的品牌发展战略,无法达到品牌市场推广的最优效果。因此,通过对"上海旅游"品牌内涵的解读和评价指标体系的构建,有利于提高"上海旅游"品牌建设水平。最后,为其他城市旅游品牌建设提供借鉴。上海是我国著名的旅游目的地城市之一,其旅游品牌建设具有较强的引领和示范效应。以上海为案例,对旅游品牌发展规律和成功经验进行系统总结,形成"上海旅游"品牌发展模式,可以为其他地区和城市的旅游品牌建设提供参考。

受上海市文化和旅游事业发展中心的委托,项目组承担了《'上海旅游'品牌发展指数报告(2024)》编撰工作。根据上海市文化和旅游事业发展中心对项目编制工作提出的基本原则和具体要求,项目组提出了研究报告的基本框架与研究内容,并与上海市文化和旅游事业发展中心相关部门进行了多次沟通与反复磨合。

确定了项目的研制大纲后,成立了由华东师范大学、上海电子信息职业技术学院、上海师范大学等上海多个高校的青年学者以及上海市文化和旅游事业发展中心部分人员组成的项目研究团队。本报告主要通过自我审视与横向比较两个方面对"上海旅游"品牌进行研究。所谓自我审视,是指借助于由48个主客观指标构成的评价体系,对"上海旅游"品牌要素、品牌形象、品牌口碑、品牌质量和品牌忠诚等进行综合分析。所谓横向比较,是指通过与北京、广州和深圳三个城市的多维度比较,客观剖析"上海旅游"品牌发展的市场现状与市场潜力。

本报告撰写分工如下。第一章和第二章由楼嘉军、宋长海、李平、马红涛和陈彦婷等负责完成。第三章和第四章由宋长海、楼嘉军、马红涛、孟秀焕和陈彦婷等负责完成。第五章、第六章、第七章和第八章由李平、宋长海、江丙瑞、陈彦婷、翁碧云、张欣宜等负责完成。在本报告大纲讨论、报告编制以及报告修改过程中，得到了上海市文化和旅游事业发展中心周丹艳、付坤、程燕沁的积极支持与大力协助。

本报告得以顺利完成，与团队全体成员的辛勤工作，以及上海市文化和旅游事业发展中心相关部门的指导与协助密不可分。作为本报告编撰的负责人，在此我谨向他们表示诚挚的敬意与真诚的感谢。

在本书即将付梓之际，还要感谢上海交通大学出版社的倪华老师与张勇老师对本书的出版与审校工作付出的心血。需要说明的是，由于本书有关"上海旅游"品牌指数研究工作涉及面比较广、资料来源多元化以及研制工作时间比较紧，加上我们认识的局限性，在观点阐述、数据处理、材料分析等方面难免会存在不足，敬请学者与读者批评指正。

目　录

第一部分　指数研究

第二部分 专题研究

第一部分

指数研究

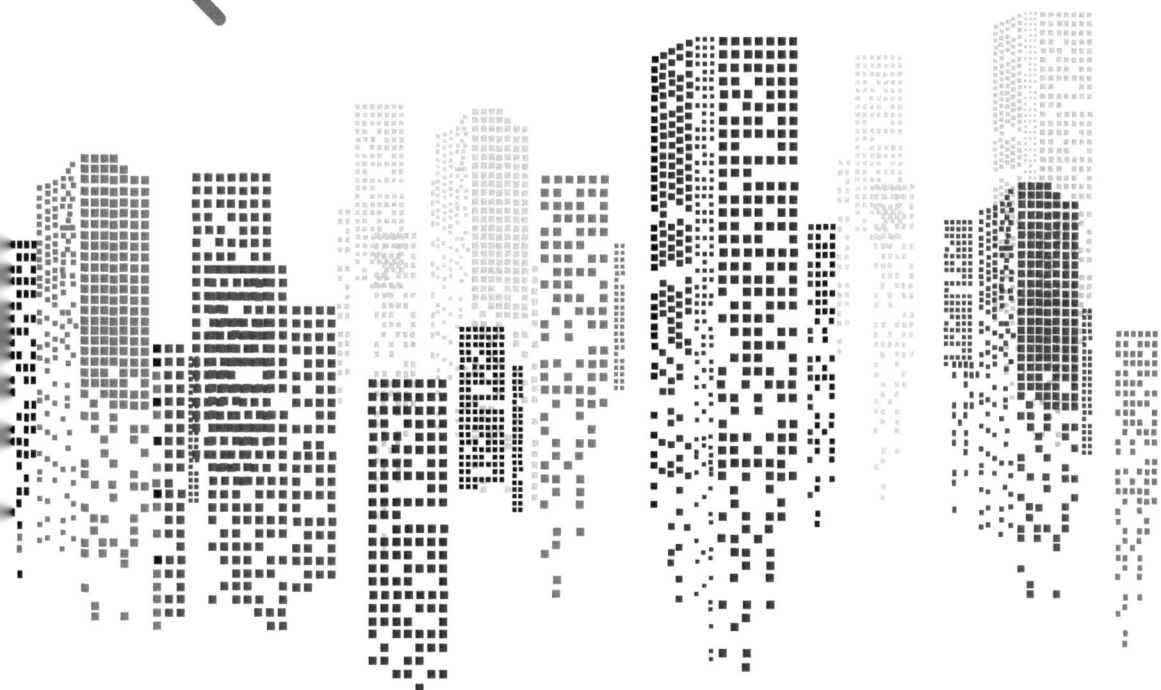

第一章 概 论

第一节 研 究 背 景

2014 年,习近平总书记在河南考察时指出,要加快构建以企业为主体、市场为导向、产学研相结合的技术创新体系,加强创新人才队伍建设,搭建创新服务平台,推动科技和经济紧密结合,努力实现优势领域、共性技术、关键技术的重大突破,推动中国制造向中国创造转变、中国速度向中国质量转变、中国产品向中国品牌转变。2023 年,中共中央、国务院印发的《质量强国建设纲要》明确,到 2025 年,品牌培育、发展、壮大的促进机制和支持制度更加健全,品牌建设水平显著提高,企业争创品牌、大众信赖品牌的社会氛围更加浓厚,品质卓越、特色鲜明的品牌领军企业持续涌现,形成一大批质量过硬、优势明显的中国品牌。旅游业的品牌化经营是市场经济发展的必然产物,是旅游业发展到一定阶段的必然要求,也是世界旅游业发展的共同趋势。

近年来,上海旅游业发展迅速,旅游产业的规模迅速扩大,旅游经济持续增长,产业体系日趋完善,旅游经济在国民经济中的地位和作用日益提高。旅游品牌的建设有利于提高上海旅游的国际知名度和美誉度,有利于吸引更多的国内外游客,促进上海旅游业的发展。但是,与国内外著名的旅游城市相比,上海旅游品牌的发展还存在一定的差距。在旅游品牌的建设过程中,还存在诸如旅游品牌特色不鲜明、旅游品牌国际传播不力、旅游品牌保护不够等问题。这些问题在不同程度上制约了上海旅游品牌的发展,影响了上海旅游的国际竞争力。因此,加强上海旅游品牌研究,探索上海旅游品牌建设的有效途径,对于提升上海旅游的国际竞争力,促进上海旅游业的发展,具有重要的现实意义和战略意义。

一、有利于促进上海旅游业的发展

旅游业是上海国民经济的支柱产业之一,对于促进上海经济的发展,提高上海的国际竞争力,具有重要战略意义。上海旅游品牌的建设,有利于提高上海旅游的国际知名度和美誉度,有利于吸引更多的国内外游客,促进上海旅游业的发展。同时,上海旅游品牌的建设,也有利于推动上海旅游产品的升级换代,提高上海旅游产品的附加值,促进上海旅游产业的可持续发展。

二、有利于提高上海城市的国际竞争力

城市品牌是城市竞争力的核心组成部分,是城市综合实力的体现。上海作为中国的经济、金融、贸易、航运和科技创新中心,具有得天独厚的区位优势和资源优势,具有强大的经济实力和科技实力,具有丰富的人文资源和旅游资源。上海旅游品牌的建设,有利于提高上海城市的国际知名度和美誉度,有利于提升上海城市的国际竞争力,有利于推动上海城市的国际化进程。

三、有利于推动上海旅游产业的转型升级

随着旅游市场的竞争日益激烈,旅游产业的转型升级已经成为旅游业发展的必然趋势。上海旅游品牌的建设,有利于推动上海旅游产业的

转型升级,促进上海旅游产业从传统的观光旅游向休闲度假旅游、文化旅游、商务旅游、会展旅游等新型旅游业态的转型升级,提高上海旅游产业的附加值和竞争力。

四、有利于推动上海旅游企业的品牌化经营

旅游企业的品牌化经营是市场经济发展的必然产物,是旅游业发展到一定阶段的必然要求。旅游品牌作为旅游者对旅游企业的认知,是旅游企业为旅游者创造核心价值的体现,是旅游企业占领市场,提高市场占有率的强大武器。上海旅游品牌的建设,有利于推动上海旅游企业的品牌化经营,促进上海旅游企业加强品牌建设,提高品牌知名度和美誉度,增强品牌的市场竞争力和影响力。同时,也有利于推动上海旅游企业加强内部管理,提高服务质量和管理水平,提高游客的满意度和忠诚度。

五、有利于推动上海旅游文化的传承和创新

旅游文化是旅游业的灵魂和核心竞争力。上海旅游品牌的建设,有利于推动上海旅游文化的传承和创新,促进上海旅游文化的挖掘、整理、保护和传承,推动上海旅游文化的创新和发展。同时,也有利于推动上海旅游文化的国际传播和交流,提高上海旅游文化的国际知名度和影响力。

第二节　研究目的和研究思路

一、研究目的

旅游目的地品牌和旅游城市品牌竞争力的相关研究,多基于应用范畴的可行性和全面性,以及数据的可获取性进行开展,整体上导致评价指

标体系和评价模型的针对性不强。在广泛借鉴现有研究成果的基础上，本报告的模型主要基于 Boo(2009)的品牌资产理论和庄国栋(2018)的国际旅游城市品牌竞争力评价体系，并结合上海作为世界著名旅游城市、都市型旅游目的地的自身特点，构建了包含品牌形象、品牌质量、品牌竞争力、品牌传播和品牌忠诚 5 个一级指标，媒体传播度、关注度、口碑、品牌要素、城市形象、旅游形象、旅游要素质量、基础设施质量、旅游服务质量、品牌活力、品牌吸引力、品牌潜力、满意度和忠诚度等 14 个二级指标，以及百度人气指数等 48 个三级指标的评价指标体系和测度模型，采用年鉴和统计公报为代表的客观数据、游客问卷调查作为主观数据，对 2024 年"上海旅游"品牌发展水平进行综合测度，以便厘清"上海旅游"品牌的发展规律，分析研判"上海旅游"品牌存在的薄弱环节，以期为"上海旅游"品牌朝着更高质量发展提供理论依据和实践参考，助推上海世界著名旅游城市建设进程，同时为其他城市旅游品牌建设提供借鉴。

二、研究意义

(一)理论意义

国内外学者对城市旅游品牌和旅游竞争力进行了系统性的研究，但对单个城市旅游品牌评价和测度的关注还比较薄弱，尤其对单个城市旅游品牌的发展机理、质量测度等进行深入探讨的几乎处于空白。本研究结合上海旅游发展的实际，基于文献梳理和专家访谈，在厘清旅游品牌内涵和各要素之间关系的基础上，构建了"上海旅游"品牌评价指标体系，从品牌形象、品牌质量、品牌竞争力、品牌传播和品牌忠诚等维度对 2024 年"上海旅游"品牌发展情况进行综合评价，深化了城市旅游品牌研究理论，完善了城市旅游品牌的研究框架。

首先，鉴于已有旅游品牌的研究多从品牌资产理论出发，强调品牌形象和品牌价值的重要性,本研究并不回避品牌形象和品牌价值的重要作用,但是认为旅游品牌是个更加系统、多元的存在,还应考虑品牌传播、品牌竞争力和品牌忠诚等维度。因此,根据文献回顾和专家访谈等多轮研究,本研究构建了"上海旅游"品牌多维度模型,有利于更加全面地认识旅游品牌的内涵及构成。其次,从竞争力角度,学者们在目的地旅游品牌研究方面虽然取得了一定的成果,但多为实证研究,理论贡献相对欠缺。由于城市旅游品牌的系统性,十分有必要将一个城市或目的地的旅游作为一个整体进行探讨。最后,学者们当前对目的地品牌评价或从供给视角出发,利用目的地的旅游收入、旅游资源等进行客观评价;或从需求视角切入,采用问卷调查方法从游客感知视角对旅游品牌进行满意度评价。本研究构建的"上海旅游"品牌指标体系既包括公开的年鉴、统计公报等客观指标,又包括一手的问卷调查数据,能够更加准确、科学地反映"上海旅游"品牌现状,对现有目的地旅游品牌研究起到进一步深化和拓展作用。

(二)实践意义

首先,为上海旅游实施品牌发展战略提供决策依据。旅游品牌建设为上海旅游谋求高质量发展带来了新的方向和路径,同时也面临更具挑战性的任务和要求。作为城市旅游运行的政府管理部门,需要对上海旅游品牌现状进行整体把握,特别是对旅游品牌打响过程中的核心要素和发展逻辑,需要以科学理论分析作为决策的依据。本报告通过大量权威的官方数据和一手的游客调研数据,全面反映了"上海旅游"品牌的发展现状,厘清了旅游品牌的发展逻辑,为制定"上海旅游"品牌战略提供了理论支撑和决策依据。其次,为开展城市旅游品牌建设活动提供实践指导。城市旅游品牌建设过程中,一方面出现了大量的无序竞争和无效活动,迫切需要切实有效的理论指导;另一方面容易忽视对品牌内涵的动态把握,简单地对城市旅游进行宣传推广,难以形成科学的发展战略,导致重复建设和无效活动等一系列现实问题的发生。通过对"上海旅游"品牌内涵的解读和评价指标体系的构建,有利于提高"上海旅游"品牌建设水平。最后,为其他城市旅游品牌建设提供借鉴。上海是我国著名的旅游目的地城市之一,其旅游品牌建设具有较强的引领和示范效应。以上海为案例,对旅游品牌发展规律和成功经验进行系统总结,形成"上海旅游"品牌发展模式,可以为其他地区和城市的旅游品牌建设提供参考。

三、研究思路

本报告遵循问题导向型研究路径,围绕设定好的研究目标,以经典的目的地理论和品牌理论范式为依据,通过提出问题、构建评价模型、综合测度和解决问题等步骤有序开展,并给出了每个模块的具体研究内容和操作方法。本报告的技术路线如图1-1所示。

首先,本研究基于市场营销和旅游学等经典理论,通过梳理目的地品牌研究进展,对"上海旅游"品牌发展现状进行系统分析,构建了"提出问题-构建模型-综合测度-解决问题"的分析框架。同时,基于与北京、广州和深圳等国内重要的旅游城市的比较,归纳和提炼"上海旅游"品牌的优势和不足。在此基础上,提出提升"上海旅游"品牌的建议与对策。

其次,本研究在对"上海旅游"品牌评价时,基于多个视角切入,综合测度品牌发展指数,并从问卷调查、年鉴和第三方平台等多个渠道获得相关指标数据,力求评价的全面性、客观性和准确性。值得强调的是,在进行数据处理时,根据不同类型数据的特点选择合适的处理思路,具体遵循自我审视(游客调查)、横向比较(北上广深)的评价思路。

第一种处理思路,自我审视。主要指对"上海旅游"品牌要素、品牌形

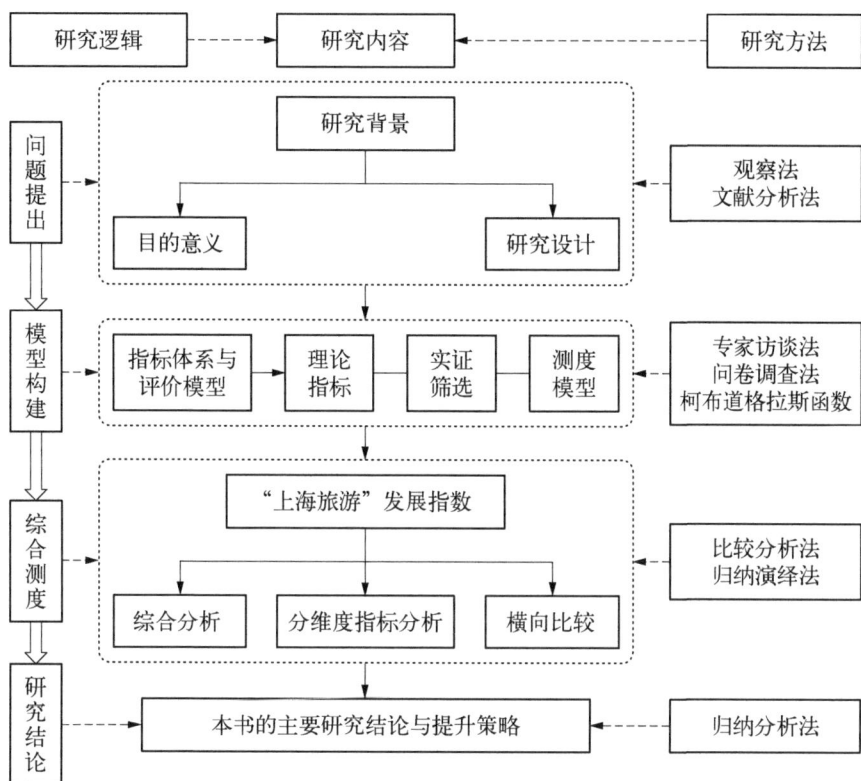

图1-1 "上海旅游"品牌发展指数研究思路图

象、品牌口碑、品牌质量和品牌忠诚等进行全方位的评价,主要是通过游客调查问卷来实现。

第二种处理思路,横向比较。主要指通过与北京、广州、深圳三个一线城市的对比,来评价"上海旅游"的品牌活力、品牌吸引力和品牌潜力等。

参考文献:

[1]白凯,胡宪洋.旅游目的地品牌个性:理论来源与关系辨识[J].旅游学刊,2013,
　　28(4):35-47.

[2]高静.旅游目的地形象、定位及品牌化:概念辨析与关系模型[J].旅游学刊,

2009,24(2):25-29.

[3] 王慧敏.上海发展文化创意旅游的思路与对策研究[J].上海经济研究,2015(11):113-120.

[4] 曲颖,李天元.基于旅游目的地品牌管理过程的定位主题口号评价:以我国优秀旅游城市为例[J].旅游学刊,2008(1):30-35.

[5] 张凌云.景区门票价格与门票经济问题的反思[J].旅游学刊,2019,34(7):17-24.

[6] 庄国栋.国际旅游城市品牌竞争力研究[D].北京:北京交通大学,2018.

[7] BOO S, BUSSER J, BALOGLU S. A model of customer-based brand equity and its application to multiple Destinations[J]. Tourism Management, 2009, 30:219-231.

第二章 "上海旅游"品牌发展指数指标体系

第一节 理论依据和相关概念

一、理论依据

(一)城市旅游品牌

品牌是一种能对产品本身带来溢价、增值的无形资产。城市品牌是指城市在对外及对内推广自身形象的过程中,让被感知者形成的一种感知和认同。旅游品牌是指凭借一定的时空范围条件,旅游经营者在自身差异性的产品与服务的组合基础上确立其独特的形象名称、标记或符号,或如景观、美食、民族等独具特色而形成的品牌,体现了旅游产品独特的个性及旅游消费者对其的认可度和好感。构成旅游品牌的因素较多,主要反映在相互作用的内外因素两个方面,外部因素涵盖了城市标识、标志、符号、城市风情特色建筑、城市旅游设施及资源等;内部因素包含了文化、旅游服务质量等方面。通过内外因素的相互影响和不断提炼,一个城市旅游品牌才能最终形成。

20 世纪末,David Aaker 提出了品牌资产(Brand Equity)这一概念,即以品牌相关元素形式呈现出来的价值,如同一般的有形资产一样,它对企业能产生重大的价值,但也能为公司带来负面影响,也就是品牌资产负债。同时他提出了"品牌资产五星模型",即品牌忠诚度、品牌认知度、品牌知名度、品牌联想和其他品牌资产五个方面,更加系统地总结了品牌的价值。城市旅游品牌包括功能感知和情感体验两个方面,构成要素有基础设施、人文环境、自然环境、社会环境四个部分。旅游资源是旅游品牌的载体,城市旅游品牌的载体就是城市中的多种景观。从狭义旅游的角度来说,旅游品牌是旅游产品、旅游资源、旅游基础设施及旅游配套支撑要素。从城市旅游品牌的构成要素可以看出,城市旅游具有个性化、层次性、多样性和文化性。

(二)城市旅游目的地品牌

当今旅游产品同质化严重,可替代性日益增强,旅游目的地竞争的日益激烈,品牌化成为当地目的地营销者的利器。目的地品牌是指一个符号、图案、文字、标志等要素的组合,能够使游客识别和区分目的地,包含旅游产品的集中体现、旅游目的地的定位、文化内涵与目的地形象的管理,并产生"区别于他人并具有独一无二的吸引力"(邹统钎,2021)。旅游目的地品牌由一系列品牌要素组成,使其与竞争对象产生差异,进而获得竞争优势。美国市场营销学会对于旅游目的地品牌进行了定义,即一个旅游目的地在推广和营销自身的旅游目的地形象过程中,基于旅游目的地的发展战略定位,而传递给社会公众的核心理念,并得到社会的认可。通过旅游目的地品牌建设,能够达到以下目的:一是降低消费者的搜寻成本和感知风险;二是支持创造旨在识别并使目的地差异化的名称、标识、符号、文字或图形标志等;三是一致地传达对于旅游目的地独特相连的、值得记忆的旅游体验的期望;四是巩固和强化旅游者与旅游地之间的情感联系。

旅游目的地品牌要素构成主要有两部分:功能性要素和品牌象征性

要素。品牌的功能性要素主要是指旅游设施及其相关的配套设施。目的地品牌的象征性要素包括消费与旅游目的地品牌忠诚度,品牌赋有能带给游客独特体验的保证和承诺,选择一个旅游目的地,相当于选择相信能给游客自身带来独特的体验。目的地品牌的建设与发展不仅与当地城市的硬件设施有关,还与城市的软件有关,比如城市的旅游环境、城市旅游服务人员的专业素质、城市居民的友好态度等。其中城市居民的支持态度、居民对游客的接受水平直接影响其对城市旅游的支持水平。

(三)"上海旅游"品牌

2021 年 7 月,中共中央、国务院《关于支持浦东新区高水平改革开放打造社会主义现代化建设引领区的意见》指出:加快建设上海国际消费中心城市,培育打响上海服务、上海制造、上海购物、上海文化、上海旅游品牌,以高质量供给适应、引领、创造新需求,这是中央首次明确提出打响"上海旅游"品牌。这既是对上海建设世界著名旅游城市和国际消费中心城市阶段性成果的肯定,又对今后的工作提出了新的要求,并寄予厚望,拉开了上海打响"五大品牌"的序幕。2022 年 1 月,上海市第十五届人民代表大会第六次会议上,"打响上海旅游品牌"首次写入上海市政府工作报告,恰逢其时,也体现这座城市的前瞻谋划,"上海旅游"品牌建设步入了新阶段。2025 年 1 月,《全面推动上海旅游业高质量发展三年行动计划(2025—2027 年)》指出,要做优上海旅游大品牌,加强整体谋划,进一步挖掘上海的综合优势,努力让旅游业成为吸引海内外游客来上海、爱上海的一大理由。

上海五大品牌各有特点。"上海服务"品牌重在提高辐射度,"上海制造"品牌重在彰显美誉度,"上海购物"品牌重在增强体验度,"上海文化"品牌重在展现标识度,而"上海旅游"品牌重在提升吸引度。

作为我国重要的旅游目的地之一,当前上海旅游业正处于转型升级和提质增效的关键阶段,面临着有形资源等"天花板"制约,而品牌则是可以无限升值的无形资产,是高质量发展的标识。"上海旅游"品牌建设就是要坚持"以文塑旅、以旅彰文"的理念,进一步挖掘都市文化、都市风光、都市商业资源潜力,依托"一江一河""建筑可阅读"和"海派城市考古"等海派文化的独特 IP 实现旅游产品的迭代更新,推动文旅商体展联动发展,优化旅游服务质量,提升"上海旅游"品牌吸引度,加快建设世界著名旅游城市。此外,必须认识到"上海旅游"与"上海服务""上海制造""上海购物""上海文化"之间的内在联系,以系统工程的思维推动品牌战略的实施,特别注重加强顶层设计整体规划,探寻五大品牌之间的"协同机制",追求"合力围攻",着眼品牌内涵,着力品牌影响,打响"上海旅游"品牌攻坚战。还应加强跨周期重大战略旅游投资,发挥中国国际进口博览会、上海旅游节等重大节事会展平台辐射作用,突显都市型、综合性和国际化的上海旅游特质。

发展现状客观评价是明确"上海旅游"品牌发展优势和找出存在短板的关键,是进一步提出优化策略和提升路径的基础。基于此,本报告通过构建"上海旅游"品牌评价指标体系和测度模型,分析"上海旅游"品牌发展指数和具体指标的水平,找出存在的重点问题,并提出具体的对策建议。

二、相关概念

在城市旅游品牌概念体系中通常有旅游品牌、旅游目的地品牌、品牌形象等相关概念。美国营销协会将品牌定义为一种名称、术语、标记、符号或设计,或者是这些要素的集合,其目的是借以辨认产品或服务,并使之与竞争对手的产品、服务区别开来①。在旅游目的地的品牌理论研究方

---

① 菲利普·科特勒,凯文·莱恩·凯勒,卢泰宏. 营销管理[M]. 北京:中国人民大学出版社,2009:228.

面,Buhalis 对其的定义就是在某一旅游资源较为丰富的地理空间中,有意识、有组织地对各个相关要素和制度机制进行协调整合,使之向设定好的旅游目的地意图传达的品牌形象和内涵发展,并通过各种相应的方式让旅游者感受到其价值,从而达到旅游目的地输出价值形象统一化、品牌化的目的。在研究旅游目的地品牌的同时,也出现了以城市旅游品牌作为特殊的旅游目的地品牌展开的研究。城市旅游品牌是公众在旅游体验过程中形成的关于城市旅游功能、城市情感、城市自我表现性等识别要素的一系列独特联想(马聪玲等,2008)。是在城市旅游资源的基础上,展现城市旅游的良好风貌,在旅游者心中形成良好的意识,从而形成城市的整体意识。国外学者对目的地品牌构成中的品牌意识(brand awareness)、品牌现状(presented brand)、品牌意义(brand meaning)、品牌资产(brand equity)的范围也做出界定。

从品牌到旅游目的地品牌,再到城市旅游品牌,都突出了品牌的独特性,区别于竞争对手。而目的地品牌概念直接指出了目的地品牌的内容,包括名称、标志或其他图形。其在表现上是有形的,在功能上是巩固加强愉快回忆以及在目的地的体验。城市旅游品牌概念没有明确指出城市旅游品牌的内容,只强调是在城市旅游的基础上,在公众头脑中生成的一种独特联想,即城市旅游品牌是一种独特联想。由于没有统一的概念,更没有统一的构成要素,所以城市旅游品牌的构成要素也成了研究的重点。城市旅游品牌包括功能感知和情感体验两个方面,构成要素有基础设施、人文环境、自然环境、社会环境四个部分。旅游资源是旅游品牌的载体,城市旅游品牌的载体就是城市中的多种景观。从狭义旅游的角度来说,旅游品牌是旅游产品、旅游资源、旅游基础设施及旅游配套支撑要素。从城市旅游品牌的构成要素可以看出,城市旅游具有个性化、层次性、多样性和文化性等特征。

第二节　指标体系与评价方法

一、指标体系

（一）指标选取原则

为了客观、全面、科学地评价"上海旅游"品牌发展情况，依据已有研究基础，选取评价指标主要遵循以下 4 个原则。

（1）科学性原则。指标选取首先遵循"上海旅游"品牌的科学发展规律。一方面，指标不宜过多或过细，以免出现计算烦琐、信息重叠；另一方面，也不宜过少过简，以免造成信息遗漏、结果不准确；同时，从品牌的独特性视角，选取一定量的特色化指标，以体现品牌的差异性。秉承科学的态度和原则选取相关指标，有利于客观、准确、全面地反映"上海旅游"品牌的发展情况。

（2）系统性原则。即"上海旅游"品牌指标体系的各指标之间应遵循一定的逻辑关系，一级指标之间存在一定的联系；一级指标能包含其下二级指标的所有信息，且该一级指标下面的二级指标组成的系统能全面地反映该一级指标要表达的信息；二级指标和三级指标的关系亦是如此。

（3）可操作性原则。指标体系的构建要充分考虑现实情况，不能过于理论化或理想化，避免找不到相应数据。要结合实用性和可操作性的原则，选择一些代表性强、能获取权威统计机构数据，以及主观数据。

（4）全面性原则。指标体系的数据渠道应该多种多样，避免单一渠道数据评价带来的信息不准，既要包括权威年鉴、统计公报数据，又要有第三方平台数据，还要增加大规模主观调研数据。

（二）指标选取思路

本报告在对"上海旅游"品牌评价时，基于多个视角切入综合测度品牌发展指数,并从问卷调查、年鉴和第三方平台等多个渠道获得相关指标数据,力求评价的全面性、客观性和准确性。因此,在进行数据处理时,根据不同类型数据的特点选择合适的处理思路,主要遵循自我审视(游客调查)、放眼国内(北上广深)和对标国际(纽约)的评价思路。

第一种处理思路,自我审视。自我审视是指对"上海旅游"品牌要素、品牌形象、品牌口碑、品牌质量和品牌忠诚等进行全方位的评价,主要是通过游客调查问卷来实现。

第二种处理思路,放眼国内。放眼国内是指通过与北京、广州、深圳三个一线城市的对比,来评价"上海旅游"的品牌活力、品牌吸引力和品牌潜力等。

第三种处理思路,对标国际。对标国际是指对照国际最高标准,通过与纽约这一世界著名旅游城市品牌进行对比,评价"上海旅游"品牌所处的水平。

通过三个方面测度和对比,形成"上海旅游"品牌发展综合指数,提高评价结果的科学性和可信度。

（三）指标体系构建与优化

旅游品牌是公众在旅游体验过程中形成的关于城市旅游功能、城市情感、城市自我表现性等识别要素的一系列独特联想(马聪玲,2008)。结合"上海旅游"品牌的内涵与特征,本报告认为"上海旅游"品牌发展水平是品牌要素、市场营销、品牌质量和品牌忠诚等要素的综合呈现。

在进行"上海旅游"品牌评价指标体系构建时,本报告遵循"理论指标收集—实证筛选—测度模型确定"的逻辑。首先,通过梳理品牌资产(Boo,2009;夏嫒嫒,2017)、品牌竞争力(周玫,2005;Shtovba,2006)、旅游城市品牌竞争力(庄国栋,2018)、目的地品牌资产(Kim,2009;苑炳慧,2015)等相关文献,梳理出相关指标和题项96个。然后,邀请旅游管理、市场营销、旅游目的地管理等方面的学者、智库专家和企业管理者等对指标进行评价,筛选剔除重复、相关性不大等指标。最后,形成了由品牌形象、品牌质量、品牌竞争力、品牌传播和品牌忠诚等五个方面组成的 14 个二级指标和 48 个三级指标,见表 2-1。

表 2-1 "上海旅游"品牌评价指标体系

一级指标	二级指标	三 级 指 标	单位	变量	属性
品牌形象	品牌要素	品牌 Logo	/	X_1	正向
		品牌口号	/	X_2	正向
		城市宣传片	/	X_3	正向
	城市形象	市容环境	/	X_4	正向
		人文环境	/	X_5	正向
		居民友善度	/	X_6	正向
	旅游形象	品牌形象认同	/	X_7	正向
		品牌联想	/	X_8	正向
		品牌共鸣	/	X_9	正向
品牌质量	旅游要素质量	景区质量	/	X_{10}	正向
		宾馆质量	/	X_{11}	正向
		休闲娱乐设施质量	/	X_{12}	正向
	基础设施质量	配套设施质量	/	X_{13}	正向
		标识系统质量	/	X_{14}	正向
	旅游服务质量	服务技能	/	X_{15}	正向
		服务态度	/	X_{16}	正向
		服务特色	/	X_{17}	正向

续　表

一级指标	二级指标	三级指标	单位	变量	属性
品牌竞争力	品牌活力	旅游收入	亿元	X_{18}	正向
		旅游人次	万人次	X_{19}	正向
		客房平均出租率	%	X_{20}	正向
		客房平均价格	元/间·晚	X_{21}	正向
		旅游收入占地区生产总值比重	%	X_{22}	正向
	品牌吸引力	5A级景区数量	个	X_{23}	正向
		国家级旅游度假区数量	个	X_{24}	正向
		国家重点文物保护单位数量	个	X_{25}	正向
		剧场和影剧院数量	个	X_{26}	正向
		五星级购物中心数量	个	X_{27}	正向
		空气质量优良天数	天	X_{28}	正向
	品牌潜力	旅游人次增长率	%	X_{29}	正向
		旅游收入增长率	%	X_{30}	正向
		铁路客运量	万人次	X_{31}	正向
		机场旅客吞吐量	万人次	X_{32}	正向
		国际航班通达数	个	X_{33}	正向
品牌传播	传播度	百度人气指数	1	X_{34}	正向
		谷歌搜索量	万次	X_{35}	正向
		正面新闻报道数	次	X_{36}	正向
		负面新闻报道数	次	X_{37}	负向

续　表

一级指标	二级指标	三　级　指　标	单位	变量	属性
品牌传播	关注度	社交媒体粉丝数	万个	X_{38}	正向
		博文点赞数	万个	X_{39}	正向
		博文转发量	次	X_{40}	正向
	品牌口碑	正面口碑	/	X_{41}	正向
		负面口碑	件	X_{42}	负向
		城市声誉	排名	X_{43}	正向
品牌忠诚	满意度	持续关注度	/	X_{44}	正向
		认同度	/	X_{45}	正向
	忠诚度	重游	/	X_{46}	正向
		推荐他人	/	X_{47}	正向
		溢价游玩	/	X_{48}	正向

就五个方面指标的内涵及涵盖的三级指标而言,具体如下。

第一,品牌形象。主要反映"上海旅游"的品牌要素形象、城市形象和旅游形象等,这是游客对"上海旅游"品牌要素、形象的评价。包括品牌Logo、品牌口号、城市宣传片、市容环境、人文环境、居民友善度、品牌形象认同、品牌联想和品牌共鸣等9个指标。

第二,品牌质量。主要反映"上海旅游"品牌的旅游要素、基础设施和旅游服务等发展状况,这是游客对"上海旅游"品牌质量的全面评价。包括景区质量、宾馆质量、休闲娱乐设施质量、配套设施质量、标识系统质量、服务技能、服务态度和服务特色等8个指标。

第三,品牌竞争力。主要反映"上海旅游"品牌的活力、吸引力和发展潜力,这是"上海旅游"品牌综合实力的客观呈现。包括旅游收入、旅游人次、客房平均出租率、客房平均价格、旅游收入占地区生产总值比重、5A级景区数量、国家级旅游度假区数量、国家重点文物保护单位数量、剧场和影剧院数量、五星级购物中心①数量、空气质量优良天数、旅游人次增长率、旅游收入增长率、铁路客运量、机场旅客吞吐量、国际航班通达数等16个指标。

第四,品牌传播。主要反映"上海旅游"品牌的传播范围和效果,这是"上海旅游"品牌发展质量的直接体现。包括百度人气指数、谷歌搜索量、正面新闻报道数、负面新闻报道数、社交媒体粉丝数(微博+抖音+微信公众号)、博文点赞数(微博+抖音+微信公众号)、博文转载量(微博)、正面口碑、负面口碑和城市声誉等10个指标。

第五,品牌忠诚。主要反映游客对"上海旅游"品牌的满意度和忠诚度,是游客对"上海旅游"品牌的行为和态度忠诚。包括持续关注度、认同度、重游、推荐他人和溢价游玩等5个指标。

二、评价方法

(一)数据获取

本报告以"上海旅游"品牌为评价对象,通过构建的综合评价模型,对其发展状况做评判。研究数据既有游客主观调研数据,又有年鉴、统计公报等权威客观数据。此外,还包括网络数据和第三方平台数据等。具体来源渠道和获取方法如下。

1. 问卷调查

项目组借鉴徐尤龙(2015)的目的地口号和Logo评价问卷测度量表,

---

① 2019年,中国房地产业协会商业和旅游地产专业委员会从设计规划、硬件设施、运营管理、消费体验四个维度,首次评定了国内五星级购物中心。同一年按照四个批次共确定了15个城市33个五星级购物中心。

Boo 等(2009)和夏媛媛(2017)的目的地品牌资产评价量表,设计了"上海旅游"品牌游客感知调查问卷。主要调查内容包括品牌口号、Logo 和城市宣传片等品牌要素,市容环境、人文环境和居民友善度等城市形象,品牌认同、品牌联想和品牌共鸣等旅游形象,配套设施和标识系统等基础设施质量,服务特色、技能和态度等服务质量,以及游客的关注度、满意度、重游和重购等忠诚行为和态度等,共计 23 个指标。

本次调研对象是到访过上海、北京、广州和深圳的外地游客。其中对 2023 年到访过上海的游客共发放问卷 1215 份,回收有效问卷 1057 份。问卷发放区域分为两部分,一部分是长三角地区的苏浙皖三省,约占问卷总数的 60%;另一部分是国内其他省市,约占问卷总数的 40%。具体构成如下:长三角地区合计 635 份,其中江苏省 203 份、浙江省 207 份和安徽省 225 份。国内其他省市 422 份。

对 2023 年到访过北京的游客共发放问卷 424 份,回收有效问卷 365 份,其中河北省 105 份,国内其他省市 260 份。对 2023 年到访过广州的游客共发放问卷 393 份,回收有效问卷 361 份,其中广东省 154 份,国内其他省市 207 份。对 2023 年到访过深圳的游客共发放问卷 389 份,回收有效问卷 366 份,其中广东省 158 份,国内其他省市 208 份。

问卷在区域构成上的发放比例大致与上海、北京、广州和深圳国内客源市场的总体结构特征相符合,因此能够在一定程度上从区域空间的角度较好地反映游客对 4 个城市旅游品牌的真实评价。同时对性别结构和学生身份的样本进行了一定控制,以确保研究结论更趋科学。

2. 年鉴和公报数据

年鉴、统计公报是最为权威的客观数据来源之一。在构建"上海旅游"品牌评价指标体系时,选取了体现"上海旅游"品牌活力、吸引力和潜力的代表性指标。主要包括旅游收入、旅游人次、客房平均出租率、客房平均价格、旅游收入占地区生产总值比重、5A级景区数量、国家级旅游度假区数量、国家重点文物保护单位数量、剧场和影剧院数量、五星级购物中心数量、空气质量优良天数、旅游人次增长率、旅游收入增长率、铁路客运量、机场旅客吞吐量、国际航班通达数等16个指标。上述数据主要来源于《中国文化和旅游统计年鉴》《上海统计年鉴》《上海市文化和旅游统计年鉴》等。由于在设置这些指标的过程中,考虑到可以在一定范围内与国内北京、广州和深圳等重要的旅游城市进行比较,所以部分数据的采集来自《北京统计年鉴》《广州统计年鉴》《深圳统计年鉴》及上海、北京、广州、深圳统计公报。此外,还有部分指标为了对标国际一流的旅游城市,如纽约,所以部分数据取自于美国统计局网站(https://www.census.gov)、纽约州机场网站(https://airportix.com/usa/new-york-airports)等,以及其他公开出版的刊物或发布的统计资料。

3. 第三方平台数据

百度、谷歌、微博、抖音和微信公众号等第三方平台相关数据是反映"上海旅游"品牌传播范围和影响力的重要渠道。本报告主要采用了上海、北京、广州、深圳等城市的百度人气指数,微博和抖音等平台"乐游上海""文旅北京""广州市文化广电旅游局""i游深圳"等政府旅游推广账号的粉丝数、原创发文(视频)数、点赞数、转发次数等数据,谷歌上"Shanghai+travel""Beijing+travel""Peking+travel""Guangzhou+travel"和"Shenzhen+travel"等搜索量,Wise Search上"上海+旅游""北京+旅游""广州+旅游"和"深圳+旅游"正面新闻报道数和负面新闻报道数等。其他还包括近五年上海12345平台旅游投诉数以及北京、广州和深圳的相关旅游投诉数据、GaWC全球城市分级排名、全球金融中心指数、国际航运中心发展指数和世界城市500强排名等,共计9个指标。

（二）标准化处理

本报告所有客观指标口径概念均与国家统计局制定的城市基本情况统计制度保持一致，以保证评价结果的客观公正性；主观问卷调查数据采用李克特五级量表。按照评价指导思想与评价原则要求，所有指标分为两类：一是正向指标，即指标数据越大，评价结果越好；二是逆向指标，即这类指标的数值与评价结果成反向影响关系，指标数值越大，评价结果就越差。负向指标主要包括负面新闻报道数和负面口碑（12345投诉量）等。然后分别对"自我审视""放眼国内"和"对标国际"类指标进行标准化处理。

第一类指标的标准化处理方法。

（1）问卷调查数据根据李克特五级量表结果，采用该指标所有调查对象的平均得分作为评价结果，见式（2-1）。

$$\bar{X} = \frac{x_1 + x_2 + x_3 + \cdots + x_n}{n} \qquad (2-1)$$

其中 n 为有效样本总数。然后计算出4个城市23个问卷调查类指标的均值 $\bar{X}$、X_{min} 和 X_{max}，并作为其他类型指标标准化的参考值。

（2）负面口碑（如电话12345投诉量）指标，通过获取上海近五年（2019年至2023年）每年的投诉量，分别记为 x'_{2019}、x'_{2020}、x'_{2021}、x'_{2022} 和 x'_{2023}，五年投诉量最大值、最小值分别记为 x'_{max} 和 x'_{min}。参考问卷调查结果，投诉量的最大值和最小值分别赋值为 X_{max} 和 X_{min}，上海该年度负面口碑标准化值见式（2-2），其中 $i = 2019, 2020, 2021, 2022, 2023$。

$$X = X_{min} + \frac{X_{max} - X_{min}}{x'_{max} - x'_{min}} \times (x'_i - x'_{min}) \qquad (2-2)$$

第二类指标的评价方法，是通过上海、北京、广州和深圳四个国内一线城市对比,确定"上海旅游"品牌相关指标所代表的水平。上海、北京、广州、深圳 4 个城市某一指标分别为 $x'_{上海}$、$x'_{广州}$、$x'_{北京}$ 和 $x'_{深圳}$,4 个城市该指标的最大值、最小值分别记为 $x'_{\max}$ 和 $x'_{\min}$。参考问卷调查结果,x' 的最大值和最小值分别赋值为 $X_{\max}$ 和 $X_{\min}$,上海该项指标的标准化值见式(2-3),其中 i 分别为上海、北京、广州和深圳。

$$X = X_{\min} + \frac{X_{\max} - X_{\min}}{x'_{\max} - x'_{\min}} \times (x'_i - x'_{\min}) \qquad (2-3)$$

第三类指标的评价方法,是通过上海与世界著名的旅游城市纽约的对比,找出"上海旅游"品牌指标所代表的水平。上海、纽约某一指标分别记为 $x'_{上海}$ 和 $x'_{纽约}$,参考问卷调查结果 $\bar{X}$,确定上海该指标的标准化值 X,见式(2-4)。

$$X = 2 \frac{x'_{上海}}{x'_{上海} + x'_{纽约}} \times \bar{X} \qquad (2-4)$$

经过上述方法处理,48 个指标标准化之后结果具有了可比性,为进行下一步的"上海旅游"品牌发展指数评价奠定了基础。

（三）综合评价模型

变量集聚是简化"上海旅游"品牌评价指标体系(Shanghai Tourism Brand,简称 STB)的有效手段,即指数大小不仅取决于独立变量的作用,也取决于各变量之间形成的集聚效应。品牌形象(Brand Image,简称 BI)、品牌质量(Brand Quality,简称 BQ)、品牌竞争力(Brand Competitiveness,简称 BCO)、品牌传播(Brand Communication,简称 BC)和品牌忠诚(Brand Loyalty,简称 BL)组成的评价模型如式(2-5)所示。

$$STB = BI_j^a + BQ_j^b + BCO_j^c + BC_j^d + BL_j^e \qquad (2-5)$$

式中,a、b、c、d、e 分别表示品牌形象、品牌质量、品牌竞争力、品牌传播和品牌忠诚的偏弹性系数,强调了"上海旅游"品牌各指标协调发展的重要性。本报告采取平均的方法赋值 48 个指标的权重,因此最终评价模型见式(2-6),其中 $j=1,2,3,\cdots,48$。

$$STB=\left[\sum_{j=1}^{48}\left(\frac{X}{5}\div 48\right)\right]\times 100 \qquad (2-6)$$

参考文献:

[1] Baloglu S. Image variations of Turkey by familiarity index: Informational and experiential dimension [J]. Tourism Management, 2001, Vol. 22: 127-133.

[2] Bora D B, Mathilda V N, Jeffrey W, et al. Re-conceptualizing customer-based destination brand equity[J]. Journal of Destination Marketing & Management, 2018, 11: 211-230.

[3] Boo S, Busser J, Baloglu S. A model of customer-based brand equity and its application to multiple Destinations [J]. Tourism Management, 2009, 30: 219-231.

[4] Kim S H, Han H S, Holland S, et al. Structural relationships among involvement, destination brand equity, satisfaction and destination visit intentions: The case of Japanese outbound travelers [J]. Journal of Vacation Marketing, 2009, 15(4): 349-365.

[5] Ruzzier M K. Customer-Based Brand Equity for a Destination[J]. Social Science Electronic Publishing, 2013, 20(1): 189-200.

[6] Zeithaml V A. Consumer perception of price, quality & value: a means-end model & synthesis of evidence [J]. Journal of Marketing, 1998, 52(3): 2-22.

[7] 丁志伟,马芳芳,张改素.基于抖音粉丝量的中国城市网络关注度空间差异及其影响因素[J].地理研究,2022,41(9): 2548-2567.

[8] 邹统钎,黄鑫,韩全,吕敏.旅游目的地品牌基因选择的三力模型构建[J].人文地

理,2021,36(6)：147-156.

[9] 朱金悦,李振环,杨珊,冯学钢.网络负面口碑对游客感知与旅游意向的影响：专业知识的调节作用[J].华侨大学学报(哲学社会科学版),2021(2)：51-64.

[10] 夏媛媛. 基于游客视角的景区品牌资产模型构建[D].南昌：江西师范大学,2017.

[11] 苑炳慧,辜应康.基于顾客的旅游目的地品牌资产结构维度：扎根理论的探索性研究[J].旅游学刊,2015,30(11)：87-98.

[12] 徐尤龙,钟晖,田里.基于IPA法的旅游目的地形象测量与问题诊断：以昆明市为例[J].北京第二外国语学院学报,2015,37(7)：64-69.

[13] 黄先开,张丽峰,丁于思.百度指数与旅游景区游客量的关系及预测研究：以北京故宫为例[J].旅游学刊,2013,28(11)：93-100.

[14] 沈鹏熠.旅游企业社会责任对目的地形象及游客忠诚的影响研究[J].旅游学刊,2012,27(2)：72-79.

[15] 李雪鹏. 城市旅游竞争力的指标体系构建及评价研究[D].大连：辽宁师范大学,2010.

[16] 王兆峰,杨卫书.基于演化理论的旅游产业结构升级优化研究[J].社会科学家,2008(10)：91-95.

[17] 马聪玲,倪鹏飞.城市旅游品牌：概念界定及评价体系[J].财贸经济,2008(9)：124-127.

[18] 周玫.基于顾客忠诚的品牌竞争力评价分析[J].当代财经,2005(9)：74-76.

[19] 苏伟忠,杨英宝,顾朝林.城市旅游竞争力评价初探[J].旅游学刊,2003(3)：39-42.

[20] 李树民,支喻,邵金萍.论旅游地品牌概念的确立及设计构建[J].西北大学学报(哲学社会科学版),2002(3)：35-38.

第三章 "上海旅游"品牌
指数评价

第一节 指 数 分 析

一、综合指数得分

根据第二章的数据和测度模型,经过综合测算得出了品牌形象、品牌质量、品牌竞争力、品牌传播和品牌忠诚等5个一级指标、14个二级指标和48个三级指标的具体得分[①]。通过汇总得出2024年"上海旅游"品牌发展指数为81.70分(满分100分),详见表3-1。和2023年的82.03分相比,基本持平,发展态势整体平稳。

为了更直观地显示"上海旅游"品牌指数情况,研究报告按照通常采用的百分制等级划分法,并以此判断"上海旅游"品牌所处的发展水平。满分为100分,1—19、20—39、40—59、60—79和80—100分别代表"低""较低""一般""较好"和"好"5个等级。

[①] 根据本研究的测度模型和方法,三级指标满分为2.08分,二级指标得分为其所包含的三级指标得分汇总,一级指标得分为其所包含的所有三级指标得分汇总,综合指数为48个三级指标得分汇总。

表3-1 "上海旅游"品牌评价指标分值汇总

一 级 指 标		二 级 指 标		三 级 指 标	
名 称	分 值	名 称	分 值	名 称	分 值
品牌形象	14.96	品牌要素	4.86	品牌 Logo	1.53
				品牌口号	1.65
				城市宣传片	1.68
		城市形象	4.95	市容环境	1.79
				人文环境	1.70
				居民友善度	1.46
		旅游形象	5.15	品牌形象认同	1.72
				品牌联想	1.71
				品牌共鸣	1.72
品牌质量	13.67	旅游要素质量	5.12	景区质量	1.69
				宾馆质量	1.66
				休闲娱乐设施质量	1.77
		基础设施质量	3.62	配套设施质量	1.83
				标识系统质量	1.79
		旅游服务质量	4.93	服务技能	1.67
				服务态度	1.63
				服务特色	1.63
品牌竞争力	27.77	品牌活力	8.95	旅游收入	1.63
				旅游人次	1.83
				客房平均出租率	1.83

一 级 指 标		二 级 指 标		三 级 指 标	
名　称	分　值	名　称	分　值	名　称	分　值
品牌竞争力	27.77	品牌活力	8.95	客房平均价格	1.83
				旅游收入占地区生产总值比重	1.83
		品牌吸引力	10.22	5A级景区数量	1.61
				国家级旅游度假区数量	1.83
				国家重点文物保护单位数量	1.55
				剧场和影剧院数量	1.76
				五星级购物中心数量	1.83
		品牌潜力	8.60	空气质量优良天数	1.64
				旅游人次增长率	1.76
				旅游收入增长率	1.63
				铁路客运量	1.68
				机场旅客吞吐量	1.83
				国际航班通达数	1.70
品牌传播	17.00	媒体传播度	6.64	百度人气指数	1.82
				谷歌搜索量	1.45
				正面新闻报道数	1.79
				负面新闻报道数	1.58
		关注度	5.29	社交媒体粉丝数	1.83
				博文点赞数	1.75

续　表

一 级 指 标		二 级 指 标		三 级 指 标	
名　称	分　值	名　称	分　值	名　称	分　值
品牌传播	17.00	关注度	5.29	博文转发量	1.71
		品牌口碑	5.07	正面口碑	1.44
				负面口碑	1.80
				城市声誉	1.83
品牌忠诚	8.30	满意度	3.42	持续关注度	1.73
				认同度	1.69
		忠诚度	4.88	重游	1.78
				推荐他人	1.66
				溢价游玩	1.44
总分	81.70	81.70		81.70	

据此可知,2024年"上海旅游"品牌发展指数(81.70分)仍处于"好"的等级,但距离世界著名旅游城市的目标要求还有进一步提升的空间。根据发展趋势可以研判,通过不断努力,"上海旅游"品牌必将达到更好的发展水平。

2023年上海市消费者满意度指数为82.11分,自2021年以来一直保持在较高水平,显示出上海市消费者对市场商品和服务普遍满意。

消费环境满意度指数方面,上海市从2021年至2023年均保持在80分以上,2023年达到了85.01分。尽管服务类项目和商品评价的细分得分相对较低,但整体而言,上海的消费环境得到了消费者的广泛认可[①]。

[①] 中国青年网. 82.11分! 2023年上海市消费者满意度指数公布[EB/OL]. (2024‐3‐13)http://finance.youth.cn/finance_gdxw/202403/t20240313_15130344.html.

由此可见,"上海旅游"品牌指数水平与政府部门对满意度指数的研究结果极为相似,均在 80 分以上,处于"好"的等级。这也充分反映了具有"都市型、综合性、国际化"特征的上海文旅业的巨大发展潜力和近三十年来取得的非凡成就。自 1997 年上海提出以都市风光、都市商业和都市文化为核心吸引力的"都市旅游"定位以来,上海不断突破传统旅游资源不足的瓶颈,逐渐发展成了深受国内外游客喜爱的旅游目的地。2011 年,上海提出了建设世界著名旅游城市的初步设想,《上海市旅游业改革发展"十三五"规划》明确,将上海打造成具有全球影响力的世界著名旅游城市目标。此后出台了《"十四五"时期深化世界著名旅游城市建设规划》等一系列的规划和促进方案。"上海旅游"品牌知名度稳步提升,品牌形象不断改善,与纽约、伦敦等世界著名旅游城市品牌的差距日趋缩小。此外,"上海旅游"品牌也是展示上海美好新生活、提升城市软实力的"金名片",起到了很好的展示效应和传播效应。2023 年,上海市政府工作报告中明确提出要打响"上海旅游"品牌,为其建设迎来了前所未有的发展机遇,也必将引领其迈向新的发展水平。

二、分类指数分析

综合指数显示,"上海旅游"品牌持续处于"好"的发展阶段,但分维度指数的权重和发展水平还存在一定的差异。通过指标具体得分与该指标满分的比值来测算指标得分率,可以反映指标的具体发展水平。分类指标权重越高,意味着对"上海旅游"品牌的作用越大;指标得分率越高,代表该指标的发展水平越高。

(一)分维度指数占比

从 2024 年"上海旅游"品牌评价指数的五个一级指标的权重来看,品牌竞争力指标占比最高(34.00%),其后依次为品牌传播(20.80%)、品牌形象(18.31%)、品牌质量(16.73%)和品牌忠诚(10.16%)。显而易见,品牌竞争力最能体现"上海旅游"品牌的发展水平,是打响"上海旅游"品牌的关键。与此同时,品牌忠诚的占比相对较小,对"上海旅游"品牌发展质量评价作用相对较小。但实际上在"上海旅游"品牌发展过程中,如何进一步提高游客满意度和认可度,培育忠诚游客群体是今后"上海旅游"品牌建设的关键,见表3-2。

表 3-2 "上海旅游"品牌发展分维度指数占比

序号	维　　度	2023 年/%	2024 年/%
1	品牌形象	18.29	18.31
2	品牌质量	16.74	16.73
3	品牌竞争力	33.18	34.00
4	品牌传播	21.55	20.80
5	品牌忠诚	10.24	10.16
汇总		100	100.00

从表3-2来看,与2023年相比,2024年除了品牌竞争力和品牌形象外,其他三个维度的占比均有小幅度下降。五个维度的占比整体上变化不大,这从另一个视角也印证了该评价指标体系构建的科学性和评价结论的稳定性及可靠性。

（二）分类指数

进一步比较5个一级指标得分,可以分析其在"上海旅游"品牌发展指数中的所处位置。数据显示,品牌竞争力得分排名第一,为27.77。品牌竞争力是城市凭借自身旅游资源优势,通过整合和优化城市空间内其他竞争资源形成的对外知名度和美誉度的影响力、吸引力和发展潜力,在品牌评价指标体系中占据重要位置。"上海旅游"品牌竞争力优势明显,具体表现在旅游产业发展稳步提升,旅游市场富有活力,同时品牌潜力较大,发展势头良好。品牌传播、品牌形象和品牌质量分列第二、第三和第四,得分依次为17.00、14.96和13.67,品牌忠诚得分相对较低,仅为8.30。在进一步打响"上海旅游"品牌行动中,应根据上海都市资源和文化特色找出品牌形象定位,加强品牌营销,扩大品牌传播范围和影响力,提升旅游者体验,培育忠实的"回头客"群体,如图3-1所示。

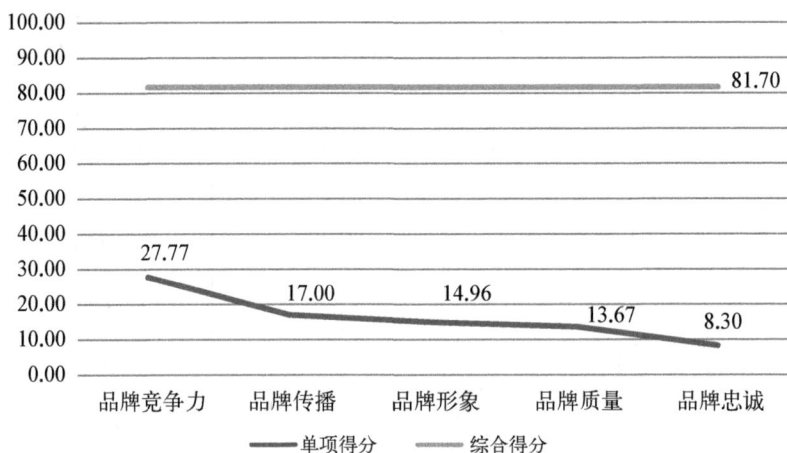

图3-1 "上海旅游"品牌综合指数和分类指数得分

(三)分类指标得分率

从分类指标的得分率来看,品牌竞争力得分率最高,达到了83.32%。品牌质量、品牌传播和品牌形象分列第二、第三和第四,得分率分别为82.00%、81.61%和79.79%。品牌忠诚得分率最低,为79.65%。与2023年相比,除了品牌竞争力外,其他4个一级指标在2024年都有所下降,尤其是品牌传播下降幅度较大,达到3.33%。这表明"上海旅游"品牌在某些方面存在提升空间,需要进一步加强品牌传播和形象建设,以保持和提升整体品牌发展水平,见表3-3。

表 3-3 "上海旅游"品牌发展指数 5 个一级指标得分率

序号	维 度	2023 年得分率 /%	2024 年得分率 /%	提高幅度 /%
1	品牌形象	80.00	79.79	-0.21
2	品牌质量	82.35	82.00	-0.35
3	品牌竞争力	81.69	83.32	1.63
4	品牌传播	84.94	81.61	-3.33
5	品牌忠诚	80.68	79.65	-1.03

第二节 指标分析

深入分析五个一级指标下细分的二级与三级指标,明确在当前"新形势"下迫切的"需求点",并识别出发展中的"短板",这将为增强"上海旅游"品牌的建设质量,探寻有效的"解决策略"提供理论支撑与实践指导。

一、品牌形象指标

所谓品牌形象,是指旅游目的地品牌在市场上,或在游客心中所表现出的个性特征。它体现的是社会公众,特别是外来游客对品牌形象的评价与认知。本报告在"上海旅游"品牌形象一级指标中,包含品牌要素、城市形象和旅游形象 3 个二级指标。其中,品牌要素包含品牌 Logo、品牌口号、城市宣传片 3 个三级指标;城市形象包含市容环境、人文环境、居民友善度 3 个三级指标;旅游形象包含品牌形象认同、品牌联想、品牌共鸣 3 个三级指标。该维度指标合计有 9 个,主要反映"上海旅游"品牌的形象要素集合体、城市发展适配度、游客心理图式等方面的内容,数据主要通过 1057 份市场问卷获取。9 个三级指标的得分率,如图 3-2 所示。

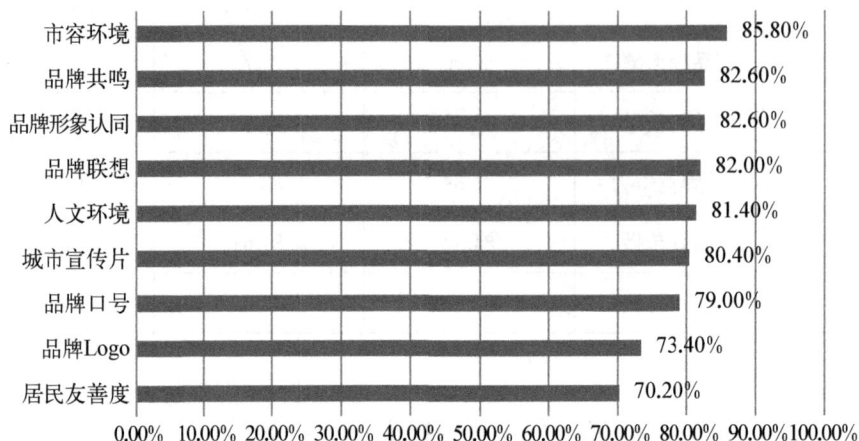

图 3-2 品牌形象维度三级指标得分率

指标	得分率
市容环境	85.80%
品牌共鸣	82.60%
品牌形象认同	82.60%
品牌联想	82.00%
人文环境	81.40%
城市宣传片	80.40%
品牌口号	79.00%
品牌Logo	73.40%
居民友善度	70.20%

从图 3-2 可以发现,根据 48 个指标得分率中位数 82.00% 的标准,在品牌形象维度 9 个指标中,有 4 个指标得分率在中位数以上(含中位数),约占维度指标数的 44.44%;有 5 个指标得分率低于中位数,约占 55.56%。其中,市容环境指标表现最为突出,得分率为 85.80%,名列品牌形象维度指标第一位。

从品牌要素包含的品牌 Logo、品牌口号、城市宣传片 3 个指标看,整体的得分率相对偏低,分别为 73.40%、79.00%、80.40%,都在中位数以下,在品牌形象维度中分列第六至第八位。从目前有关上海旅游市场品牌营销的实际情况看,尽管通过城市宣传片、品牌口号和品牌 Logo 等途径可以让部分游客在一定程度上了解,甚至记住"上海旅游"品牌的大致轮廓,或是碎片化的形象要素,然而却无法使游客真正铭记和理解"上海旅游"品牌形象的价值理念、核心要素、清晰特征和资源魅力。来自受访者的主观感受和亲身体验表明,"上海旅游"品牌形象距离深入人心的品牌营销的市场目标尚有明显差距。

城市形象包含的市容环境、人文环境、居民友善度 3 个指标,得分率依次为 85.80%、81.40%、70.20%,显然市容环境指标表现最为突出。而居民友善度则位列末位,得分率仅为 70.20%。需要指出的是,虽然市容环境和居民友善度同属于品牌形象维度中的城市形象二级指标中的 2 个三级指标,然而得分率较为悬殊,分属首末两端。

一般来讲,市容环境指标是城市形象的重要表征,也是"上海旅游"品牌形象的重要组成部分,更是亿万外来游客在上海从事旅游活动最直接的形象感受之一。多年来,上海环卫行业聚焦重要商圈、热点区域以及旅游景区,以点带面、联建共治,不断满足人民群众对高品质生活质量的需求,实现上海市容环境质量的整体提升,因而受到外来游客的普遍认可。所谓居民友善度,是一种测量城市本地居民与外来游客之间人际关系水平的标准,包括本地居民与外来游客之间的友好和融洽关系、活动的参与度等。近年来,以"城市有温度"为导向,上海在完善城市友好度与居民友善度方面持续发力,逐渐加大建设力度,已经取得有目共睹的综合效应,并正在成为实现世界级旅游目的地发展目标不可或缺的组成部分。

研究发现,在"上海旅游"品牌形象维度居民友善度指标的得分率相对较低,且连续三年都排在品牌形象维度的最后位置。一方面,说明上海在提升居民友善度过程中存在薄弱环节,而这些薄弱环节恰恰折射出"上海旅游"品牌作为城市软实力的重要组成部分还存在一些不尽如人意之处;另一方面,表明游客对上海应该具有更大的包容性、更强的亲和力、更高的友好度等城市形象特征表现出十分强烈的现实需求与急切渴望,正是由于这种现实需求与急切渴望的市场反馈,进而演化为游客对上海有温度的城市建设目标持有更高的期许。

总体来看,在品牌形象维度指标中,代表城市形象的市容环境既看得见,又摸得着,体现上海的硬物质形象内容,得分率相对较高;而代表形象维度的居民友善度则需要游客用心感受、用情体验、用语沟通,体现上海的软物质形象内容,得分率却相对较低。品牌形象物质性指标与精神性指标之间发展的不平衡性,暴露出"上海旅游"品牌形象建设中存在的一些隐性问题需要进行深刻反思。

就上海作为一个城市旅游目的地而言,居民友善度过低暗含着对外来游客造成精神软伤害的可能性。一般而言,这种精神软伤害大多是由于语言蔑视、态度冷淡、神态歧视等因素引起。由于友善度过低产生的精神软伤害,通常看不见,甚至摸不着。然而对此软伤害,绝不能等闲视之,漠然处之。因为在当今互联网时代,有许多事实已经证明,并将继续证明,由于旅游目的地居民较低的友善度对外来游客带来的精神软伤害事件,一旦处理不慎,极有可能在很短时间内,乃至是一瞬间,转变成对一个城市形象形成全方位的硬伤害,由此造成的危害性程度及其综合性损失难以估量。因此,针对居民友善度指标得分率较低这一现象,应该精细梳理,未雨绸缪,采取相应手段与明确步骤进行弥补和完善,从而有助于真正实现上海旅游市场"近悦远来、主客共享、主客共创"的发展目标。

从旅游形象包括的品牌形象认同、品牌联想和品牌共鸣3个指标看,得分率分别为82.60%、82.00%和82.60%,名列品牌形象维度指标的第二至第四位,整体表现比较突出,表明融合都市风光、都市文化和都市商业为一体的都市型旅游形象得到了亿万游客较高程度的认可与青睐,并在一定程度上产生真实的情感共鸣与趋同的价值认同。

同时值得注意的是,在品牌形象维度中9个指标的得分率分布并不均衡,反映了以市场反馈为衡量标准,"上海旅游"品牌形象的市场辨识度还有进一步提升的空间。与此同时,构成品牌形象维度各个部分,以及各个指标之间的内在逻辑性与协调性也需要进一步优化。尤其是围绕品牌形象市场化推广的专业性、系统性和有效性各个环节,亟待全方位整合、全要素发力与全过程优化。

通过与2023年相比,2024年的品牌形象维度得分率整体略有降低,且指标得分率的不平衡性依旧存在,首位指标得分率的差距有所扩大,由2023年的14.60增至2024年的15.60。从具体排序来看,与2023年相比,2024年的9个指标位次没有变化,见表3-4。

表3-4 2024年和2023年品牌形象维度得分率排序变化

指标名称	2023年得分率/%	2024年得分率/%	排序变化情况
市容环境	86.00	85.80	→
品牌共鸣	83.60	82.60	→
品牌形象认同	82.60	82.60	→
人文环境	82.20	81.40	→
品牌联想	82.20	82.00	→
城市宣传片	80.60	80.40	→
品牌口号	75.80	79.00	→
品牌Logo	75.60	73.40	→
居民友善度	71.40	70.20	→

注:→代表位次没有变化,↑代表位次上升,↓代表位次下降,后面的数字代表上升或下降的位次数量。

总之,"上海旅游"品牌形象需要聚焦品牌形象目标受众的感受度,通过整合与提升,既可以清晰凸显"上海旅游"品牌形象的核心理念,又能够着力夯实受到市场广泛认可的品牌形象的物质要素,进而以"上海旅游"品牌形象为突破口,在城市宣传片、品牌口号和品牌Logo的引导下,形成前来上海旅游的心理依赖,产生前来上海旅游的消费冲动,确立前来上海旅游的价值标尺。

二、品牌质量指标

所谓品牌质量,是指使用该品牌的产品质量,主要反映该品牌产品的耐久性、可靠性、精确度,易于操作和便于修理等有价值的属性。基于此,本报告构建的"上海旅游"品牌发展指标体系中的一级指标品牌质量包含旅游要素质量、基础设施质量和旅游服务质量等 3 个二级指标。其中,旅游要素质量包含景区质量、宾馆质量、休闲娱乐设施质量 3 个三级指标;基础设施质量包含配套设施质量、标识系统质量 2 个三级指标;旅游服务质量包含服务技能、服务态度、服务特色 3 个三级指标。该维度三级指标合计有 8 个,主要反映"上海旅游"品牌的实际质量、体验质量、无形质量等方面的内容,数据主要通过 1057 份市场问卷获取。8 个三级指标得分率情况如图 3-3 所示。

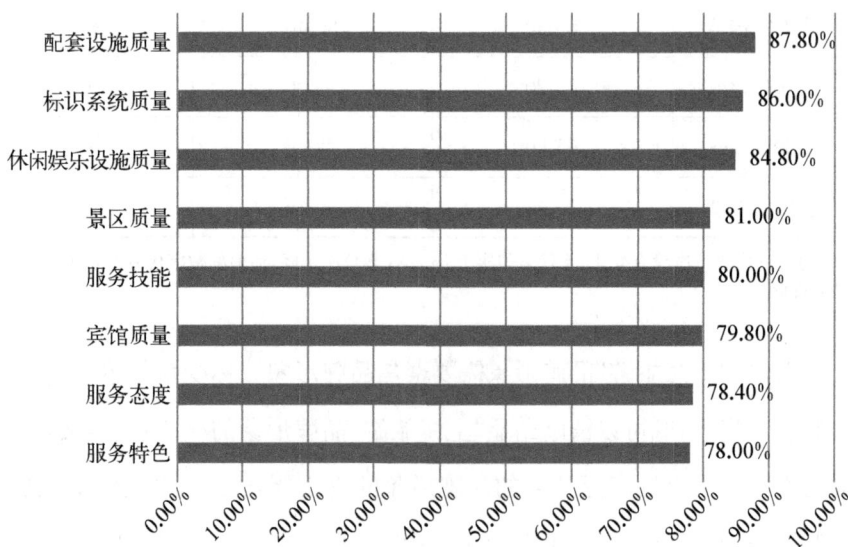

图 3-3 品牌质量维度三级指标得分率

从图 3-3 可以发现,根据指标得分率中位数 82.00% 的标准,在品牌质量维度 8 个指标中,中位数以上有 3 个,约占维度指标数的 37.50%;以下有 5 个,约占维度指标数的 62.50%。其中,配套设施质量指标的旅游市场反响最好,得分率为 87.80%,在品牌质量维度中排名第一位。

从旅游要素质量包含的景区质量、宾馆质量、休闲娱乐设施质量 3 个指标看,得分率依次为 81.00%、79.80%、84.80%。必须指出,休闲游乐设施质量指标得分率明显高于宾馆质量和景区质量指标。这一品牌质量指标得分率的分布格局,在一定程度上表明,经过多年努力,上海在休闲游乐设施建设方面,不仅在数量和规模上进入了新的发展阶段,形成了产业系统性、消费层次性、分布均衡性的市场发展特征,而且在休闲游乐设施质量保障方面同样得到旅游客源市场比较充分的肯定。从另一个角度看,受访者对上海休闲游乐设施质量的肯定与青睐,折射出文化旅游市场发展正在酝酿一种新趋势,也即对游客来讲,在上海从事旅游活动,除了传统的宾馆住宿和景区活动外,休闲游乐设施事实上已经成为游客重要的第三活动空间。值得欣慰的是,高质量的休闲娱乐设施一跃而成为体现上海旅游要素质量的代表性指标,成为后疫情时代上海文化和旅游新消费业态的物质载体。从上海发展的现状看,休闲娱乐场所不仅丰富了城市文化旅游活动的空间形态,而且为全域旅游向全域休闲转变奠定了物质服务基础。

从基础设施质量包含的配套设施质量、标识系统质量两个指标看,得分率依次为 87.80% 和 86.00%,分列第一和第二位,说明旅游市场对于基础设施质量指标的评价比较高。这也充分说明城市整体发展水平为城市旅游发展质量奠定了良好基础。

其中,配套设施主要是指为外来游客在本地区从事旅游活动提供的各种直接与间接的服务设施,包括旅游接待设施(酒店、饭店和停车场等)、旅游购物设施、旅游娱乐设施、交通、商业服务、园林绿化、环境保护、医疗救护设施、邮电等市政公用工程设施和公共生活服务设施等。高得分率表明,各种基础配套设施为亿万游客在上海顺利开展各种形式的旅游活动奠定扎实基础。受访者对上海基础设施质量给予较高的评价,有力地证明近年来上海对标国际一流水准,着力提升城市基础设施建设质量的发展目标已经取得长足进步和积极成效,进而为"上海旅游"品牌质量的全面提升夯实发展的物质基础。

从旅游服务质量包含的服务技能、服务态度、服务特色等3个指标看,整体上得分率相对较低,分别是80.00%、78.40%、78.00%,均在中位数以下,在品牌质量维度中分列倒数第四、第二和第一。一般认为,旅游服务质量是旅游企业服务特性和特征的总和。外来游客到访上海以后,在具体的旅游活动过程中,通过比较预期勾勒的服务质量与实际体验的服务质量之间的异同,形成对旅游服务质量的总体心理感知,进而产生对旅游服务质量的基本价值判断。得分率偏低表明,受访者对"上海旅游"品牌旅游服务质量整体市场感知较弱,价值评价较低,击中了"上海旅游"品牌服务质量的软肋。

通过和2023年相比,2024年只有配套设施质量、标识系统质量指标有所提高,服务技能指标与去年持平,其他3个指标都略有下降。

指标得分率的不平衡性同样存在,首位指标得分率的差距略有加大,由2023年的9.20个百分点增大至2024年的9.80个百分点。从具体排序来看,8个指标位次没有变化,见表3-5。

综合来看,旅游要素质量、基础设施质量是组成品牌质量的硬服务质量部分,旅游服务质量则是构成品牌质量的软服务质量部分。从旅游市场的感知反馈来看,"上海旅游"品牌质量的硬服务质量部分相对较"硬",而软服务质量部分则相对较"软"。硬服务质量较硬与软服务质量较软之

表 3-5　2024 年和 2023 年品牌质量维度得分率排序变化

指标名称	2023 年得分率/%	2024 年得分率/%	排序变化情况
配套设施质量	87.60	87.80	→
标识系统质量	85.80	86.00	→
休闲娱乐设施质量	85.60	84.80	→
景区质量	82.00	81.00	→
宾馆质量	80.00	79.80	→
服务技能	80.00	80.00	→
服务态度	79.40	78.40	→
服务特色	78.40	78.00	→

注:"→"表示位次没有变化,↑代表位次上升,↓代表位次下降,后面数字代表上升或下降位次数量。

间存在的反差,揭示了"上海旅游"品牌质量建设存在着比较严重的"硬软失衡"的发展缺陷。提升上海旅游软服务质量,仍旧是"上海旅游"品牌质量建设的重中之重。

三、品牌竞争力指标

所谓旅游目的地品牌竞争力,主要是指旅游目的地在品牌发展和竞争过程中,旅游者和旅游目的地居民能明确感知到的、旅游目的地旅游企业所表现出的品牌形态同其他旅游目的地相比较,具有的创造财富和价值收益的能力(吴开军,2016)。基于此,本报告构建的"上海旅游"品牌发展指标体系中的品牌竞争力一级指标包含品牌活力、品牌吸引力和品牌潜力 3 个二级指标。其中,品牌活力部分包含旅游收入、旅游人次、客房平均出租率、客房平均价格、旅游收入占地区生产总值比重等 5 个三级指标;品牌吸引力部分包含 5A 级景区数量、国家级旅游度假区数量、国家重点文物保护单位数量、剧场和影剧院数量、五星级购物中心数量、空气质量优良天数等 6 个三级指标;品牌潜力部分包含旅游人次增长率、旅游收入增长率、铁路客运量、机场旅客吞吐量、国际航班通达数等 5 个三级指标。该维度指标合计有 16 个,主要反映"上海旅游"品牌的核心竞争力、辐射竞争力、潜在竞争力的现实状态。16 个三级指标得分率如图 3-4 所示。

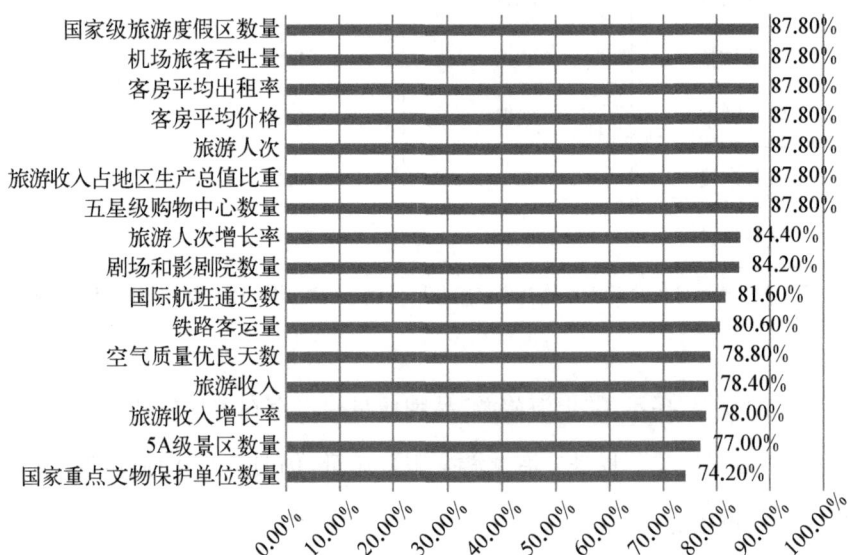

图 3-4　品牌竞争力维度三级指标得分率

从图 3-4 可以发现,以"上海旅游"品牌评价指标得分率的中位数 82.00% 为标准,在该维度的 16 个指标中,得分率在中位数以上的指标有 9 个,占比 56.25%;低于中位数的指标有 7 个,占比 43.75%。其中,国家级旅游度假区数量、机场旅客吞吐量、客房平均出租率、客房平均价格、旅游人次、旅游收入占地区生产总值比重和五星级购物中心数量等 7 个指标的得分率均为 87.80%,并列品牌竞争力维度第一名。由此可以发现,该维度的得分率不仅普遍较高,而且有 7 个指标得分率获得最高值,约占

9 个最高得分率指标数的 77.78%。与此同时,该维度排名倒数第一的指标得分率 74.20%,与并列排名第一的前 7 个指标得分率 87.80% 相差 13.6%。显而易见,品牌竞争力维度发展的不均衡性特征更为明显。

从品牌活力包含的旅游收入、旅游人次、客房平均出租率、客房平均价格、旅游收入占地区生产总值比重等 5 个指标看,有 4 个得分率同为 87.80%,在维度指标排名中并列第一;只有旅游收入得分率 78.40% 低于中位数 82.00%,且排名倒数第四,首末指标得分率差距较为悬殊。

所谓客房平均出租率,是指宾馆/酒店已出租的客房数与可以提供租用的房间总数的百分比,是反映宾馆/酒店经营状况的一项重要指标。在通常情况下,平均出租率越高,说明宾馆/酒店市场客源越好;在平均房价不变的情况下,出租率越高,表明宾馆/酒店的营业状况越好。所以客房平均出租率指标的得分率高在一定程度上说明,作为体现宾馆/酒店行业发展质量和发展效率的关键指标发展态势良好。所谓旅游收入占地区生产总值比重,主要是衡量旅游及相关行业对一个城市经济发展影响力的程度。与 2023 年相比,2024 年的旅游收入占地区生产总值比重得分率由 76.60% 增至 87.80%,排名由第 12 名提升至并列第 1 名。与北京、广州和深圳等城市相比,上海本指标 2024 年得分率为 87.80%,高于 2024 年北京的 84.00%、广州的 78.20% 和深圳的 69.00%。由此可以看出"上海旅游"在上海区域经济发展中的重要地位,以及品牌竞争力活力的释放对提高"上海旅游"品牌竞争力的重要性。

从品牌吸引力包含的 5A 级景区数量、国家级旅游度假区数量、国家重点文物保护单位数量、剧场和影剧院数量、五星级购物中心数量、空气质量优良天数等 6 个指标看,得分率分别为 77.00%、87.80%、74.20%、84.20%、87.80%、78.80%,整体得分率悬殊较大。需要指出的是,从一般意义上讲,5A 级景区代表了一个城市最有吸引力和最具竞争力的旅游资源,也是一个城市旅游品牌吸引力的最直接体现。一方面,作为上海旅游市场最具品牌影响力和市场吸引力的迪士尼乐园,目前并没有纳入5A级景区系列之中,拉低了该指标的得分率;另一方面,相比于国内其他大城市,上海在5A级景区建设方面的步伐稍显滞缓,导致数量略少,也是造成该指标得分率较低的原因之一。

从品牌潜力包含的旅游人次增长率、旅游收入增长率、铁路客运量、机场旅客吞吐量、国际航班通达数等5个指标看,得分率分别是84.40%、78.00%、80.60%、87.80%、81.60%。需要指出的是,2024年的旅游人次增长率指标的得分率较2023年的70.60%提高了13.8%,位次由第16名提升至第8名,这在一定程度上反映了疫情后经济的全面复苏和居民消费信心的提升。

通过和2023年相比,2024年的品牌竞争力维度得分率升降指标喜忧参半,其中得分率提高的指标有5个、降低的有6个。旅游人次、客房平均价格、国家级旅游度假区数量、五星级购物中心数量、机场旅客吞吐量5个指标位次没有变化,剧场和影剧院数量、旅游收入、国际航班通达数、空气质量优良天数、5A级景区数量、国家重点文物保护单位数量的位次有所下降,客房平均出租率、旅游收入占地区生产总值比重、铁路客运量、旅游人次增长率和旅游收入增长率的位次有所上升。见表3-6。

表3-6 2023年和2024年品牌竞争力维度得分率排序变化

指　标　名　称	2023年得分率	2024年得分率	排序变化情况
旅游人次	89.00%	87.80%	→
客房平均价格	89.00%	87.80%	→
国家级旅游度假区数量	89.00%	87.80%	→

续　表

指　标　名　称	2023年得分率	2024年得分率	排序变化情况
五星级购物中心数量	89.00%	87.80%	→
机场旅客吞吐量	89.00%	87.80%	→
剧场和影剧院数量	86.20%	84.20%	↓3
旅游收入	84.80%	78.40%	↓6
国际航班通达数	84.60%	81.60%	↓2
客房平均出租率	81.00%	87.80%	↑6
空气质量优良天数	80.40%	78.80%	↓2
5A级景区数量	76.80%	77.00%	↓4
旅游收入占地区生产总值比重	76.60%	87.80%	↑6
国家重点文物保护单位数量	75.80%	74.20%	↓3
铁路客运量	75.00%	80.60%	↑3
旅游人次增长率	70.60%	84.40%	↑8
旅游收入增长率	70.60%	78.00%	↑1

注：→代表位次没有变化，↑代表位次上升，↓代表位次下降，后面的数字代表上升或下降的位次数量。

从"上海旅游"品牌竞争力维度指标得分率的整体看,不平衡性态势极为明显,构成维度指标的各个部分之间的指标得分率也有较大差异,说明该维度指标内部的发展既不充分,又不平衡,亟需持续高度关注、深入分析、仔细甄别。特别在后疫情文旅行业全面复苏的背景下,应充分发挥上海的综合优势,创新消费业态和环境,将游客流量转化为有效留量,带动文旅消费能级提升,提高旅游收入及增长率等指标得分率,进而在整体上提高"上海旅游"品牌竞争力水平。

四、品牌传播指标

所谓品牌传播,是指旅游目的地以品牌的核心价值为原则,在品牌识别的整体框架下,通过各种传播方式,将品牌推广出去。在本报告中,"品牌传播"一级指标包括媒体传播度、关注度和品牌口碑3个二级指标。其中,媒体传播度包括百度人气指数、谷歌搜索量、正面新闻报道数、负面新闻报道数4个三级指标;关注度包括社交媒体粉丝数、博文点赞数、博文转发量3个三级指标;品牌口碑包括正面口碑、负面口碑、城市声誉3个三级指标。该维度指标合计有10个,主要反映"上海旅游"品牌的媒体传播反响度、社会公众认知度和品牌口碑塑造度三方面内容。10个三级指标的得分率如图3-5所示。

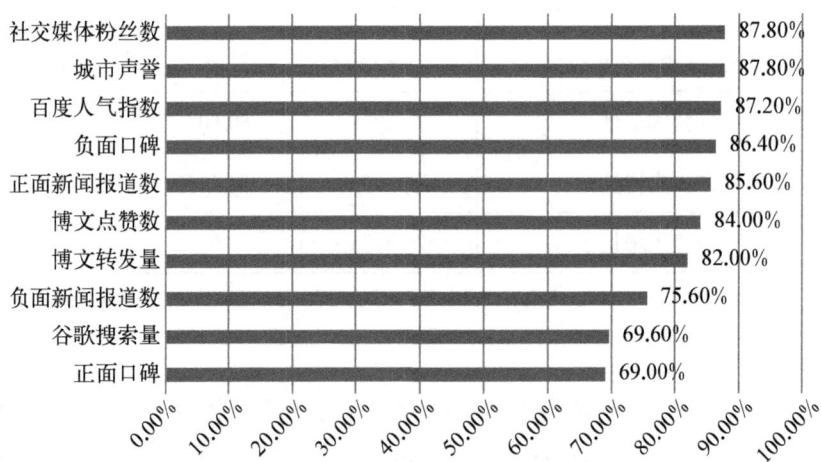

图3-5 品牌传播维度三级指标得分率

从图3-5可以发现,"上海旅游"品牌评价指标得分率的中位数为82.00%,在品牌传播维度10个指标中,有7个指标得分率在中位数以上,占总数的70%,3个指标得分率低于中位数,占总数的30%。其中,"上海旅游"品牌传播在社交媒体粉丝数和城市声誉两个指标的表现比较突出,得分率均为 87.80％,并列第一。

从媒体传播度包含的百度人气指数、谷歌搜索量、正面新闻报道数、负面新闻报道数 4 个指标看,百度人气指数和正面新闻报道数 2 个指标的得分率相对较高;负面新闻报道数为 75.60％,谷歌搜索量的得分率最低,仅 69.60％。

从品牌传播维度中的媒体传播度和关注度两方面评价指标的得分率交互分析看,针对"上海＋旅游"的百度人气指数指标和针对"Shanghai＋travel"的谷歌搜索热度指标的得分率分别为 87.20％和 69.60％,反映了"上海旅游"品牌在国内旅游市场的传播效果较好。但值得注意的是,在媒体传播部分谷歌搜索量指标得分率从 2022 年的末位排名逆袭到 2023 年的第一位,又到 2024 年的倒数第二位。谷歌作为全球最重要的搜索引擎,通过观察谷歌中的搜索量,大致可以在一定程度上判断一个城市在国际市场上的品牌传播的热度。从一个侧面折射出"上海旅游"品牌在国际旅游市场中的营销功能具有很大的不稳定性,在国外旅游市场的传播还需加强。

从关注度包含的社交媒体粉丝数、博文转发量和博文点赞数 3 个指标看,社交媒体粉丝数指标的得分率最高,为 87.80％,博文点赞数为84.00％,博文转发量为 82.00％,相差不大。所谓博文点赞数,是目前比较公认的衡量一个社交媒体发布或转发有关"上海旅游"内容的博文在网络上获得宣传推广效果的一个标尺。博文点赞数越多,就表示该社交媒体所发布的内容越受欢迎,也说明公众对"上海旅游"品牌的关注度越高,对上海城市旅游产生的兴趣点和信任度也越高;反之,则相对较弱。相比 2023 年博文点赞数得分率的增加,说明"上海旅游"品牌博文在相关平台进行推送的同时,博文的内涵更加丰富、博文的质量有所提升,博文的魅力发挥有效提高了博文的点赞数,使"上海旅游"品牌传播在网络世界里大展身手,真正体现了品牌传播的倍增效应。

从品牌口碑包含的正面口碑、负面口碑、城市声誉 3 个指标看,城市声誉得分率最高,为 87.80%,负面口碑指标的得分率为 86.40%,正面口碑的得分率最低,为 69.00%。城市声誉这一指标主要是从国际市场竞争角度考察上海城市软硬环境的综合性指标。该指标由以下三个方面的评价内容组成:一是上海在 GaWC("Globalization and World Cities"的缩写)全球城市中的排名;二是上海在全球金融中心指数中的排名;三是上海在世界城市 500 强中的排名。从城市声誉指标的评价内容构成看,具有以下两个显著特点。一是数据的权威性。该指标含有的三个方面的数据,无一不是来自当今国际上公认的权威机构发布的研究报告;二是数据的多元性。该指标包括的三个方面的评价数据,反映了上海在国际市场三个侧面的认可度,以及上海在每一个方面的现实显示度。所以说从城市声誉指标的得分率角度,可以比较客观和清晰地判定上海在当今全球对标市场中所处的基本方位,以及上海城市声誉在国际标准视野里所能够达到的基本程度。

但值得注意的是,正面口碑的得分率和位次的降低,说明"上海旅游"品牌的品牌传播和形象塑造存在不足,游客满意度、忠诚度及旅游产品和服务质量仍需提高。

通过和 2023 年相比,2024 年的品牌传播维度得分率除了百度人气指数和社交媒体粉丝数排序持平外,4 个指标得分率排序有所提高,4 个指标得分率排序有所降低,指标得分率的不平衡性依然存在,且首末位指标得分率的差距增大,由 2023 年的 11.4 个百分点增大至 2024 年的 18.8 个百分点,见表 3-7。

表 3－7　2023 年和 2024 年品牌传播维度得分率排序变化

指标名称	2023 年得分率	2024 年得分率	排序变化情况
百度人气指数	89.00％	87.20	→
谷歌搜索量	89.00％	69.60	↓6
社交媒体粉丝数	89.00％	87.80	→
负面口碑	89.00％	86.40	↓3
城市声誉	88.20％	87.80	↑3
博文转发量	85.40％	82.00	↓5
正面新闻报道数	82.00％	85.60	↑2
正面口碑	80.20％	69.00	↓2
博文点赞数	79.80％	84.00	↑3
负面新闻报道数	77.60％	75.60	↑2

注：→代表位次没有变化,↑代表位次上升,↓代表位次下降,后面的数字代表上升或下降的位次数量。

综合来看,一方面,"上海旅游"品牌在社交媒体上的传播效果良好,能够引起用户的共鸣和互动,也显示了上海旅游品牌在多方面的积极发展态势,包括品牌形象、传播效果和用户参与度的提升。另一方面,"上海旅游"品牌传播维度也存在一定的负面危机感,需要针对性制定完善策略,以避免品牌传播的薄弱环节对"上海旅游"品牌的整体影响。

五、品牌忠诚指标

品牌忠诚是指消费者对某一品牌具有特殊的嗜好或偏好,因而在不断购买此类产品时,仅仅是专注于该产品的品牌而放弃对其他产品品牌的尝试。所谓旅游目的地品牌忠诚,可以理解为游客对目的地的持续关注度、重游、推荐他人等态度和行为忠诚。基于此,本报告构建的"上海旅游"品牌发展指标体系中的品牌忠诚一级指标包含满意度和忠诚度2个二级指标。其中,满意度包含持续关注度、认同度2个三级指标;忠诚度包含重游、推荐他人、溢价游玩等3个三级指标。该维度指标合计有5个,主要反映"上海旅游"品牌的游客满意度、情感依赖性等游客消费市场的价值诉求态势,数据主要通过1057份市场问卷获取。5个三级指标得分率,如图3-6所示。

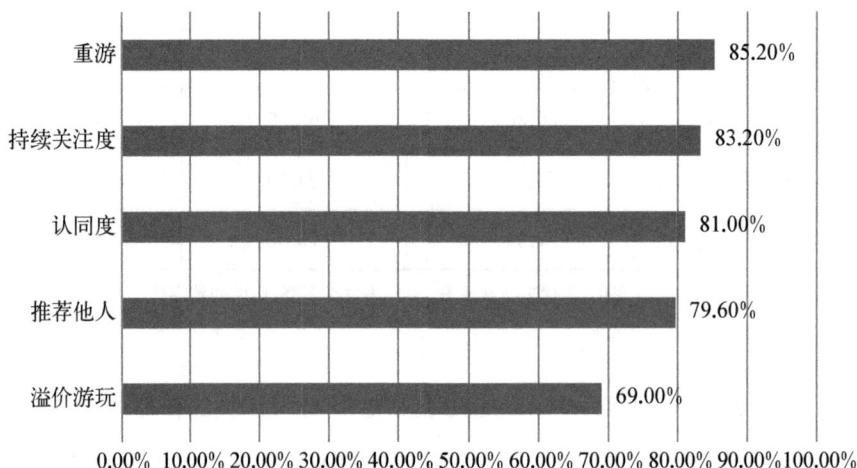

图3-6　品牌忠诚维度三级指标得分率

从图3-6可以发现,以"上海旅游"品牌评价指标得分率的中位数82.00%为标准,品牌忠诚维度5个指标中仅有2个指标的得分率位于中位数以上,其余3个指标的得分率都处于中位数以下。

由于品牌忠诚维度的所有指标都来自受访者的市场评价,所以大致可以勾勒出游客对"上海旅游"品牌忠诚的基本特征和主要倾向。从品牌满意度部分包含的持续关注度和认同度2个指标看,得分率分别为83.20%、81.00%。这里的持续关注度主要是指游客对上海旅游及其相关信息的关注程度。从持续关注度指标得分率看,游客的市场反馈非常积极。这里的认同度主要是指游客通过经历前来上海旅游的整个过程,获得的一种心理感受和认知,进而形成对上海旅游相应的价值判断与心理评估。从认同度指标得分率看,受访者的市场评价略低于中位数。综合来看,客源市场对上海旅游的满意度总体上比较高,这一市场反馈也得到了现实旅游市场的积极佐证。

从品牌忠诚度部分包含的重游、推荐他人、溢价游玩等 3 个指标看,得分率依次是 85.20%、79.60%、69.00%。需要注意的是,上述 3 个指标中,游客表示到上海进行重游指标的得分率为 85.20%,说明受访者中愿意重复前来上海旅游的比重相当高,与近年来上海游客接待量持续提升的市场发展态势基本吻合。所谓重游,是指在针对受众进行市场调研过程中,游客表示愿意再次或多次前来上海进行旅游活动的一种主观意愿的表示。受访者对上海重游意愿比例高,一方面,说明上海这座城市具有独特的资源、多彩的娱乐、完善的设施、便捷的交通、体验的场景、规范的管理,无不是构成上海独具魅力的旅游目的地的元素;另一方面,随着我国旅游市场更趋成熟,旅游目的地更加多元化,旅游消费市场也日益细分化,在这样的大背景下,游客依然对上海青睐有加、偏爱不已、依赖更深,反映了上海深根厚植红色文化、海派文化、江南文化和时尚文化形成的核心引力,既是上海现实旅游市场的客观反映,也勾勒出上海旅游市场未来发展的基本趋势。

需要特别关注的是,从溢价游玩指标看,得分率为 69.00%,也是连续三年评价体系中指标得分率最低的指标之一。相对而言,上海旅游企业运营成本比较高,导致游客在酒店、餐饮、景区以及其他休闲娱乐消费方面的花费普遍较高。因而受访者的市场反馈表明游客对溢价游玩指标的心理承受度比较弱,抵触情绪比较浓,致使市场评价比较低。

从推荐他人指标看,得分率为79.60%,低于评价指标得分率的中位数。尽管从这一数据可以看到,有相当部分的受访者乐意向他人推荐上海旅游,或部分旅游项目,但是必须清醒意识到,不断提高游客在上海旅游的体验度和满意度,是促使游客能够乐意向他人推荐"上海旅游"的真正内在动力。

通过和2023年相比,2024年的品牌忠诚维度得分率均略有降低,排序位次基本保持稳定。从具体排序来看,整体变化不大,重游、持续关注度和溢价游玩均没有发生变化,推荐他人和认同度位次进行了调换,认同度上升一位,推荐他人下降一位,见表3-8。

表3-8 2023年和2024年品牌忠诚维度得分率排序变化

指标名称	2023年得分率	2024年得分率	排序变化情况
重游	86.00%	85.20%	→
持续关注度	84.60%	83.20%	→
推荐他人	81.20%	79.60%	↓1
认同度	81.00%	81.00%	↑1
溢价游玩	70.60%	69.00%	→

注:→代表位次没有变化,↑代表位次上升,↓代表位次下降,后面的数字代表上升或下降的位次数量。

进一步梳理分析持续关注度、认同度、重游、溢价游玩和推荐他人等5个方面的指标得分率,整体上可以反映旅游市场对"上海旅游"品牌忠诚问题表现出来的积极态度和首肯倾向,成为推进"上海旅游"品牌建设良好的客源市场民意基础。同时,也为"上海旅游"品牌建设与推广制定明确的营销方案与精准的促销策略提供了科学依据。

第三节　指标比较分析

本报告构建了"上海旅游"品牌发展指数评价指标体系,该体系由 5 个一级指标、14 个二级指标及 48 个三级指标构成。通过综合考量上海在 48 个三级指标上的表现,并与北京、广州、深圳三个国内城市以及国际标杆城市纽约进行对比分析,精确定位了"上海旅游"品牌的发展现状,识别出其发展中的薄弱环节。这一分析成果为制定进一步提升"上海旅游"品牌影响力的相关政策提供了有益的参考。

一、指标得分率比较

进一步分析发现,48 个指标的平均得分率为 81.63%,其中 25 个指标得分率大于均值,23 个得分率小于均值。三级指标得分率在 80% 及以上的为 32 个,其中旅游人次、客房平均价格、国家级旅游度假区数量、五星级购物中心数量、机场旅客吞吐量、社交媒体粉丝数、城市声誉、配套设施质量、客房平均出租率、旅游收入占地区生产总值比重等 10 个指标得分率均为 87.80%,集中在品牌活力、品牌吸引力、媒体传播度、关注度和品牌潜力等维度。

三级指标得分率按照得分率从高到低,在 70% 以下的有 3 个,分别是谷歌搜索量、正面口碑和溢价游玩;在 70%~80% 之间的有 13 个,依次为宾馆质量、推荐他人、品牌口号、空气质量优良天数、旅游收入、服务态度、服务特色、旅游收入增长率、5A 级景区数量、负面新闻报道数、国家重点文物保护单位数量、品牌 Logo、居民友善度。其余 32 个三级指标得分率在 80% 以上,如图 3-7 所示。

进一步比较"自我审视"(问卷调查等)和"放眼国内"(北上广深比较)

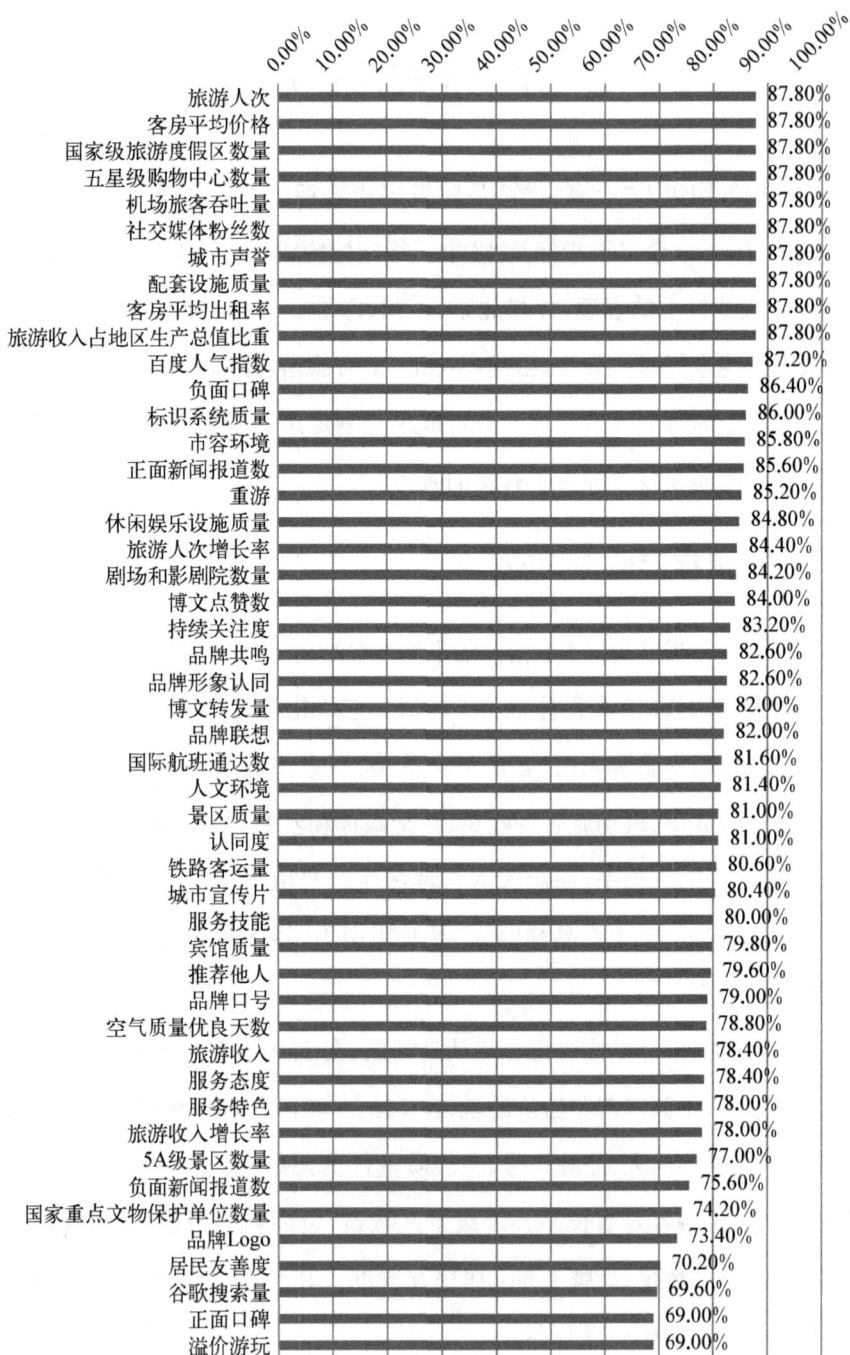

图 3-7 48 个三级指标得分率

两类指标的平均得分率,分别为 80.01％和 83.11％。说明通过游客感知调查和与北京、广州及深圳的比较,"上海旅游"品牌总体表现良好,持续维持在"好"的发展水平,见表 3－9。

表 3－9 2023 年和 2024 年三类指标得分率比较

序号	指标类型	2023 年得分率	等级	2024 年得分率	等级
1	问卷调查	80.94％	好	80.01％	好
2	北上广深比较	83.06％	好	83.11％	好
3	均值	82.06％	好	81.56％	好

二、北京、广州和深圳旅游品牌现状分析

本报告中的指标体系由主观指标和客观指标两部分构成。其中主观指标数据来自市场调研问卷;客观指标数据主要来自相关统计年鉴、政府公报、平台以及相关的文献资料。鉴于客观数据的可获取和可比性特点,该报告选取北京、广州和深圳 3 座城市作为"上海旅游"品牌建设的国内对标城市。对标城市的选取依据主要有以下两方面。

第一,北上广深的城市发展水平具有一定相似性。从城市所属区域来看,4 个城市皆为东部沿海城市。从城市行政级别来看,北京和上海属于直辖市,广州属于省会城市,深圳则属于计划单列市。从城市规模来看,4 个城市的常住人口规模均超过 1 000 万,属于国际语境下的"超大城市(Megacity)"。从城市等级来看,据《2024 城市商业魅力排行榜》显示,4 个城市皆为一线城市,且排序为上海、北京、深圳、广州。从城市发展来看,至 2022 年末,北上广深 4 个城市的城镇化率依次为 87.80％、88.60％、86.76％、99.80％。相似的城市发展水平使得"上海旅游"品牌发展指数研究在城市

形象、旅游形象、基础设施等维度层面具有横向比较的可能。同时,北上广深的城市旅游品牌对其他城市发展具有较强的示范作用和借鉴作用。

第二,北上广深的城市旅游发展水平处于国家前列。北上广深,作为中国最具代表性的一线城市,不仅在经济发展上处于全国领先地位,其城市旅游发展水平也位居国内前列。这四个城市凭借各自独特的文化魅力、丰富的历史遗迹、现代化的城市景观以及高质量的服务设施吸引了大量国内外游客前来观光游览。例如,北京以其深厚的历史文化底蕴著称,拥有故宫、长城等世界文化遗产;上海则展现了东西方文化的交融之美,外滩的历史建筑群与陆家嘴金融区的摩天大楼交相辉映;广州是岭南文化的中心,美食之都的身份让其成为众多美食爱好者向往的地方;而深圳则以创新科技闻名于世,是一座充满活力的年轻城市。此外,这些城市还不断推出新的旅游项目和服务,如智慧旅游平台的应用、特色主题公园的建设等,进一步提升了游客体验感,促进了旅游业持续健康发展。总之,无论是从接待能力还是服务质量来看,北上广深都是中国乃至世界范围内极具吸引力的旅游目的地之一。

通过4个城市相关指标的比较与分析,既可以科学把握"上海旅游"品牌在国内主要城市旅游品牌发展中的基本地位,又能够精准实施提升"上海旅游"品牌发展水平和发展质量的有效措施。

(一) 北京

作为首都,北京是我国的政治中心、文化中心,是世界著名古都和现代化国际城市。其拥有丰富的历史文化和现代旅游资源,对外开放的旅游景点达200多处,也是中国"八大古都"之一,拥有7项世界遗产,是一座有着三千余年建城历史、八百六十余年建都史的历史文化名城。市内外交通便捷,是中国铁路网的中心之一,北京首都国际机场更是世界规模最大的国际机场。近年来,随着奥运和冬奥在北京成功举办,"双奥之城"给世界展现了阳光、富强、开放、充满希望的国家形象,冰雪产业也丰富了北京旅游市场的发展前景。2023年北京全年接待旅游总人数3.29亿人次,比上年增长80.2%;实现旅游总收入5 849.7亿元,增长1.3倍。其中,接待国内游客3.27亿人次,增长79.8%,国内旅游总收入5 731.2亿元,增长1.3倍;接待入境游客116.8万人次,增长3.8倍,国际旅游外汇收入16.6亿美元,增长2.8倍。

从数据分析来看,北京48个指标得分率的均值为82.53%。其中,高于得分率均值的指标有33个,占比68.75%,具体是景区质量、休闲娱乐设施质量、认同度、城市宣传片、旅游收入占地区生产总值比重、品牌口号、客房平均出租率、品牌共鸣、推荐他人、人文环境、品牌形象认同、品牌联想、五星级购物中心数量、持续关注度、标识系统质量、机场旅客吞吐量、城市声誉、市容环境、正面口碑、配套设施质量、重游、旅游人次、旅游收入、5A级景区数量、国家重点文物保护单位数量、剧场和影剧院数量、旅游人次增长率、旅游收入增长率、铁路客运量、国际航班通达数、百度人气指数、正面新闻报道数和博文转发量。需要指出的是,旅游收入、5A级景区数量、国家重点文物保护单位数量、剧场和影剧院数量、旅游人次增长率、旅游收入增长率、铁路客运量、国际航班通达数、百度人气指数、正面新闻报道数和博文转发量等11个指标的得分率位列与4个城市并列第一,再次验证了北京的自然、人文、历史旅游资源极其丰厚,是城市旅游品牌发展的强劲支撑。同时,重要的城市地位和广泛的宣推活动使得北京在旅游品牌测度中体现较好口碑。

低于得分率均值的指标有15个,占比31.25%,具体是国家级旅游度假区数量、空气质量优良天数、负面新闻报道数、负面口碑、客房平均价格、溢价游玩、博文点赞数、社交媒体粉丝数、居民友善度、宾馆质量、品牌Logo、服务特色、服务技能和服务态度。其中,国家级旅游度假区数量、空气质量优良天数、谷歌搜索量、负面新闻报道数和负面口碑等5个指标得分率处于与4个城市并列末位,见图3-8。

指标	得分率
博文转发量	87.80%
正面新闻报道数	87.80%
百度人气指数	87.80%
国际航班通达数	87.80%
铁路客运量	87.80%
旅游收入增长率	87.80%
旅游人次增长率	87.80%
剧场和影剧院数量	87.80%
国家重点文物保护单位数量	87.80%
5A级景区数量	87.80%
旅游收入	87.80%
旅游人次	87.60%
重游	87.00%
配套设施质量	86.60%
正面口碑	86.20%
市容环境	86.20%
城市声誉	86.00%
机场旅客吞吐量	85.80%
标识系统质量	85.80%
持续关注度	85.60%
五星级购物中心数量	85.40%
品牌联想	85.00%
品牌形象认同	85.00%
人文环境	85.00%
推荐他人	84.80%
品牌共鸣	84.80%
客房平均出租率	84.60%
品牌口号	84.20%
旅游收入占地区生产总值比重	84.00%
城市宣传片	84.00%
认同度	83.80%
休闲娱乐设施质量	83.60%
景区质量	83.20%
服务态度	81.80%
服务技能	81.20%
服务特色	79.80%
品牌Logo	79.80%
宾馆质量	78.60%
居民友善度	78.20%
社交媒体粉丝数	76.80%
博文点赞数	75.20%
溢价游玩	74.00%
客房平均价格	71.20%
负面口碑	69.00%
负面新闻报道数	69.00%
谷歌搜索量	69.00%
空气质量优良天数	69.00%
国家级旅游度假区数量	69.00%

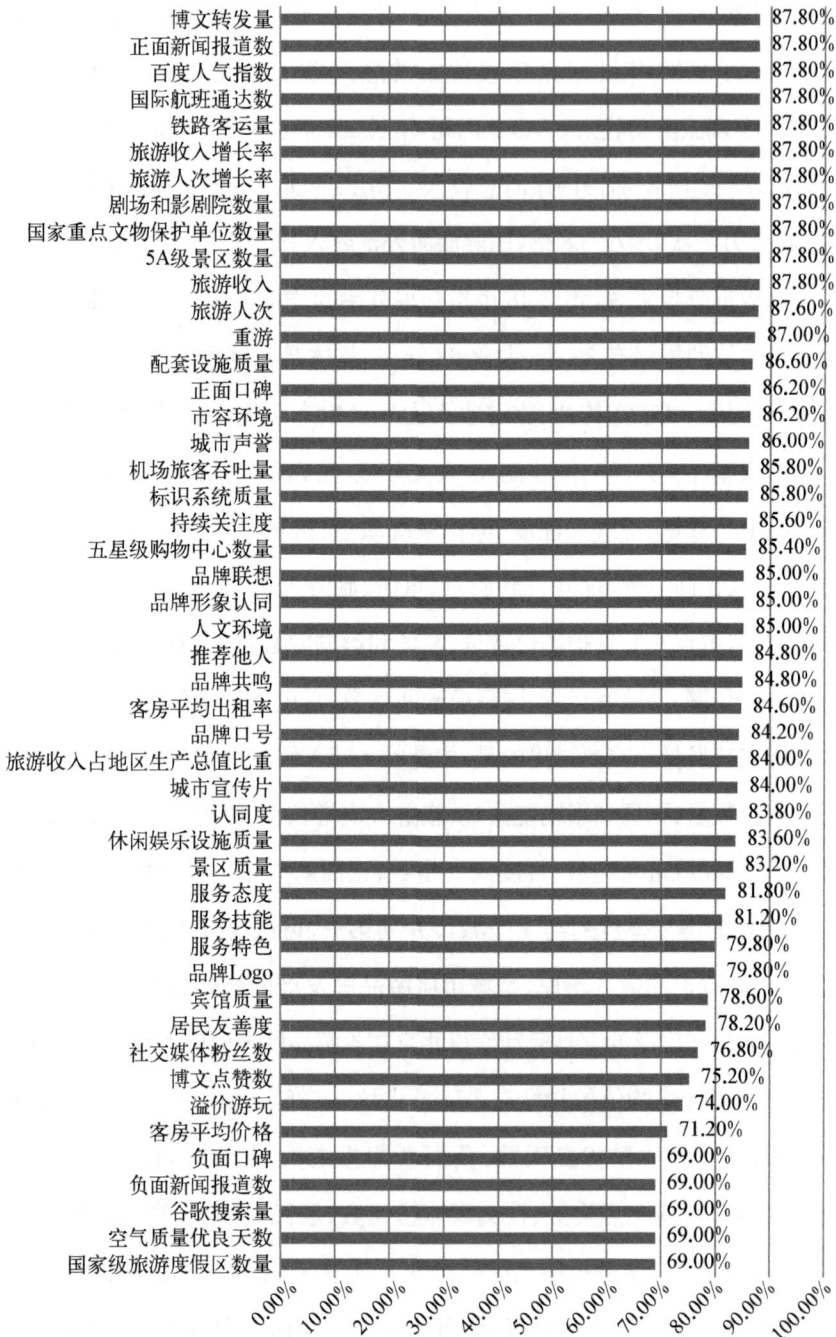

图 3-8　北京 48 个指标的得分率

从"北京旅游"品牌评价的分维度指数占比来看,品牌竞争力维度指数占比最高(33.81%),其后依次为品牌传播(20.07%)、品牌形象(18.98%)、品牌质量(16.66%)和品牌忠诚(10.48%)。显而易见,品牌竞争力最能体现"北京旅游"品牌的发展水平,是打响"北京旅游"品牌的关键。与此同时,品牌忠诚维度占比相对较小,对"北京旅游"品牌发展质量评价的影响相对较小。

通过对"北京旅游"品牌形象、品牌质量、品牌竞争力、品牌传播、品牌忠诚等五个维度分类指标得分率分析后发现,现阶段有关北京城市旅游品牌的五个方面维度分类指标得分率的评价数值依次是:品牌竞争力(83.74%)、品牌形象(83.57%)、品牌忠诚(83.01%)、品牌质量(82.48%)、品牌传播(81.61%)。其中,品牌竞争力维度指标得分率最高,这与北京作为首都的城市综合实力水平基本吻合。不过,品牌传播维度指标得分率相对较低,成为当前制约北京城市旅游品牌竞争力的薄弱环节,需要引起重视,见图3-9。

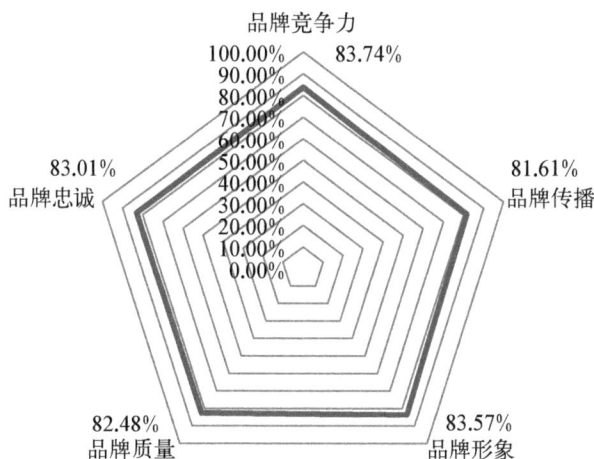

图 3-9 北京五个维度分类指标得分率

(二) 广州

广州是国际商贸中心和综合交通枢纽,也是我国著名的沿海开放城市和国家综合改革试验区。近年来,广州城市建设突飞猛进,打造了一批城市新名片,大大地丰富了广州的旅游资源,使得旅游综合竞争力位列全国副省级城市第一。2023 年广州全年城市接待过夜旅游者 5 544.97 万人次,比上年增长 45.0%。其中,入境旅游者 377.41 万人次,增长 1.4 倍;境内旅游者 5 167.55 万人次,增长 40.8%。在入境旅游人数中,外国人131.58 万人次,增长 2.6 倍;香港、澳门和台湾同胞 245.83 万人次,增长 1.1 倍。文旅消费总额 3 309.49 亿元,增长 47.3%。入境文旅消费 26.79 亿美元,增长 1.5 倍。

从数据分析来看,广州 48 个指标得分率的均值为 77.53%。高于均值的指标有 27 个,占比 56.25%,具体是旅游收入占地区生产总值比重、服务特色、品牌口号、服务技能、宾馆质量、居民友善度、城市宣传片、景区质量、铁路客运量、服务态度、空气质量优良天数、品牌联想、品牌形象认同、认同度、标识系统质量、休闲娱乐设施质量、市容环境、人文环境、品牌共鸣、推荐他人、正面口碑、配套设施质量、持续关注度、客房平均出租率、重游、负面新闻报道数和负面口碑。其中,负面新闻报道数和负面口碑指标得分率并列 4 个城市第一,可以看出,广州在城市旅游品牌发展进程中,正能量引领市场口碑。

低于均值的指标有 21 个,占比 43.75%,具体是客房平均价格、5A 级景区数量、国家级旅游度假区数量、剧场和影剧院数量、五星级购物中心数量、旅游人次增长率、旅游收入增长率、正面新闻报道数、社交媒体粉丝数、博文点赞数、博文转发量、城市声誉、百度人气指数、溢价游玩、国家重点文物保护单位数量、机场旅客吞吐量、旅游收入、品牌 Logo、旅游人次、国际航班通达数和谷歌搜索量。其中,客房平均价格、5A 级景区数量、国家级旅游度假区数量、剧场和影剧院数量、五星级购物中心数量、旅游人次增长率、旅游收入增长率、正面新闻报道数、社交媒体粉丝数、博文点赞数、博文转发量和城市声誉指标得分率并列末位,说明广州在城市旅游品牌的经营上还缺乏足够的吸引力,尚未形成较强的爆款类旅游产品系列,在游客人次和新媒体宣传等方面还需进一步加强,见图 3-10。

指标	得分率
负面口碑	87.80%
负面新闻报道数	87.80%
重游	87.40%
客房平均出租率	87.20%
持续关注度	84.20%
配套设施质量	84.00%
正面口碑	83.80%
推荐他人	83.60%
品牌共鸣	83.60%
人文环境	83.60%
市容环境	83.60%
休闲娱乐设施质量	83.40%
标识系统质量	83.00%
认同度	82.60%
品牌形象认同	82.60%
品牌联想	82.20%
空气质量优良天数	81.80%
服务态度	81.40%
铁路客运量	80.80%
景区质量	80.00%
城市宣传片	80.00%
居民友善度	79.60%
宾馆质量	79.00%
服务技能	78.60%
品牌口号	78.60%
服务特色	78.40%
旅游收入占地区生产总值比重	78.20%
谷歌搜索量	77.40%
国际航班通达数	76.80%
旅游人次	76.60%
品牌Logo	75.40%
旅游收入	74.00%
机场旅客吞吐量	73.40%
国家重点文物保护单位数量	73.20%
溢价游玩	70.20%
百度人气指数	69.60%
城市声誉	69.00%
博文转发量	69.00%
博文点赞数	69.00%
社交媒体粉丝数	69.00%
正面新闻报道数	69.00%
旅游收入增长率	69.00%
旅游人次增长率	69.00%
五星级购物中心数量	69.00%
剧场和影剧院数量	69.00%
国家级旅游度假区数量	69.00%
5A级景区数量	69.00%
客房平均价格	69.00%

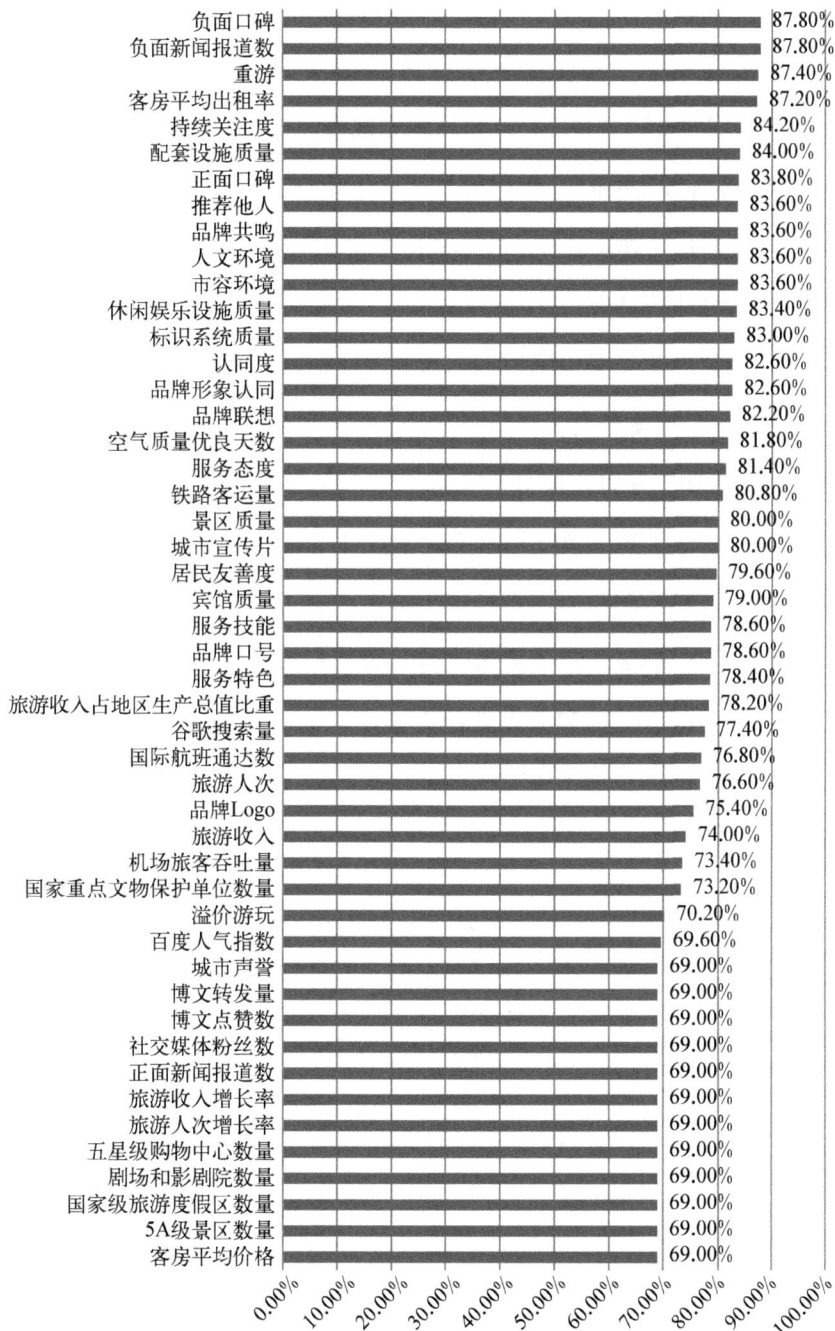

图 3-10 广州 48 个指标的得分率

从"广州旅游"品牌评价的分维度指数占比来看,品牌竞争力维度指数占比最高(31.86%),其后依次为品牌传播(20.20%)、品牌形象(19.58%)、品牌质量(17.42%)和品牌忠诚(10.93%)。显而易见,品牌竞争力最能体现"广州旅游"品牌的发展水平,是打响"广州旅游"品牌的关键。与此同时,品牌质量和品牌忠诚的占比相对较小,对"广州旅游"品牌发展质量评价的影响相对较小。

通过对"广州旅游"品牌形象、品牌质量、品牌竞争力、品牌传播、品牌忠诚等五个维度分类指标得分率分析后发现,在现阶段有关广州城市旅游品牌的五个方面维度分类指标得分率的评价数值依次是:品牌忠诚(81.38%)、品牌质量(81.04%)、品牌形象(81.01%)、品牌传播(75.23%)、品牌竞争力(74.14%)。其中,品牌忠诚和品牌质量维度指标得分率较高,彰显了广州城市旅游品牌质量和游客忠诚方面的优势和强势。同时,品牌传播和品牌竞争力维度指标得分率相对较低,成为当前制约广州城市旅游品牌竞争力的薄弱环节,需要进一步加强,见图 3-11。

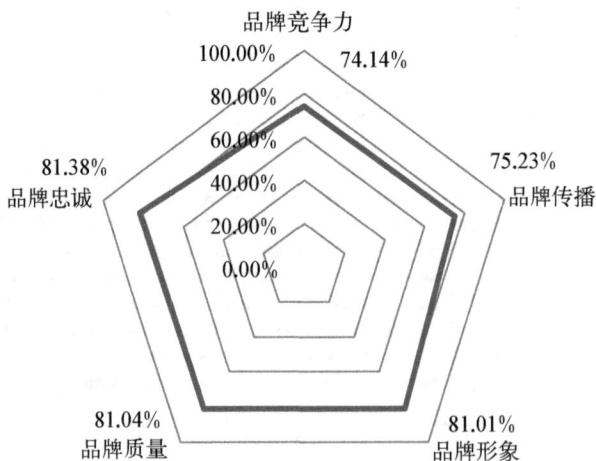

图 3-11 广州五个维度分类指标得分率

（三）深圳

深圳是计划单列市，中国设立的第一个经济特区，中国改革开放的窗口和新兴移民城市，也是粤港澳大湾区四大中心城市之一。深圳在中国高新技术产业、金融服务、外贸出口、海洋运输、创意文化等多方面占有重要地位，也在中国的制度创新、扩大开放等方面肩负着试验和示范的重要使命。深圳处于改革开放的前沿，具有制度优势。但与北京、上海和广州相比，深圳旅游资源相对匮乏。2023年深圳全年接待入境过夜游客714.21万人次，比上年增长1 195.4%；国内过夜游客7 021.60万人次，增长45.1%。在过夜入境游客中，外国人66.21万人次，增长628.4%；港澳同胞629.25万人次，增长1 397.0%；台湾同胞18.75万人次，增长367.6%。全年旅游外汇收入37.88亿美元，比上年增长689.3%，国内旅游收入2 114.32亿元，增长87.2%。

从数据分析来看，深圳48个指标得分率的均值为78.05%。高于均值的指标有27个，占比56.25%，具体是品牌Logo、旅游人次增长率、景区质量、品牌联想、服务技能、居民友善度、宾馆质量、推荐他人、服务态度、旅游收入增长率、品牌形象认同、休闲娱乐设施质量、认同度、城市宣传片、标识系统质量、品牌口号、人文环境、品牌共鸣、正面口碑、持续关注度、配套设施质量、重游、市容环境、负面新闻报道数、空气质量优良天数、谷歌搜索量和博文点赞数。其中，空气质量优良天数、谷歌搜索量和博文点赞数指标得分率并列4个城市第一，表明深圳在建设城市旅游品牌的过程中，比较重视城市生态环境和国际口碑的塑造。

低于均值的指标有21个，占比43.75%，具体是旅游收入、旅游人次、客房平均出租率、旅游收入占地区生产总值比重、5A级景区数量、国家级旅游度假区数量、国家重点文物保护单位数量、铁路客运量、机场旅客吞吐量、国际航班通达数、百度人气指数、博文转发量、城市声誉、正面新闻报道数、剧场和影剧院数量、五星级购物中心数量、溢价游玩、负面口碑、客房平均价格、社交媒体粉丝数和服务特色。其中,旅游收入、旅游人次、客房平均出租率、旅游收入占地区生产总值比重、5A级景区数量、国家级旅游度假区数量、国家重点文物保护单位数量、铁路客运量、机场旅客吞吐量、国际航班通达数和百度人气指数指标得分率并列末位,说明深圳游客的旅游消费水平还比较低,仍有较大的潜在消费空间亟待挖掘,同时,城市的文旅产品供给和接待设施建设也存在与需求不适配的现象,见图 3 - 12。

从"深圳旅游"品牌评价的分维度指数占比来看,品牌竞争力维度指数占比最高(30.88%),其后依次为品牌传播(20.76%)、品牌形象(19.96%)、品牌质量(17.49%)和品牌忠诚(10.92%)。显而易见,品牌竞争力最能体现"深圳旅游"品牌的发展水平,是打响"深圳旅游"品牌的关键。与广州类似,品牌质量和品牌忠诚的占比相对较小,对"深圳旅游"品牌发展质量评价的影响相对较小。

通过对"深圳旅游"品牌形象、品牌质量、品牌竞争力、品牌传播、品牌忠诚等五个维度分类指标得分率分析后发现,在现阶段有关深圳城市旅游品牌的5个方面维度分类指标得分率的评价数值依次是:品牌形象(83.15%)、品牌质量(81.94%)、品牌忠诚(81.86%)、品牌传播(77.87%)、品牌竞争力(72.37%)。其中,品牌形象和品牌质量维度指标得分率较高,彰显了深圳城市旅游品牌形象和质量建设方面的优势。同时,品牌传播和品牌竞争力维度指标得分率相对较低,成为目前制约深圳城市旅游品牌竞争力的薄弱环节,亟待进一步加强,见图 3 - 13。

指标	得分率
博文点赞数	87.80%
谷歌搜索量	87.80%
空气质量优良天数	87.80%
负面新闻报道数	87.60%
市容环境	87.00%
重游	86.80%
配套设施质量	86.00%
持续关注度	85.40%
正面口碑	85.00%
品牌共鸣	84.80%
人文环境	84.40%
品牌口号	84.40%
标识系统质量	84.20%
城市宣传片	83.40%
认同度	83.20%
休闲娱乐设施质量	83.20%
品牌形象认同	82.80%
旅游收入增长率	82.20%
服务态度	82.20%
推荐他人	81.80%
宾馆质量	81.40%
居民友善度	81.40%
服务技能	81.20%
品牌联想	81.20%
景区质量	80.20%
旅游人次增长率	79.00%
品牌Logo	78.20%
服务特色	77.60%
社交媒体粉丝数	77.00%
客房平均价格	74.40%
负面口碑	73.20%
溢价游玩	72.40%
五星级购物中心数量	71.40%
剧场和影剧院数量	71.20%
正面新闻报道数	70.40%
城市声誉	69.80%
博文转发量	69.60%
百度人气指数	69.00%
国际航班通达数	69.00%
机场旅客吞吐量	69.00%
铁路客运量	69.00%
国家重点文物保护单位数量	69.00%
国家级旅游度假区数量	69.00%
5A级景区数量	69.00%
旅游收入占地区生产总值比重	69.00%
客房平均出租率	69.00%
旅游人次	69.00%
旅游收入	69.00%

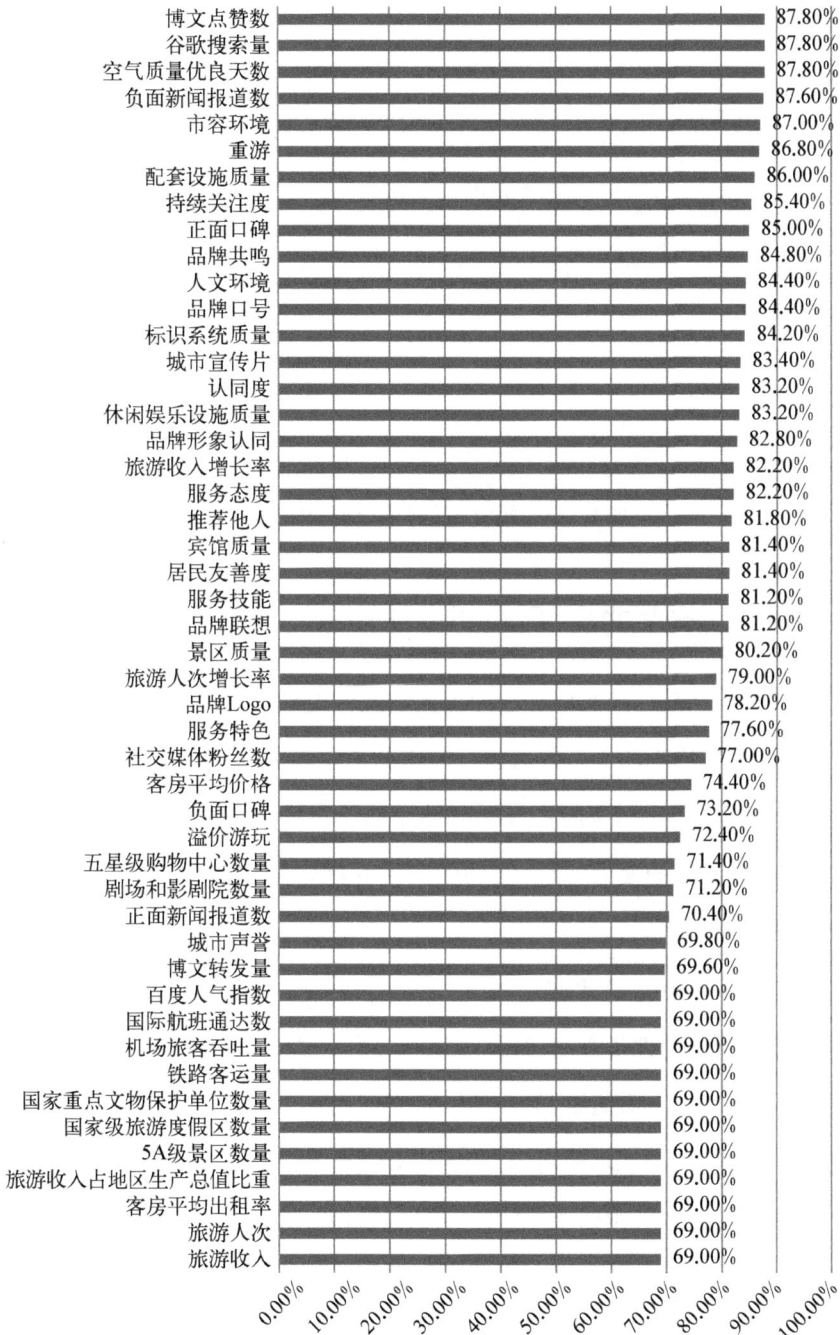

图 3-12 深圳 48 个指标的得分率

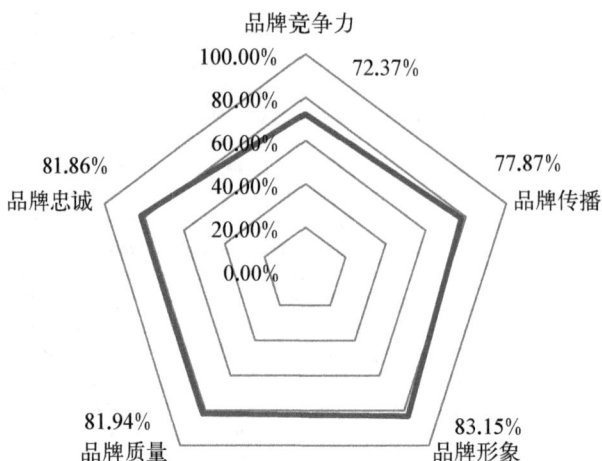

图 3-13 深圳五个维度分类指标得分率

三、上海与北京、广州和深圳比较

北京、上海、广州和深圳在中国大陆地区综合实力和竞争力处于最领先的水平,被称为四大一线城市。四座城市均拥有雄厚的经济基础,以及对周边具有一定的辐射能力,拥有雄厚的教育资源、深厚的文化底蕴,还具有繁华、美丽的夜景,极为便利的交通和独特的城市魅力,同时也是著名的旅游城市。

(一)综合指数比较

按照相同的评价方法、统计法则和计算公式,"北京旅游"品牌的综合指数为82.55,"上海旅游"品牌的综合指数为81.70,"广州旅游"品牌的综合指数为77.56,"深圳旅游"品牌的综合指数为78.12。显而易见,北京和上海的旅游品牌持续处于"好"的发展水平,属于第一梯队;广州和深圳的旅游品牌稍显逊色,尚处于"较好"的发展阶段,但和北京、上海的差距不大。该排名和中国社会科学院发布的《中国城市品牌影响力报告(2023)》中四个城市的排名次序完全一致,从侧面也反映了该指标体系的科学性和可信度,同时也反映了城市旅游品牌的打造离不开城市品牌的建设基础,如图3-14所示。

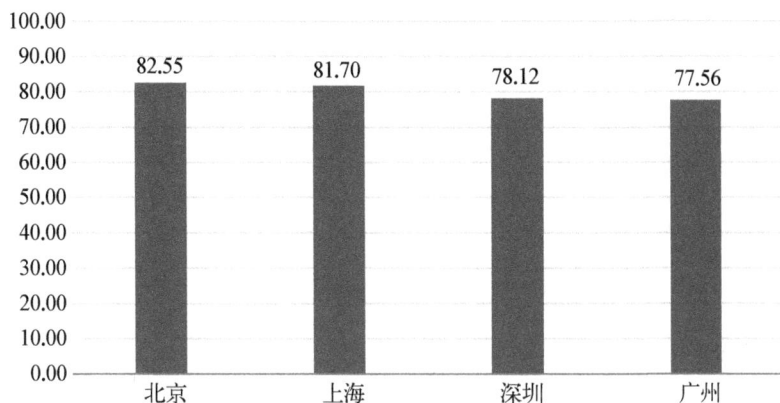

图3-14　4个城市旅游品牌综合指数比较

从图3-14进一步分析发现,"上海旅游"品牌建设成果位列第一梯队,一方面反映了上海都市旅游在近三十年取得的非凡成就,同时也要清晰地看到,不仅和北京相比还存在一定的差距,距离世界著名旅游城市的建设要求更需加倍努力;另一方面也要看到深圳和广州的紧随态势,需要树立一定的"危机"意识,以更加紧迫的态度推进建设进程,以"上海旅游"品牌建设引领上海旅游业高质量发展,助力上海建设世界著名旅游城市进程。

（二）两类指标得分率比较

基于"自我审视"（问卷调查等）和"放眼国内"（北上广深比较）两类指标的平均得分率视角,对四个城市进行比较,可以进一步发现四个城市在旅游品牌建设方面的优势和不足。北京的"自我审视"类指标得分率为83.23％,"放眼国内"类指标得分率为81.90％,均值为82.57％;上海的"自我审视"类指标得分率为80.01％,"放眼国内"类指标得分率为83.11％,均值为81.56％;广州的"自我审视"类指标得分率为81.25％,"放眼国内"

69

类指标得分率为 74.10％,均值为 77.68％;深圳的"自我审视"类指标得分率为 82.53％,"放眼国内"类指标得分率为 73.93％,均值为 78.23％,见表 3－10。

表 3－10　4 个城市主客观指标得分率比较

指　标　类　型	北　京	上　海	广　州	深　圳
主观指标得分率	83.23％	80.01％	81.25％	82.53％
客观指标得分率	81.90％	83.11％	74.10％	73.93％
得分率均值	82.57％	81.56％	77.68％	78.23％
等级评定	好	好	较好	较好

进一步分析发现,从"自我审视"类指标视角来看,北京得分率最高,深圳位列第二,广州和上海分列第三和第四;从"放眼国内"类指标视角来看,上海得分率最高,北京排名第二,广州和深圳分列第三和第四。一方面,两类指标比较反映了北京、上海和深圳各有优势,上海的"放眼国内"类指标得分率优势明显,反映了都市旅游长期以来积累的建设基础比较扎实,北京的"自我审视"类指标得分率优势明显,反映了市场响应度最高,深圳的两类指标列在第二位和第四位,广州的两类指标均列在第三位,反映了两个城市结构和发展相对比较均衡。另一方面,均值反映了指标得分率整体上与综合指数成正比,即得分率越高,综合指数越高。

（三）分维度得分率比较

1. 品牌形象维度得分率比较

从品牌形象维度来看,得分率按照由高到低依次为北京 83.57％,深圳 83.15％,广州 81.01％,上海 79.79％,如图 3－15 所示。

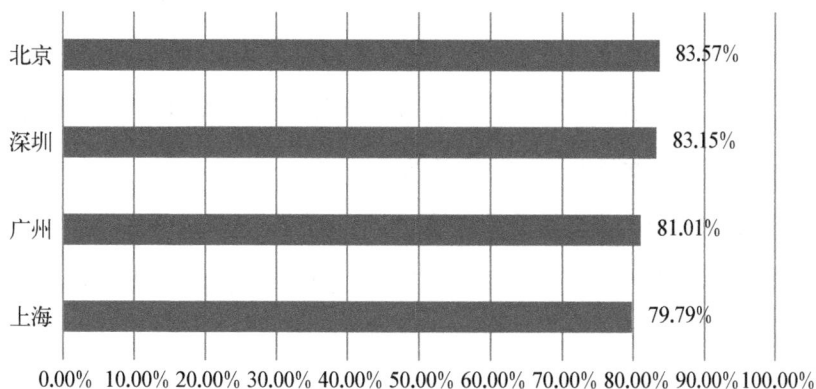

图 3-15　品牌形象维度得分率比较

进一步比较可以发现,品牌形象维度得分率区间在 79.00%～84.00%之间,反映了四个城市得分率虽有差异,但差异不大。同时也反映了游客市场对四个城市品牌形象的感知差异,北京和深圳得分率高于平均值,广州和上海略低于平均值,在品牌形象打造和推广方面仍需努力。

2. 品牌质量维度得分率比较

从品牌质量维度来看,得分率按照由高到低依次为北京 82.48%,上海 82.00%,深圳 81.94%,广州 81.04%,如图 3-16 所示。

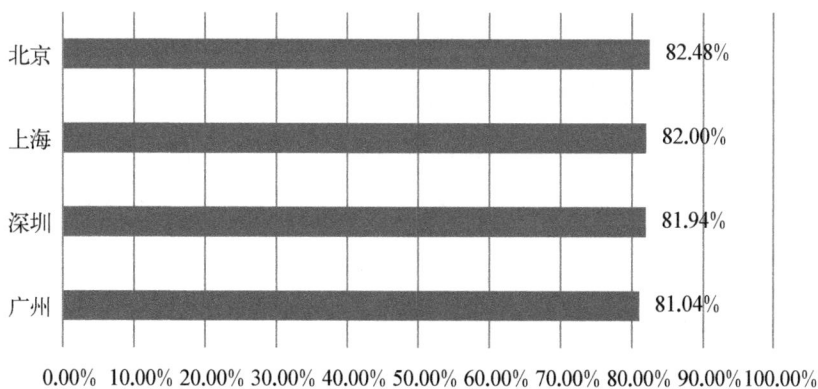

图 3-16　品牌质量维度得分率比较

71

进一步比较可以发现,品牌质量维度得分率区间为 81.00％～83.00％,首位相差 1.44 个百分点,差异不明显。其中,北京、上海和深圳的得分率高于均值,广州略低于均值,在旅游要素质量、基础设施质量和旅游服务质量方面还有进一步提升的空间。

3. 品牌竞争力维度得分率比较

从品牌竞争力维度来看,得分率按照由高到低依次为北京 83.74％,上海 83.32％,广州 74.14％,深圳 72.37％,如图 3-17 所示。

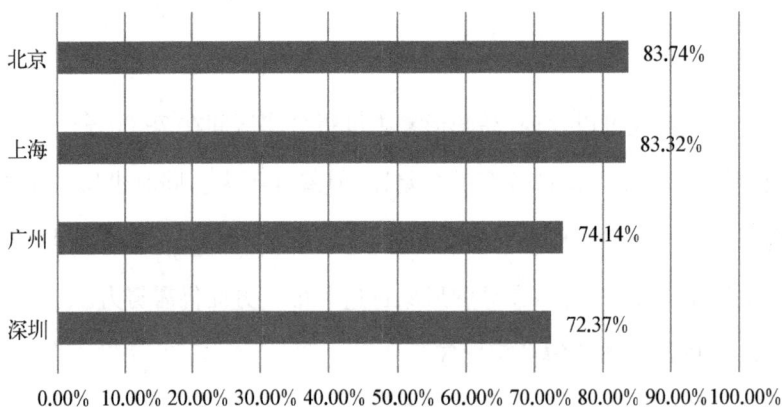

图 3-17 品牌竞争力维度得分率比较

进一步比较可以发现,四个城市的品牌竞争力维度得分率区间为 72.00％～84.00％,首位相差 11.37％,在五个维度中差异最大。进一步分析可以看到,北京和上海属于"好"的水平,广州和深圳属于"良"的水平,反映了北京和上海作为特大城市的资源优势,尤其在品牌活力、品牌吸引力和品牌潜力等方面优势明显。相比较而言,广州和深圳在品牌竞争力方面明显不足。

4. 品牌传播维度得分率比较

从品牌传播维度来看,得分率按照由高到低依次为上海 81.61％,北京 79.55％,深圳 77.87％,广州 75.23％,如图 3-18 所示。

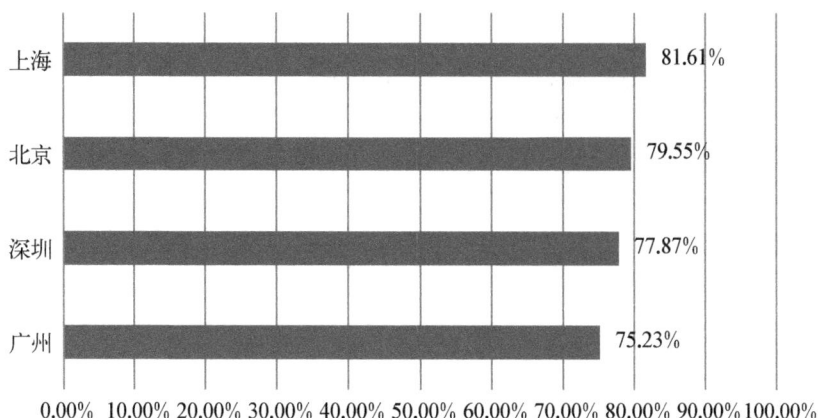

图 3-18 品牌传播维度得分率比较

进一步比较可以发现,品牌传播维度得分率区间为 75.00%~ 82.00%,首尾相差 6.38 个百分点,上海的优势明显,北京、深圳和广州相对较弱。一方面,反映了上海作为国际大都市在国内外的影响力越来越大,尤其在媒体传播度、关注度和品牌口碑方面的成果开始显现;另一方面,揭示了北京、深圳和广州在该方面还有比较大的发展空间。

5. 品牌忠诚维度得分率比较

从品牌忠诚维度来看,得分率按照由高到低依次为北京 83.01%,深圳 81.86%,广州 81.38%,上海 79.65%,如图 3-19 所示。

进一步比较可以发现,品牌忠诚维度得分率区间为 79.00%~ 84.00%,四个城市之间尽管存在差异,但整体差异性不大。具体而言,北京和深圳得分率高于均值,相较之下,广州和上海略低。这说明北京和深圳在培育忠实游客方面更具自己的优势,广州和上海应通过产品创新和服务提升,进一步提高游客的满意度,进而培育其忠诚度,拓展更为广阔的市场。

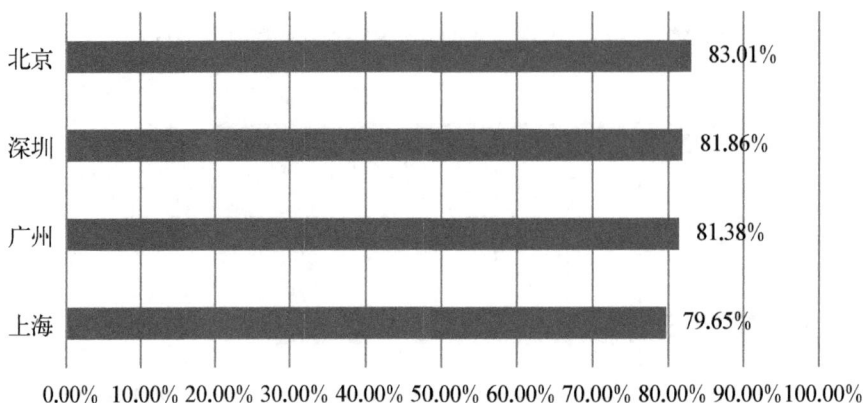

图 3-19 品牌忠诚维度得分率比较

(四) 48 个三级指标得分率比较

在 48 个三级指标中,上海得分率排名第一的指标 12 个,在四个城市中排名第二;排名第二的指标 14 个,在四个城市中排名并列第一;排名第三的指标 12 个,在四个城市中排名第三;排名第四的指标 10 个,在四个城市中排名第三。就四个城市比较来看,上海得分率排在第一的指标虽然比较少,但整体比较均衡,反映了上海在自身建设和市场反馈方面齐头并进,协同发展效应较好,见表 3-11。

(五) 4 个城市三级指标得分率

1. 北京 48 个三级指标得分率

北京在 48 个三级指标中,最高得分率为 87.80%,共 11 个指标,分别是旅游收入、5A 级景区数量、国家重点文物保护单位数量、剧场和影剧院数量、旅游人次增长率、旅游收入增长率、铁路客运量、国际航班通达数、百度人气指数、正面新闻报道数、博文转发量;最低得分率为 69.00%,包括空气质量优良天数、谷歌搜索量、负面新闻报道数、负面口碑等 4 个指标,见图 3-20。

表3-11 4个城市48个三级指标得分率排名情况

城市	第一名 指标	指标数及占比	第二名 指标	指标数及占比	第三名 指标	指标数及占比	第四名 指标	指标数及占比	指标数及占比汇总
上海	休闲娱乐设施质量、配套设施质量、旅游人次、标识系统质量、客房平均出租率、客房平均价格、旅游收入占地区生产总值比重、五星级机场购物中心数量、社交媒体粉丝数量、城市声誉、国家级旅游度假区数量	12 25.00%	景区质量、宾馆质量、服务技能、旅游收入、5A级景区数量、国家重点文物保护单位数量、剧场和影剧院数量、旅游人次增长率、国际航班通达数、百度人气指数、正面新闻报道数、博文点赞数、博文转发量、负面口碑	14 29.17%	宣传口号、城市宣传片、市容环境、品牌形象认同、品牌联想、服务特色、空气质量优良天数、旅游收入增长率、铁路客运量、谷歌搜索量、负面新闻报道数	12 25.00%	品牌Logo、人文环境、居民友善度、服务态度、正面口碑、认同度、持续关注度、重游、推荐他人、溢价游玩	10 20.83%	48 100%
北京	品牌Logo、城市宣传片、人文环境、品牌形象认同、品牌联想、服务技能、景区质量、服务特色、旅游收入、5A	25 52.08%	宣传口号、市容环境、休闲娱乐设施质量、配套设施质量、标识系统质量、服务态度、旅游人次、旅游收入占地区生产总值	13 27.08%	居民友善度、平均出租率、平均价格、社交媒体粉丝数、博文点赞数	5 10.42%	宾馆质量、空气质量优良天数、谷歌搜索量、负面新闻报道数、负面口碑	5 10.42%	48 100%

续 表

城市	第 一 名		第 二 名		第 三 名		第 四 名		指标数及占比汇总
	指标	指标数及占比	指标	指标数及占比	指标	指标数及占比	指标	指标数及占比	
北京	级景区数量、国家重点文物保护单位数量、剧院数量和影人次增长率、人均长率、旅游收入、铁路客运量、国际航班通达数、百度人气指数、正面新闻报道数、博文转发量、正面口碑、持续关注度、认同度、推荐他人、溢价游玩	25 52.08%	比重、国家级旅游度假区数量、五星级购物中心数量、机场旅客吞吐量、城市声誉、重游	13 27.08%	居民友善度、客房平均出租率、社交媒体粉丝数、博文点赞数	5 10.42%	宾馆质量、空气质量优良天数、谷歌搜索量、负面新闻报道数、负面口碑	5 10.42%	48 100%
广州	负面新闻报道数、重游、负面口碑	3 6.25%	居民友善度、品牌共鸣、品牌联想、服务特色、客房平均出租率、国家级旅游度假区数量、空气质量优良天数、谷歌搜索量、铁路客运量、推荐他人	10 20.83%	品牌Logo、人文环境、品牌形象认同、宾馆质量、休闲娱乐质量、服务技能、服务质态、旅游人次、旅游收入、旅游收入占当地生产总值	19 39.58%	宣传口号、城市宣传片、市容环境、景区质量、配套设施质量、客房平均价格、剧院数量、五星级剧院和影购物中心数量、旅游人	16 33.33%	48 100%

续表

城市	第一名 指标	指标数及占比	第二名 指标	指标数及占比	第三名 指标	指标数及占比	第四名 指标	指标数及占比	指标数及占比汇总
广州	负面新闻报道数、负面口碑、重游	3 6.25%		10 20.83%	比重、5A级景区数量、国家重点文物保护单位数量、机场旅客吞吐量、国际航班通达数、百度人气指数、正面口碑、持续关注度、认同度、溢价游玩	19 39.58%	饮增长率、旅游人次增长率、正面新闻报道数、社交媒体粉丝数、博文点赞数、博文转发量、城市声誉	16 33.33%	48 100%
深圳	宣传口号、市容环境、居民友善度、品牌联想、宾馆质量、服务技能、服务态度、空气质量、谷歌搜索天数、博文点赞数	10 20.83%	品牌Logo、城市宣传片、人文环境、品牌形象认同、房平均价格、国家级旅游度假区数量、旅游收入增长率、负面新闻报道数、社交媒体粉丝数、正面口碑、持续关注度、认同度、溢价游玩	13 27.08%	景区质量、配套设施质量、标识系统质量、5A级景区数量、剧院场和影剧院数量、五星级购物中心数量、旅游人次增长率、正面新闻报道数、博文转发量、城市声誉、负面口碑、重游、推荐他人	13 27.08%	品牌共鸣、休闲娱乐设施质量、服务特色、旅游收入、客房平均出租率、旅游生产总值、人口占地区生产比值、国家重点文物保护单位数量、铁路客运量、机场旅客吞吐量、国际航班通达数、百度人气指数	12 25.00%	48 100%

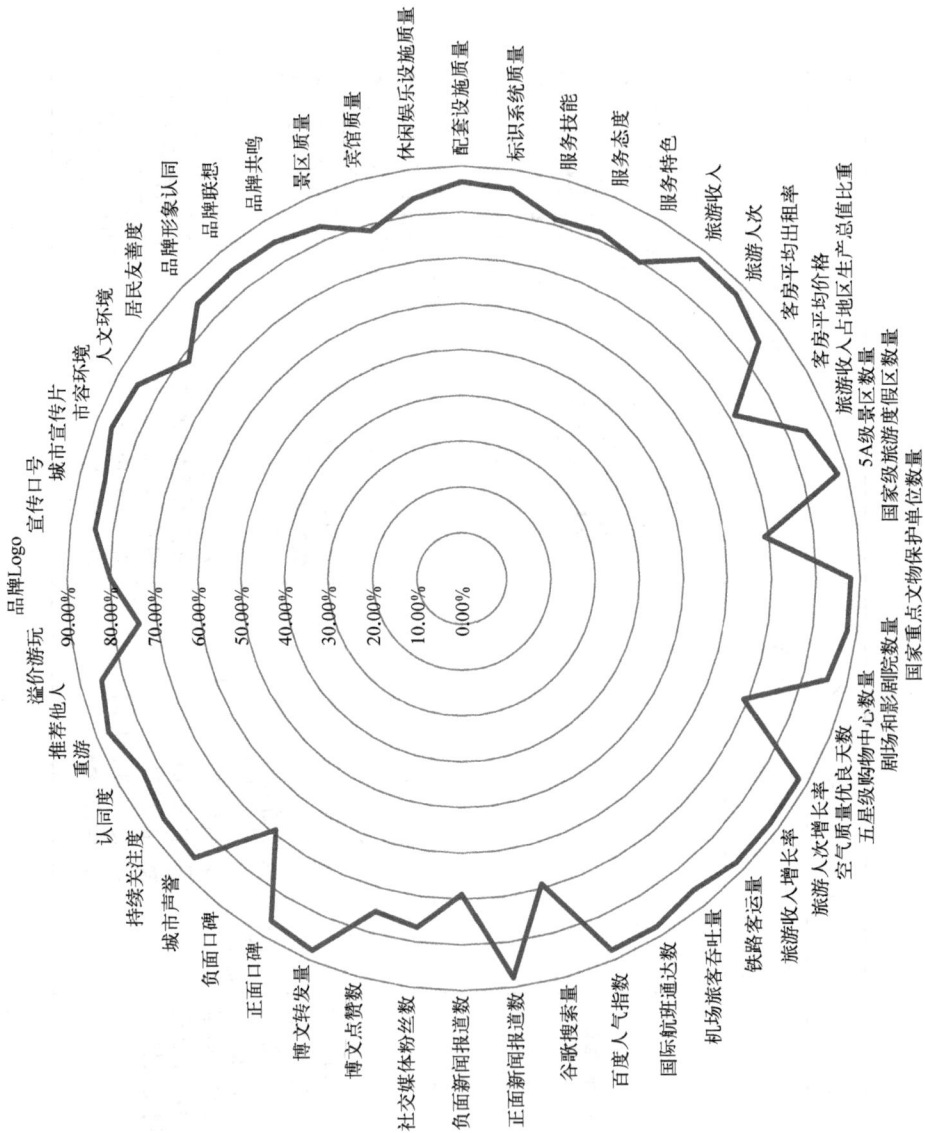

图 3 - 20　北京 48 个二级指标得分率

从四个城市比较来看,北京得分率排在第一位的指标有 25 个,占比 52.08%,包括品牌 Logo、城市宣传片、人文环境、品牌形象认同、品牌共鸣、品牌联想、景区质量、服务技能、服务特色、旅游收入、5A 级景区数量、国家重点文物保护单位数量、剧场和影剧院数量、旅游人次增长率、旅游收入增长率、铁路客运量、国际航班通达数、百度人气指数、正面新闻报道数、博文转发量、正面口碑、持续关注度、认同度、推荐他人、溢价游玩;排在第二位的有 13 个,占比 27.08%,包括宣传口号、市容环境、休闲娱乐设施质量、配套设施质量、标识系统质量、服务态度、旅游人次、旅游收入占地区生产总值比重、国家级旅游度假区数量、五星级购物中心数量、机场旅客吞吐量、城市声誉、重游;排在第三位的有 5 个,占比 10.42%,包括居民友善度、客房平均出租率、客房平均价格、社交媒体粉丝数、博文点赞数;排在第四位的有 5 个,占比 10.42%,包括宾馆质量、空气质量优良天数、谷歌搜索量、负面新闻报道数、负面口碑,见表 3-11。

2. 上海 48 个三级指标得分率

上海在 48 个三级指标中,最高得分率为 87.80%,共 10 个指标,分别是配套设施质量、旅游人次、客房平均出租率、客房平均价格、旅游收入占地区生产总值比重、国家级旅游度假区数量、五星级购物中心数量、机场旅客吞吐量、社交媒体粉丝数、城市声誉;最低得分率为 69.00%,包括正面口碑、溢价游玩 2 个指标,见图 3-21。

从四个城市比较来看,上海得分率排在第一位的指标有 12 个,占比 25.00%,包括休闲娱乐设施质量、配套设施质量、标识系统质量、旅游人次、客房平均出租率、客房平均价格、旅游收入占地区生产总值比重、五星级购物中心数量、机场旅客吞吐量、社交媒体粉丝数、城市声誉、国家级旅游度假区数量;排在第二位的有 14 个,占比 29.17%,包括景区质量、宾馆质量、服务技能、旅游收入、5A 级景区数量、国家重点文物保护单位数量、

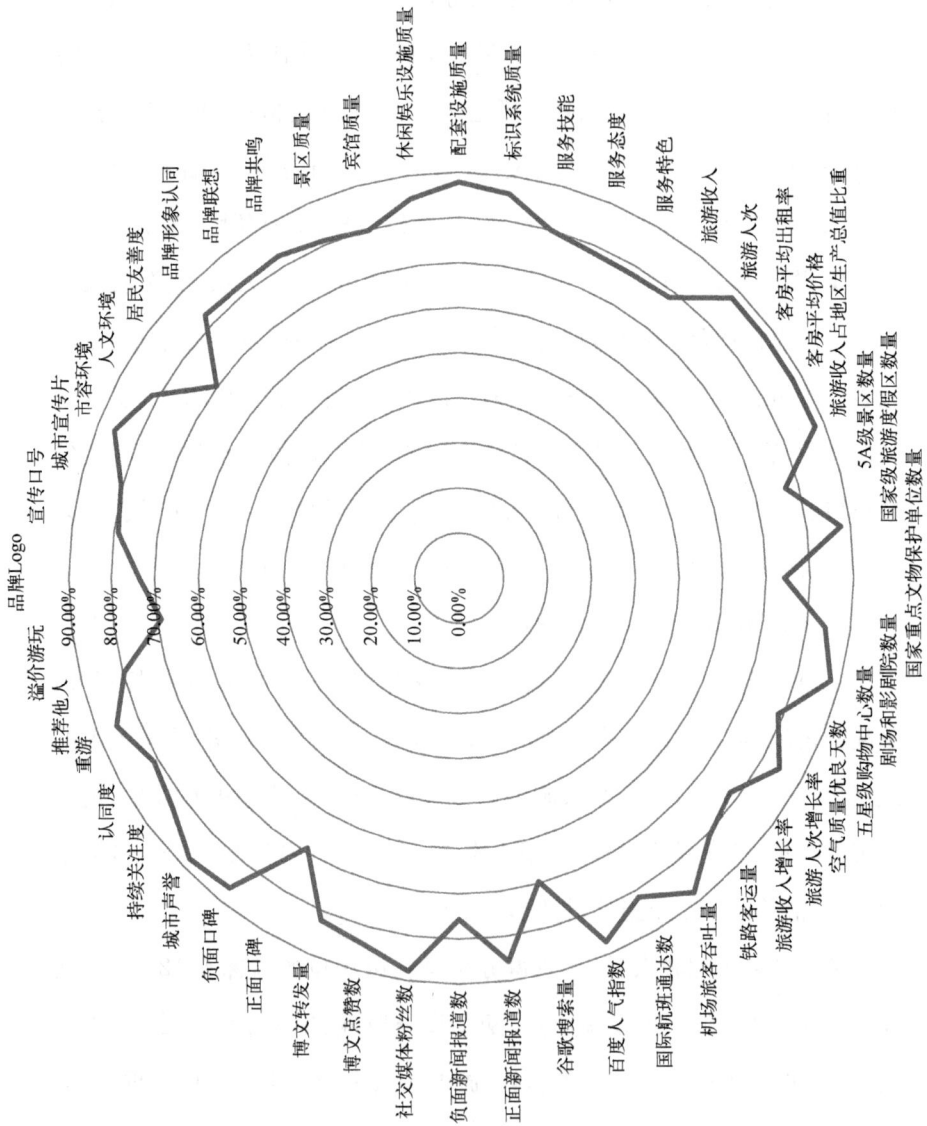

图 3 - 21　上海 48 个三级指标得分率比较

剧场和影剧院数量、旅游人次增长率、国际航班通达数、百度人气指数、正面新闻报道数、博文点赞数、博文转发量、负面口碑;排在第三位的有 12 个,占比 25.00%,包括宣传口号、城市宣传片、市容环境、品牌形象认同、品牌共鸣、品牌联想、服务特色、空气质量优良天数、旅游收入增长率、铁路客运量、谷歌搜索量、负面新闻报道数;排在第四位的有 10 个,占比 20.83%,包括品牌 Logo、人文环境、居民友善度、服务态度、正面口碑、持续关注度、认同度、重游、推荐他人、溢价游玩,见表 3 - 11。

3. 广州 48 个三级指标得分率

广州在 48 个三级指标中,最高得分率为 87.80%,共 2 个指标,分别是负面新闻报道数、负面口碑;最低得分率为 69.00%,包括客房平均价格、5A 级景区数量、国家级旅游度假区数量、剧场和影剧院数量、五星级购物中心数量、旅游人次增长率、旅游收入增长率、正面新闻报道数、社交媒体粉丝数、博文点赞数、博文转发量、城市声誉等 12 个指标,见图 3 - 22。

从四个城市比较来看,广州得分率排在第一位的指标有 3 个,占比 6.25%,包括负面新闻报道数、负面口碑、重游;排在第二位的有 10 个,占比 20.83%,包括居民友善度、品牌共鸣、品牌联想、服务特色、客房平均出租率、国家级旅游度假区数量、空气质量优良天数、铁路客运量、谷歌搜索量、推荐他人;排在第三位的有 19 个,占比 39.58%,包括品牌 Logo、人文环境、品牌形象认同、宾馆质量、休闲娱乐设施质量、服务技能、服务态度、旅游收入、旅游人次、旅游收入占地区生产总值比重、5A 级景区数量、国家重点文物保护单位数量、机场旅客吞吐量、国际航班通达数、百度人气指数、正面口碑、持续关注度、认同度、溢价游玩;排在第四位的有 16 个,占比 33.33%,包括宣传口号、城市宣传片、市容环境、景区质量、配套设施质量、标识系统质量、客房平均价格、剧场和影剧院数量、五星级购物中心

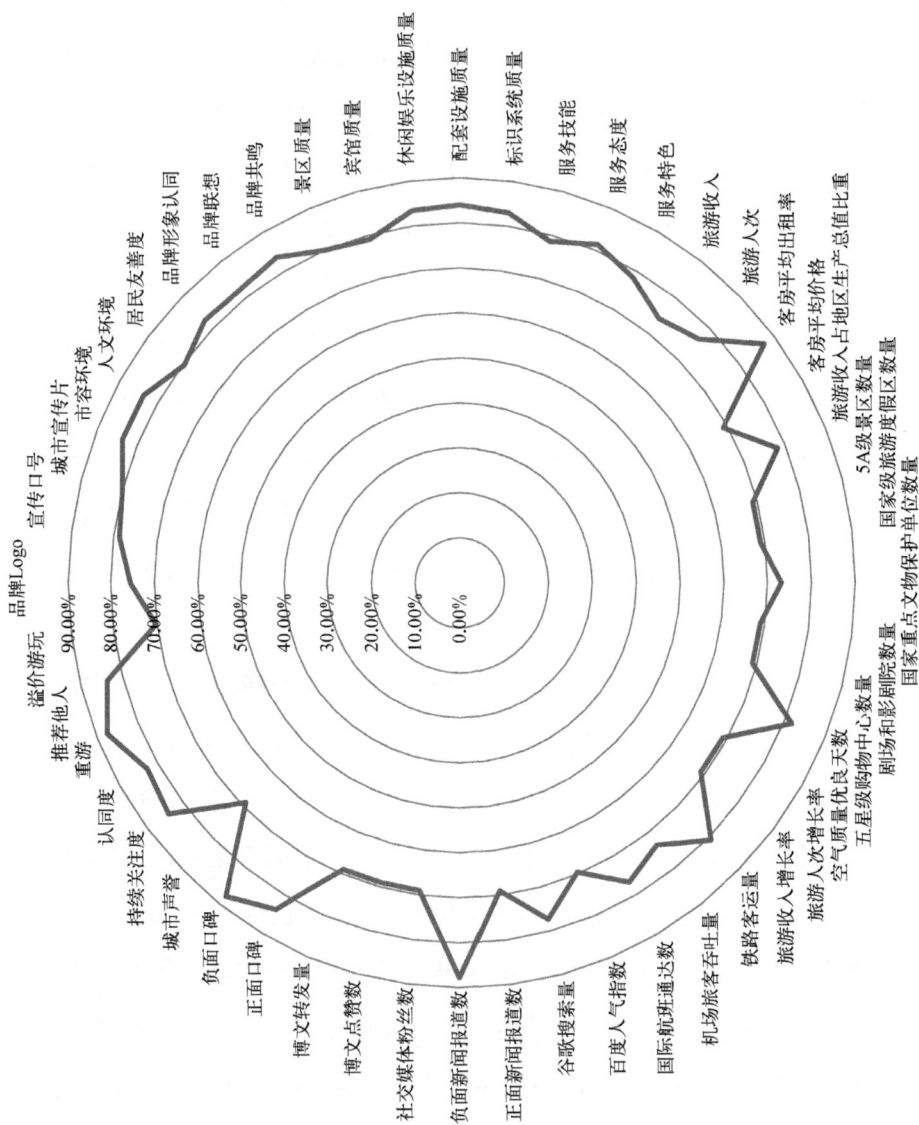

图 3－22 广州 48 个三级指标得分率

数量、旅游人次增长率、旅游收入增长率、正面新闻报道数、社交媒体粉丝数、博文点赞数、博文转发量、城市声誉,见表3－11。

4. 深圳 48 个三级指标得分率

深圳在48个三级指标中,最高得分率为87.80％,共3个指标,分别是空气质量优良天数、谷歌搜索量、博文点赞数;最低得分率为69.00％,包括旅游收入、旅游人次、客房平均出租率、旅游收入占地区生产总值比重、5A级景区数量、国家级旅游度假区数量、国家重点文物保护单位数量、铁路客运量、机场旅客吞吐量、国际航班通达数、百度人气指数等11个指标,见图3－23。

从四个城市比较来看,深圳得分率排在第一位的指标有10个,占比20.83％,包括宣传口号、市容环境、居民友善度、品牌联想、宾馆质量、服务技能、服务态度、空气质量优良天数、谷歌搜索量、博文点赞数;排在第二位的有13个,占比27.08％,包括品牌Logo、城市宣传片、人文环境、品牌形象认同、客房平均价格、国家级旅游度假区数量、旅游收入增长率、负面新闻报道数、社交媒体粉丝数、正面口碑、持续关注度、认同度、溢价游玩;排在第三位的有13个,占比27.08％,包括景区质量、配套设施质量、标识系统质量、5A级景区数量、剧场和影剧院数量、五星级购物中心数量、旅游人次增长率、正面新闻报道数、博文转发量、负面口碑、城市声誉、重游、推荐他人;排在第四位的有12个,占比25.00％,包括品牌共鸣、休闲娱乐设施质量、服务特色、旅游收入、旅游人次、客房平均出租率、旅游收入占地区生产总值比重、国家重点文物保护单位数量、铁路客运量、机场旅客吞吐量、国际航班通达数、百度人气指数,见表3－11。

（六）4个城市三级指标得分率比较

通过对4个城市48个三级指标得分率的进一步比较分析,有助于厘

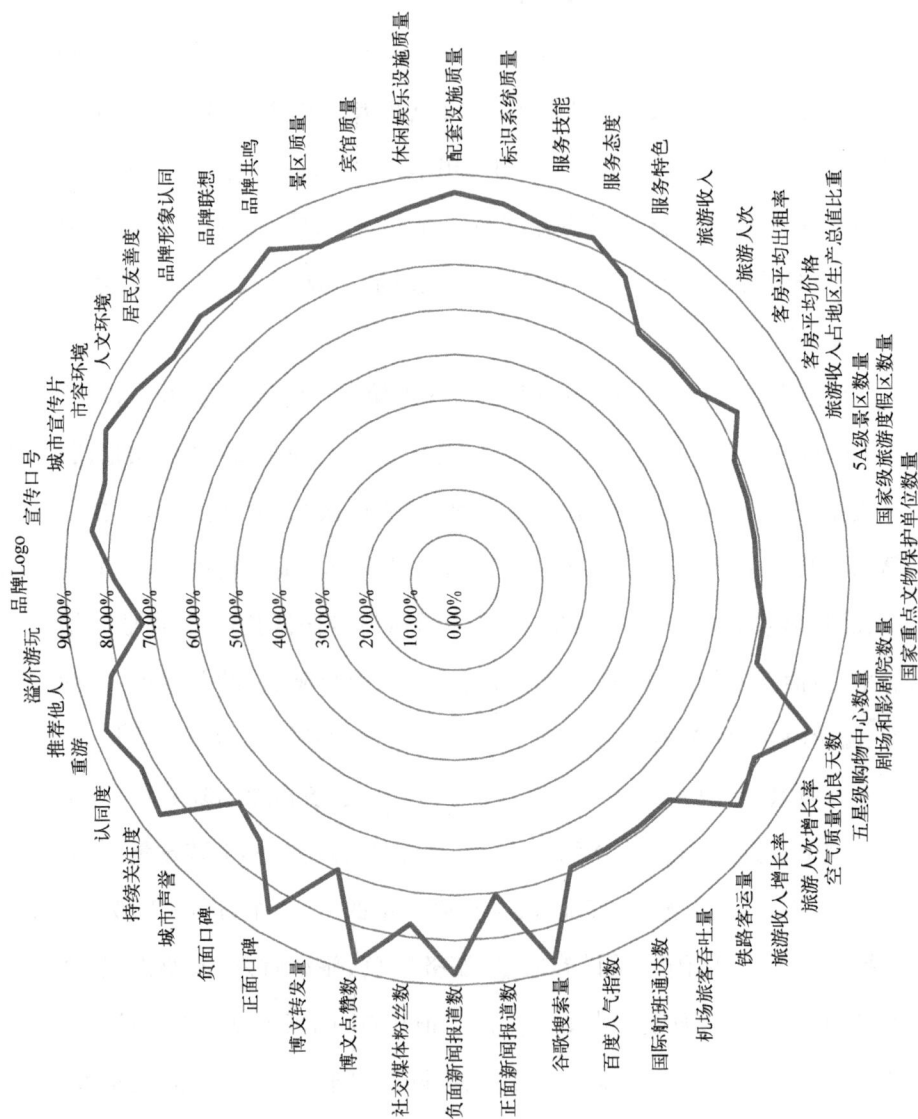

图3-23 深圳48个三级指标得分率

清上海与北京、广州和深圳相比在城市旅游品牌发展上的微观差异,以及未来的发展趋势,为提出更加有针对性的对策建议提供坚实基础,见表 3－12。

表 3－12　4 个城市 48 个三级指标得分率比较

三级指标	北　京		上　海		广　州		深　圳	
	得分率	排名	得分率	排名	得分率	排名	得分率	排名
品牌 Logo	79.80%	1	73.40%	4	75.40%	3	78.20%	2
宣传口号	84.20%	2	79.00%	3	78.60%	4	84.40%	1
城市宣传片	84.00%	1	80.40%	3	80.00%	4	83.40%	2
市容环境	86.20%	2	85.80%	3	83.60%	4	87.00%	1
人文环境	85.00%	1	81.40%	4	83.60%	3	84.40%	2
居民友善度	78.20%	3	70.20%	4	79.60%	2	81.40%	1
品牌形象认同	85.00%	1	82.60%	3	82.60%	3	82.80%	2
品牌联想	85.00%	1	82.00%	3	82.20%	2	81.20%	4
品牌共鸣	84.80%	1	82.60%	4	83.60%	3	84.80%	1
景区质量	83.20%	1	81.00%	2	80.00%	4	80.20%	3
宾馆质量	78.60%	4	79.80%	2	79.00%	3	81.40%	1
休闲娱乐设施质量	83.60%	2	84.80%	1	83.40%	3	83.20%	4
配套设施质量	86.60%	2	87.80%	1	84.00%	4	86.00%	3
标识系统质量	85.80%	2	86.00%	1	83.00%	4	84.20%	3
服务技能	81.20%	1	80.00%	3	78.60%	4	81.20%	1
服务态度	81.80%	2	78.40%	4	81.40%	3	82.20%	1
服务特色	79.80%	1	78.00%	3	78.40%	2	77.60%	4
旅游收入	87.80%	1	78.40%	2	74.00%	3	69.00%	4

续　表

三级指标	北京		上海		广州		深圳	
	得分率	排名	得分率	排名	得分率	排名	得分率	排名
旅游人次	87.60%	2	87.80%	1	76.60%	3	69.00%	4
客房平均出租率	84.60%	3	87.80%	1	87.20%	2	69.00%	4
客房平均价格	71.20%	3	87.80%	1	69.00%	4	74.40%	2
旅游收入占地区生产总值比重	84.00%	2	87.80%	1	78.20%	3	69.00%	4
5A级景区数量	87.80%	1	77.00%	2	69.00%	3	69.00%	3
国家级旅游度假区数量	69.00%	2	87.80%	1	69.00%	2	69.00%	2
国家重点文物保护单位数量	87.80%	1	74.20%	2	73.20%	3	69.00%	4
剧场和影剧院数量	87.80%	1	84.20%	2	69.00%	4	71.20%	3
五星级购物中心数量	85.40%	2	87.80%	1	69.00%	4	71.40%	3
空气质量优良天数	69.00%	4	78.80%	3	81.80%	2	87.80%	1
旅游人次增长率	87.80%	1	84.40%	2	69.00%	4	79.00%	3
旅游收入增长率	87.80%	1	78.00%	3	69.00%	4	82.20%	2
铁路客运量	87.80%	1	80.60%	3	80.80%	2	69.00%	4
机场旅客吞吐量	85.80%	2	87.80%	1	73.40%	3	69.00%	4
国际航班通达数	87.80%	1	81.60%	2	76.80%	3	69.00%	4
百度人气指数	87.80%	1	87.20%	2	69.60%	3	69.00%	4
谷歌搜索量	69.00%	4	69.60%	3	77.40%	2	87.80%	1
正面新闻报道数	87.80%	1	85.60%	2	69.00%	4	70.40%	3
负面新闻报道数	69.00%	4	75.60%	3	87.80%	1	87.60%	2
社交媒体粉丝数	76.80%	3	87.80%	1	69.00%	4	77.00%	2

续　表

三 级 指 标	北 京		上 海		广 州		深 圳	
	得分率	排名	得分率	排名	得分率	排名	得分率	排名
博文点赞数	75.20%	3	84.00%	2	69.00%	4	87.80%	1
博文转发量	87.80%	1	82.00%	2	69.00%	4	69.60%	3
正面口碑	86.20%	1	69.00%	4	83.80%	3	85.00%	2
负面口碑	69.00%	4	86.40%	2	87.80%	1	73.20%	3
城市声誉	86.00%	2	87.80%	1	69.00%	4	69.80%	3
持续关注度	85.60%	1	83.20%	4	84.20%	3	85.40%	2
认同度	83.80%	1	81.00%	4	82.60%	3	83.20%	2
重游	87.00%	2	85.20%	3	87.40%	1	86.80%	3
推荐他人	84.80%	1	79.60%	4	83.60%	3	81.80%	3
溢价游玩	74.00%	1	69.00%	4	70.20%	3	72.40%	2

1. 品牌 Logo 指标

品牌 Logo 即品牌标志,是指品牌中可以被认出、易于记忆但不能用言语称谓的部分,具体包括符号、图案或明显的色彩或字体,又称"品标"。品牌 Logo 与品牌名称都是构成完整的品牌概念的要素。品牌 Logo 自身能够创造品牌认知、品牌联想和消费者的品牌偏好,进而影响品牌体现的质量与顾客的品牌忠诚度。品牌 Logo 是一种"视觉语言",它通过一定的图案、颜色来向消费者传输某种信息,以达到识别品牌、促进销售的目的。品牌 Logo 自身能够创造品牌认知、品牌联想和消费者的品牌偏好,进而影响品牌体现的品质与顾客的品牌忠诚度。

从品牌 Logo 指标得分率高低看,依次为北京、深圳、广州、上海,得分率分别为 79.80%、78.20%、75.40%、73.40%。就整体来看,游客对 4 个城市旅游品牌 Logo 的认可度还不够高。其中北京最高,上海最低。这反映了上海旅游的品牌 Logo 还存在一定的提升空间,在品牌 Logo 设计中,除了最基本的平面设计和创意要求外,还必须考虑营销因素和消费者的认知、情感心理等因素,设计出极具视觉冲击力的品牌 Logo,直抵游客的内心,见图 3-24。

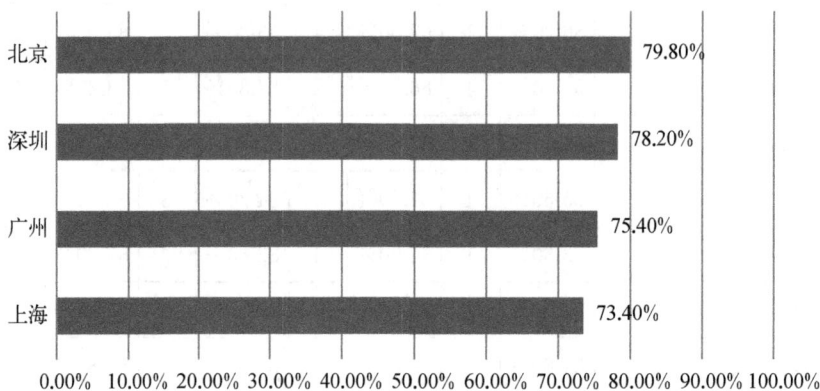

图 3-24　4 个城市品牌 Logo 指标得分率比较

通过 2024 年和 2023 年比较来看,除北京外,上海、广州和深圳 3 个城市品牌 Logo 指标得分率整体上略有降低,且基本维持在较低水平,反映了游客市场对城市品牌 Logo 的整体认可度还有待提升。就具体排名来看,北京和深圳的位次互换,上海和广州的位次没变。反映了 4 个城市过去一年在城市品牌 Logo 建设方面的成效甚微,需要继续加强重视并加大投入,见表 3-13。

表 3-13　2023 年和 2024 年 4 个城市品牌 Logo 指标得分率比较

城市	2023 年	2024 年	排名变化
上海	75.60%	73.40%	→
广州	77.20%	75.40%	→

城市	2023 年	2024 年	排名变化
深圳	80.00%	78.20%	↓1
北京	79.60%	79.80%	↑1

注：→代表位次没有变化，↑代表位次上升，↓代表位次下降，后面的数字代表上升或下降的位次数量。

2. 宣传口号指标

一般来讲，宣传口号是一种简短、有纲领性和鼓动作用的语句，用于口头宣传或印刷传播。宣传口号通常用于商业、文化、旅游等领域，以传达特定的信息或理念。从宣传口号指标得分率高低来看，依次为深圳、北京、上海和广州，得分率分别为 84.40%、84.20%、79.00% 和 78.60%。相对而言，上海和广州的宣传口号设计效果不够理想，需要引起关注和进一步完善，见图 3-25。

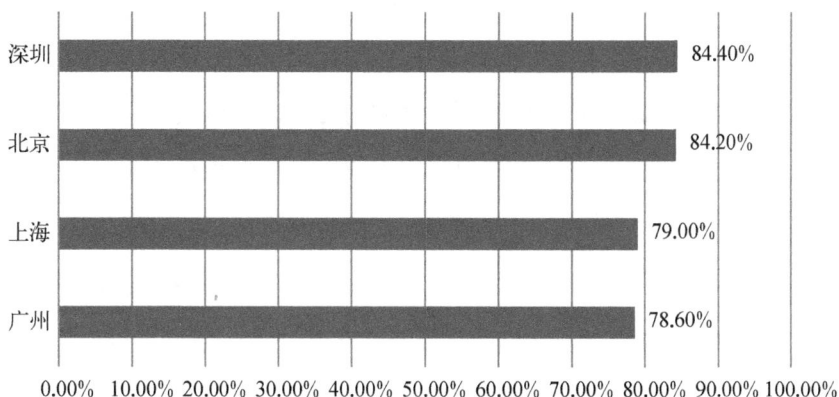

图 3-25 4 个城市宣传口号指标得分率比较

通过 2024 年和 2023 年比较来看，游客市场对 4 个城市宣传口号的认可度均有不同程度的提升，有利于城市旅游内涵和理念的传递，为市场拓展奠定了良好基础。就 4 个城市在该三级指标的得分率排名来看，先后次序没有变化，反映出齐头并进的发展势头，见表 3-14。

表 3-14 2023 年和 2024 年 4 个城市宣传口号指标得分率比较

城　　市	2023 年	2024 年	排名变化
广州	73.40％	78.60％	→
上海	75.80％	79.00％	→
北京	80.80％	84.20％	→
深圳	82.00％	84.40％	→

注：→代表位次没有变化，↑代表位次上升，↓代表位次下降，后面的数字代表上升或下降的位次数量。

3. 城市宣传片指标

在我国,城市宣传片始于 20 世纪末。作为一种电视传媒形式和手段,城市宣传片以强烈的视觉冲击力和影像震撼力树立城市形象,概括性地展现一座城市历史文化和地域文化特色,被称作一个城市或地域宣传的视觉名片。随着新媒体信息的发展和国民文化素质的整体提升,人们对各类影像信息的欣赏能力不断提高,作为文化创意产业的一个领域,城市宣传片也在不断发展变化,逐渐从最初的传统说教形式,向一种有情节的微电影形式转变,并越来越多地应用于城市旅游的宣传和推广。

从城市宣传片指标得分率高低看,依次为北京、深圳、上海和广州,得分率分别为 84.00％、83.40％、80.40％、80.00％。具体来看,4 个城市在该指标的得分率均高于 80.00％,反映了游客市场对 4 个城市宣传片的认可度整体比较高。进一步分析发现,4 个城市宣传片指标得分率及排序与宣传口号指标基本一致,这充分反映了城市宣传片的推广效果与宣传口号的设计存在较高的关联性,应该整体性考虑、系统性设计、协同性推进,见图 3-26。

通过 2024 年和 2023 年比较来看,4 个城市在宣传片指标得分率上的变化不大,其中北京和广州略有提高,深圳保持不变,上海略有降低。反

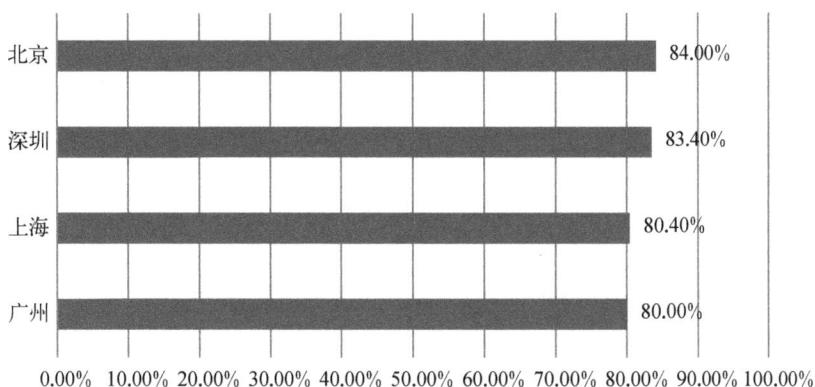

图 3-26　4个城市宣传片指标得分率比较

映了 4 个城市在宣传片建设成效方面的整体稳定性。就得分率排名而言,北京取代深圳位列首位,上海和广州的位次没有变化。见表 3-15。

表 3-15　2023 年和 2024 年 4 个城市宣传片指标得分率比较

城市	2023 年	2024 年	排名变化
广州	79.80％	80.00％	→
上海	80.60％	80.40％	→
深圳	83.40％	83.40％	↓1
北京	82.60％	84.00％	↑1

注:→代表位次没有变化,↑代表位次上升,↓代表位次下降,后面的数字代表上升或下降的位次数量。

4. 市容环境指标

市容环境是构筑城市形象框架的基石,它美化着城市形象的外观,展示着城市形象的整体,肩负着净化城市环境、服务城市经济发展的使命,是城市发展的重要基础,也是展示城市现代化水平、提升城市综合功能的关键。因此,市容环境指标既是城市形象的重要表征,也是城市旅游品牌形象的重要组成部分,还是亿万外来游客在城市从事旅游活动最直接的形象感受之一。

从市容环境指标得分率高低看,依次为深圳、北京、上海、广州,得分率分别为87.00%、86.20%、85.80%、83.60%。就整体而言,北上广深4个一线城市历经长期建设和积累,在市容市貌方面获得游客市场的一致好评,为城市形象打造奠定了良好基础,见图3-27。

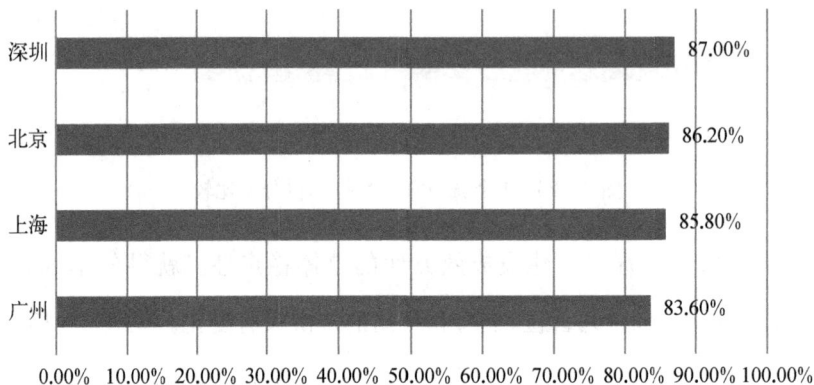

图3-27 4个城市市容环境指标得分率比较

通过2024年和2023年比较来看,4个城市在市容环境指标得分率方面展现出较高的稳定性,反映了4个城市在市容环境建设方面的持续投入并获得游客市场的较高认可。具体而言,游客对深圳、北京和上海的市容环境更加认可,广州在市容环境建设方面还可以进一步加强,见表3-16。

表3-16 2023年和2024年4个城市市容环境指标得分率比较

城市	2023年	2024年	排名变化
广州	84.20%	83.60%	→
上海	86.00%	85.80%	→
北京	86.20%	86.20%	→
深圳	86.80%	87.00%	→

注:→代表位次没有变化,↑代表位次上升,↓代表位次下降,后面的数字代表上升或下降的位次数量。

5. 人文环境指标

人文环境可以被定义为一定社会系统内外文化变量的函数,文化变量包括共同体的态度、观念、信仰系统、认知环境等。人文环境是社会本体中隐藏的无形环境,是一种潜移默化的民族灵魂。按照新发展理念和正确的政绩观,对一个地方经济社会发展的评价,不仅要看其经济指标,还要看其人文环境指标。良好的人文环境已经成为游客选择城市旅游目的地的重要影响因素。

从人文环境指标得分率高低看,北京第一,得分率为85.00%,深圳第二,得分率为84.40%,广州位列第三,得分率为83.60%,上海第四,得分率为81.40%。横向比较来看,上海的人文环境建设稍显薄弱,亟须进一步加强,见图3-28。

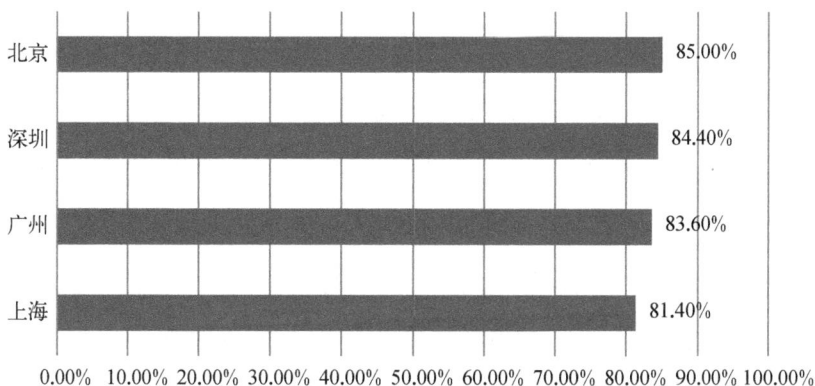

图3-28 4个城市人文环境指标得分率比较

通过2024年和2023年比较来看,除北京保持在85.00%之外,深圳、广州和上海在人文环境指标的得分率均略有降低,反映出游客市场对城市人文环境的需求越来越高,城市人文环境的建设速度略显滞后。就4个城市在人文环境指标得分率上的排名来看,整体上变化不大,深圳由原来的并列第一位降为第二位,见表3-17。

表 3－17　2023 年和 2024 年 4 个城市人文环境指标得分率比较

城市	2023 年	2024 年	排名变化
上海	82.20％	81.40％	→
广州	84.20％	83.60％	→
深圳	85.00％	84.40％	↓1
北京	85.00％	85.00％	→

注:→代表位次没有变化,↑代表位次上升,↓代表位次下降,后面的数字代表上升或下降的位次数量。

6. 居民友善度指标

所谓居民友善度,是一种测量城市本地居民与外来游客之间人际关系水平的标准,包括本地居民与外来游客之间的友好和融洽关系、活跃的参与度与发现的机会。作为城市旅游服务"软实力"的重要组成部分,城市居民友善度正在成为引客与留客的利器。

从居民友善度指标得分率高低看,依次为深圳、广州、北京、上海,得分率分别为 81.40％、79.60％、78.20％、70.20％。整体来看,深圳得分率高于 80.00％,广州略低,北京第三,上海最低,这一方面反映了在建设国际化大都市过程中,相对于硬件设施的建设,包括居民友善度在内的软件服务的提升难度更大,另一方面也反映了游客对北京、上海等超大型城市的软件建设水平给予了更高的期望,提出了更高的要求,见图 3－29。

通过 2024 年和 2023 年比较来看,4 个城市在居民友善度指标上得分率的变化不一,但整体比较稳定。深圳略有提高,广州和上海略有降低,北京保持不变。4 个城市在该三级指标上的排名次序虽然没有变化,但彼此之间的得分率差距略有扩大,值得关注和重视,见表 3－18。

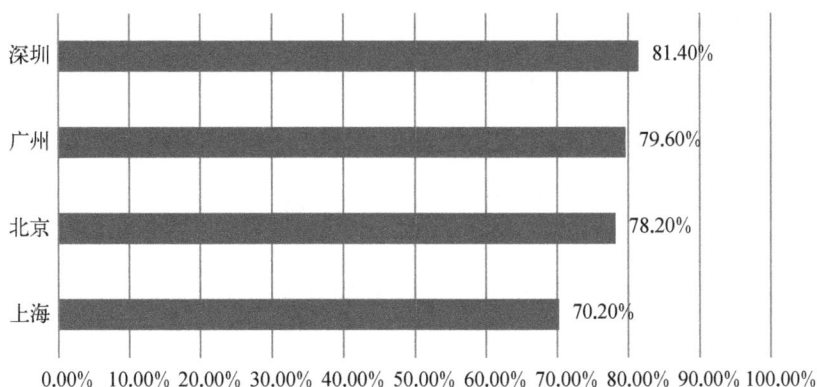

图 3 – 29 4 个城市居民友善度指标得分率比较

表 3 – 18 2023 年和 2024 年 4 个城市居民友善度指标得分率比较

城市	2023 年	2024 年	排名变化
上海	71.40%	70.20%	→
北京	78.20%	78.20%	→
广州	80.80%	79.60%	→
深圳	81.20%	81.40%	→

注:→代表位次没有变化,↑代表位次上升,↓代表位次下降,后面的数字代表上升或下降的位次数量。

7. 品牌形象认同指标

对于旅游目的地而言,品牌形象的塑造具有举足轻重的作用。大量实践证明,个性鲜明、亲切感人的旅游地品牌形象是形成庞大旅游市场的源泉,并可以在旅游市场上形成较长时间的垄断地位。这里的品牌形象认同是指,通过文化形象、景观形象和建筑形象的叠加,构成城市旅游的综合形象,并对游客感知城市形象构成"晕轮效应",对游客感知城市特色、感受环境氛围、认同城市文化、激发游览兴趣等方面发挥积极作用。

从品牌形象认同指标得分率高低看,北京得分率最高,为 85.00%,深圳次之,得分率为 82.80％,上海和广州得分率均为 82.60％,并列第三。一方面说明游客市场对 4 个城市的旅游品牌形象认可度还比较高,有助于传播城市旅游故事;另一方面,横向比较来看,深圳、上海和广州在旅游形象打造和目的地营销方面,与北京还有一定距离,尚需进一步加强,见图 3‑30。

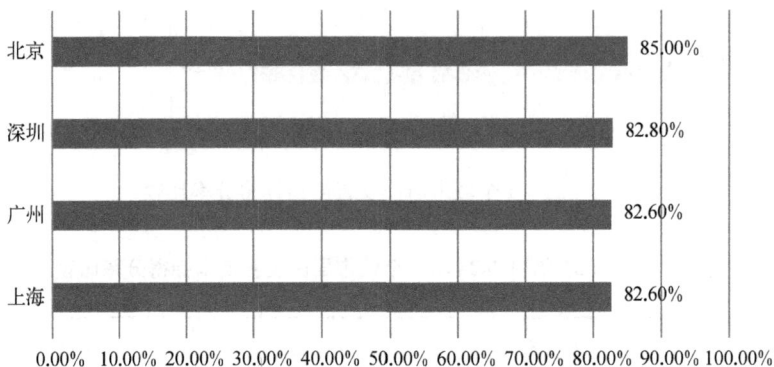

图 3‑30 4 个城市品牌形象认同指标得分率比较

通过 2024 年和 2023 年比较来看,上海仍旧维持在 82.60％的得分率水平上,北京、深圳和广州在该三级指标上的得分率均有不同程度的降低。4 个城市的得分率排名虽然没有变化,但整体水平有所下降,反映了 4 个城市在过去一年内就城市品牌形象认同方面的工作力度和强度还不够,仍旧需要进一步加强,见表 3‑19。

表 3‑19 2023 年和 2024 年 4 个城市品牌形象认同指标得分率比较

城市	2023 年	2024 年	排名变化
上海	82.60％	82.60％	→
广州	84.60％	82.60％	→
深圳	84.60％	82.80％	→
北京	86.00％	85.00％	→

注:→代表位次没有变化,↑代表位次上升,↓代表位次下降,后面的数字代表上升或下降的位次数量。

8. 品牌联想指标

品牌联想是指,当消费者看到某一个特定品牌时,从他的记忆中所能被引发出对该品牌的任何想法,包括感觉经验评价、品牌定位等。因此,品牌联想是任何与品牌记忆相连接的事物,是人们对品牌的想法、感受及期望等一连串的集合,可反映出品牌的人格或产品的认知。

从品牌联想指标得分率高低看,依次为北京、广州、上海、深圳,得分率分别为85.00%、82.20%、82.00%、81.20%。就整体来看,说明游客市场对4个城市品牌联想指标的认可度还比较高,但同时也提示广州、上海和深圳在城市旅游品牌联想方面还有进一步提升的空间,见图3-31。

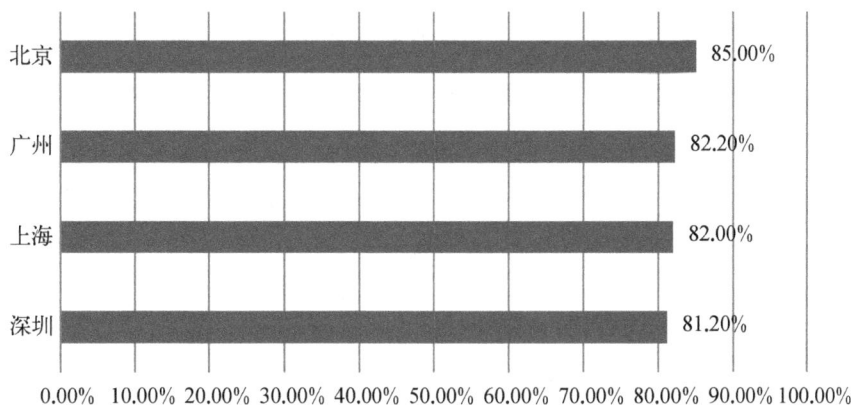

图3-31 4个城市品牌联想指标得分率比较

通过2024年和2023年比较来看,北京在城市品牌联想指标得分率上表现突出,由83.40%提高到了85.00%,广州、上海和深圳均有不同程度的降低,深圳的降低幅度尤其明显。从得分率排名来看,广州维持在第二位,北京表现抢眼,跃升至第一位,上海由第四位上升至第三位,深圳则由第一位降至第四位,见表3-20。

表 3-20　2023 年和 2024 年 4 个城市品牌联想指标得分率比较

城市	2023 年	2024 年	变 化
深圳	85.00%	81.20%	↓3
上海	82.20%	82.00%	↑1
广州	84.40%	82.20%	→
北京	83.40%	85.00%	↑2

注:→代表位次没有变化,↑代表位次上升,↓代表位次下降,后面的数字代表上升或下降的位次数量。

9. 品牌共鸣指标

品牌共鸣是指消费者与品牌之间"同喜同悲"的程度。品牌共鸣位于品牌建设金字塔模型的顶端,它意味着消费者和品牌之间既有情感联系,又有行动承诺。这种情感联系包括对品牌的依恋,最后达到对品牌至爱的程度;行动承诺可以体现在重复购买品牌、向他人推荐品牌以及抵制品牌负面信息等内容上。研究表明,当消费者与品牌之间建立认同后,即使面对该品牌的负面消息也会主动为品牌辩护。

从品牌共鸣指标得分率高低看,北京和深圳并列第一,得分率均为84.80%,广州和上海分列第三和第四位,得分率分别为 83.60% 和82.60%。虽然游客市场对 4 个城市的旅游品牌具有一定的共鸣基础,但仍有进一步提升的空间。相比较而言,上海的品牌共鸣得分率还比较低,更加需要进一步加强品牌建设和传播,获得游客的认可,见图 3-32。

通过 2024 年和 2023 年比较来看,虽然 4 个城市在品牌共鸣指标上的得分率依旧维持在较高的水平,但均有不同程度的降低。这反映出 4 个城市在品牌共鸣建设方面的力度和速度仍旧滞后于游客市场的变化速度,需要更多的关注和更大的投入,见表 3-21。

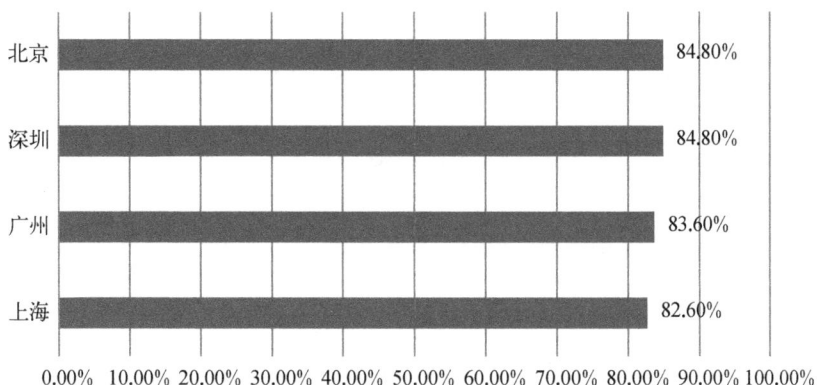

图 3-32 4个城市品牌共鸣指标得分率比较

表 3-21 2023 年和 2024 年 4 个城市品牌共鸣指标得分率比较

城市	2023 年	2024 年	变 化
上海	83.60％	82.60％	→
广州	84.00％	83.60％	→
深圳	84.60％	84.80％	→
北京	85.00％	84.80％	→

注：→代表位次没有变化，↑代表位次上升，↓代表位次下降，后面的数字代表上升或下降的位次数量。

10. 景区质量指标

这里的景区质量接近于《旅游景区质量等级的划分与评定》中的游客好评率,通过对 4 个城市的游客开展问卷调查获取。

从景区质量指标得分率高低看,北京位列第一,得分率为 83.20％,上海位列第二,得分率为 81.00％,深圳位列第三,得分率为 80.20％,广州略低,得分率为 80.00％。全部高于 80.00％的得分率整体上反映出北上广深一线城市在景区建设方面的成效基本得到了游客市场的认可,但仍有进一步提升的空间,见图 3-33。

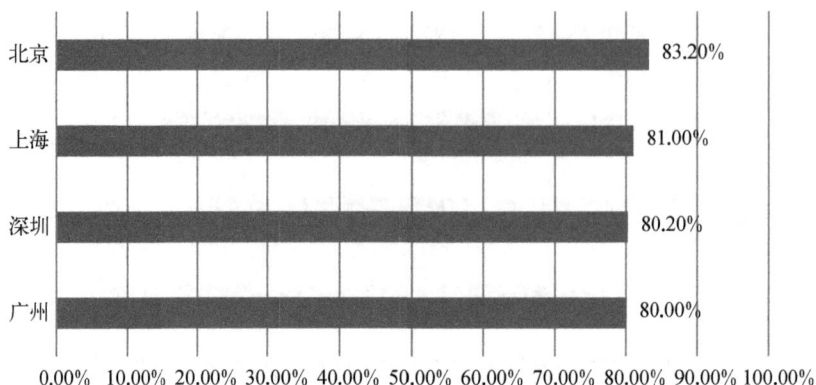

图 3-33　4 个城市景区质量指标得分率比较

通过 2024 年和 2023 年比较来看,4 个城市景区质量指标的得分率整体变化不大,但首位差异略有扩大的趋势,由 0.40% 提高到 3.20%,值得关注。就得分率排名来看,北京和深圳的位次没有变化,分列第一和第三位,广州下降至第四位,上海表现比较突出,由第四位上升至第二位,见表 3-22。

表 3-22　2023 年和 2024 年 4 个城市景区质量指标得分率比较

城市	2023 年	2024 年	变　化
广州	82.40%	80.00%	↓2
深圳	82.20%	80.20%	→
上海	82.00%	81.00%	↑2
北京	82.40%	83.20%	→

注:→代表位次没有变化,↑代表位次上升,↓代表位次下降,后面的数字代表上升或下降的位次数量。

11. 宾馆质量指标

这里的宾馆质量是指游客对城市宾馆设施和服务的整体感知水平,通过问卷调查数据获得。从宾馆质量指标得分率高低看,依次为深圳、上海、广州、北京,得分率分别为 81.40%、79.80%、79.00%、78.60%。整体来看,深圳的得分率超过 80.00%,上海、广州和北京的得分率差异不大,略低于 80.00%这一水平,相较而言,北京最低,见图 3-34。

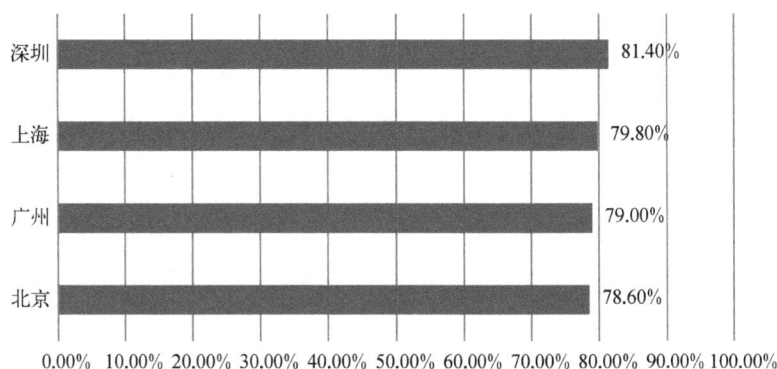

图 3-34 4个城市宾馆质量指标得分率比较

通过 2024 年和 2023 年比较来看,除北京在该指标得分率上略有提高之外,广州、上海和深圳较上年均有不同程度的降低。就该指标得分率的排名来看,深圳和北京的位次没有变化,分列第一位和第四位,上海替换广州排到第二位。该指标得分率整体上有所下降,反映出游客市场对住宿需求的品质化和个性化的发展趋势日益显现,提示城市宾馆建设要紧随市场变化趋势,不断提升产品和服务品质,见表 3-23。

表 3-23 2023 年和 2024 年 4 个城市宾馆质量指标得分率比较

城市	2023 年	2024 年	变 化
北京	76.00%	78.60%	→
广州	80.20%	79.00%	↓1
上海	80.00%	79.80%	↑1
深圳	81.80%	81.40%	→

注:→代表位次没有变化,↑代表位次上升,↓代表位次下降,后面的数字代表上升或下降的位次数量。

101

12. 休闲娱乐设施质量指标

这里的休闲娱乐设施质量是指游客对城市休闲娱乐设施和服务的整体感知水平,通过问卷调查数据获得。从休闲娱乐设施质量指标得分率高低看,依次为上海、北京、广州、深圳,得分率依次为 84.80%、83.60%、83.40%、83.20%。就整体来看,上海得分率略高,反映了上海在休闲娱乐设施建设方面积累了较好的基础,并获得了游客的整体认可,后续需要进一步维持并强化这一优势,见图 3 - 35。

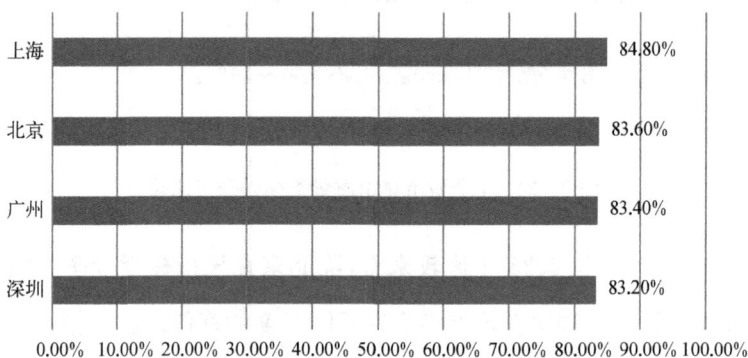

图 3 - 35 4 个城市休闲娱乐设施质量指标得分率比较

通过 2024 年和 2023 年比较来看,深圳和上海的得分率略有下降,北京和广州的得分率略有提高,但整体依旧维持在 80.00% 以上的发展水平,反映了游客市场对 4 个城市休闲娱乐设施的普遍认可。就该指标得分率排名来看,上海和广州的位次没有变化,分列第一和第三位,北京替代深圳,由第四位跃升至第二位,见表 3 - 24。

表 3 - 24 2023 年和 2024 年 4 个城市休闲娱乐设施质量指标得分率比较

城市	2023 年	2024 年	变　化
深圳	84.60%	83.20%	↓ 2
广州	83.20%	83.40%	→

城市	2023 年	2024 年	变　化
北京	82.20％	83.60％	↑2
上海	85.60％	84.80％	→

注：→代表位次没有变化，↑代表位次上升，↓代表位次下降，后面的数字代表上升或下降的位次数量。

13. 配套设施质量指标

这里的配套设施质量是指游客对城市交通等配套设施和服务的整体感知水平，通过问卷调查数据获得。从配套设施质量指标得分率高低看，依次为上海、北京、深圳、广州，得分率依次为 87.80％、86.60％、86.00％、84.00％。整体上处于较高的发展水平，反映了游客市场对 4 个城市基础配套设施建设成果的高度认可。相比较而言，上海的配套设施质量的领先优势更为明显，见图 3-36。

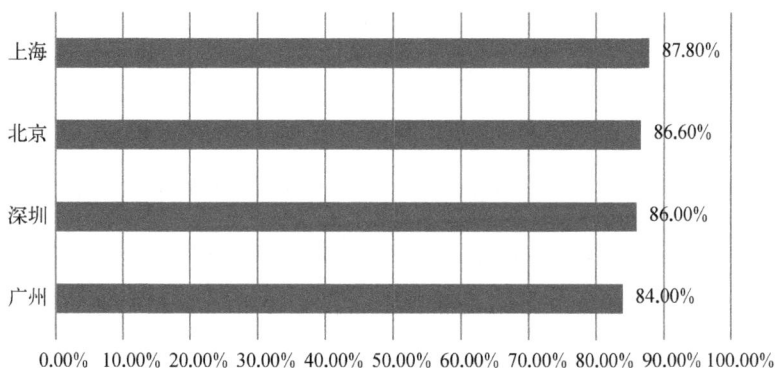

图 3-36　4 个城市配套设施质量指标得分率比较

通过 2024 年和 2023 年比较来看，得分率整体上变化不大，持续维持在较高的水平，反映了 4 个城市过去一年在配套设施建设与维护方面付出的努力和成效。从该三级指标得分率排名来看，广州得分率虽然有所提高，但仍旧位列第四位，上海和北京各晋一位，分列第一和第二位，深圳得分率下降幅度略大,由第一位降至第三位。值得指出的是,上海的城市配套质量指标得分率由 87.60% 提高到 87.80%,继续领跑 4 个城市,领先优势稳步强化,见表 3-25。

表 3-25　2023 年和 2024 年 4 个城市配套设施质量指标得分率比较

城市	2023 年	2024 年	变　化
广州	83.20%	84.00%	→
深圳	89.00%	86.00%	↓2
北京	86.20%	86.60%	↑1
上海	87.60%	87.80%	↑1

注:→代表位次没有变化,↑代表位次上升,↓代表位次下降,后面的数字代表上升或下降的位次数量。

14. 标识系统质量指标

这里的标识系统质量是指游客对城市标识系统的整体感知水平,通过问卷调查数据获得。从标识系统质量指标得分率高低看,依次为上海、北京、深圳、广州,其中上海以略微的优势位列第一,得分率均为 86.00%,北京位列第二,得分率为 85.80%,深圳排第三,得分率为 84.20%,广州略低,以 83.00% 的得分率位列最后。这说明上海和北京的标识系统更加完善,且获得了游客的高度认可,成为城市旅游品牌竞争力的加分项,应继续保持。同时也反映了上海和北京在城市建设方面更好地贯彻了"人民城市为人民"的重要理念,通过标识系统等微观载体传递以人为本的核心思想和城市温度,值得借鉴,见图 3-37。

通过 2024 年和 2023 年比较来看,4 个城市的标识系统质量指标得分率继续保持在较高的发展水平,反映了 4 个城市过去一年在标识系统建设与维护方面的建设成效再一次获得游客市场的高度认可。从得分率排名来看,上海、北京、深圳、广州的位次均未发生变化。但值得关注的是,

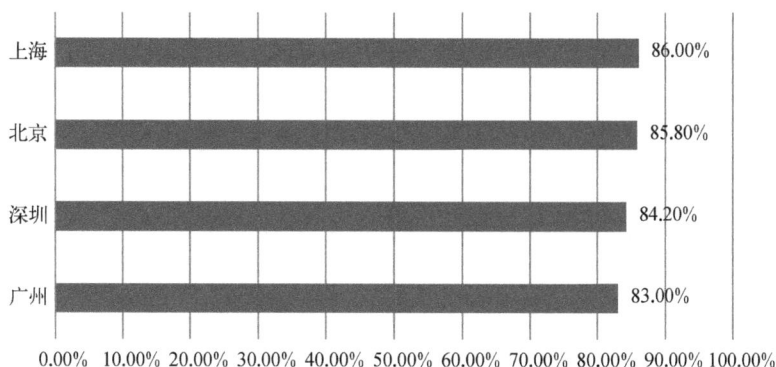

图 3-37 4 个城市标识系统质量指标得分率比较

上海在该三级指标的得分率得到进一步强化,提高了 0.8 个百分点;广州则下降了 1 个百分点,见表 3-26。

表 3-26 2023 年和 2024 年 4 个城市标识系统质量指标得分率比较

城市	2023 年	2024 年	变 化
广州	84.00%	83.00%	→
深圳	84.20%	84.20%	→
北京	85.80%	85.80%	→
上海	85.80%	86.00%	→

注:→代表位次没有变化,↑代表位次上升,↓代表位次下降,后面的数字代表上升或下降的位次数量。

15. 服务技能指标

服务技能是指在服务顾客时需要用到的技能,是构成服务素质的一个最重要的组成部分,具体包括业务技能和沟通技能等。按照服务技能指标得分率高低看,北京和深圳并列第一,得分率均为 81.20%,上海和广州分列第三和第四位,得分率依次为 80.00%、78.60%。尽管 4 个城市的服务技能指标得分率差异不大,但从上海建设世界著名旅游城市和打响服务品牌的角度来看,在服务技能提升方面仍需进一步强化,见图 3-38。

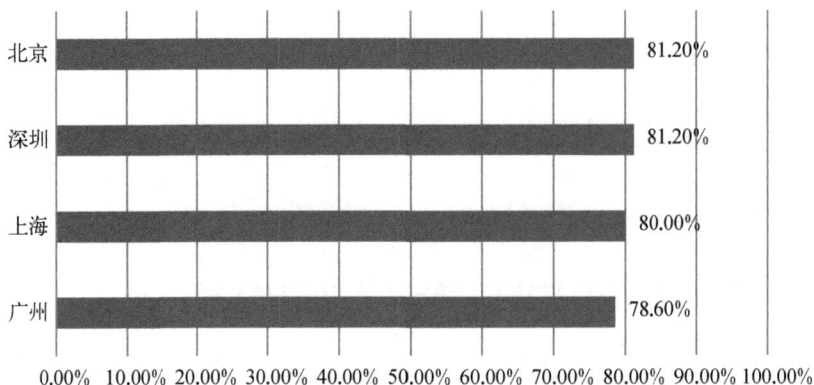

图 3-38 4 个城市服务技能指标得分率比较

通过 2024 年和 2023 年比较来看,北京、上海和深圳在该三级指标上的得分率变化不大,广州的降幅略显明显,由 80.00％降至 78.60％。就整体而言,4 个城市在服务技能上还比较薄弱,有待共同提升。从 4 个城市在该三级指标得分率的排名来看,北京和上海没有变化,深圳上升一位,广州下降一位,见表 3-27。

表 3-27 2023 年和 2024 年 4 个城市服务技能指标得分率比较

城市	2023 年	2024 年	变 化
广州	80.00％	78.60％	↓1
上海	80.00％	80.00％	→
深圳	81.60％	81.20％	↑1
北京	81.80％	81.20％	→

注:→代表位次没有变化,↑代表位次上升,↓代表位次下降,后面的数字代表上升或下降的位次数量。

16. 服务态度指标

所谓服务态度是指,服务人员对服务对象的心理倾向。因此,不同的理解会带来不同的态度表现,进而产生不同的服务行为,形成不同的服务效果。"顾客就是上帝"本质上就是对服务态度提出的总体要求。

从服务态度指标得分率高低看,依次为深圳、北京、广州、上海,得分率分别为 82.20%、81.80%、81.40%、78.40%。其中,深圳、北京和广州的得分率均高于 80.00%,相比较而言,上海略显薄弱,反映了服务态度已经成为上海旅游品牌发展质量的制约性因素,需要引起关注和重视,见图 3-39。

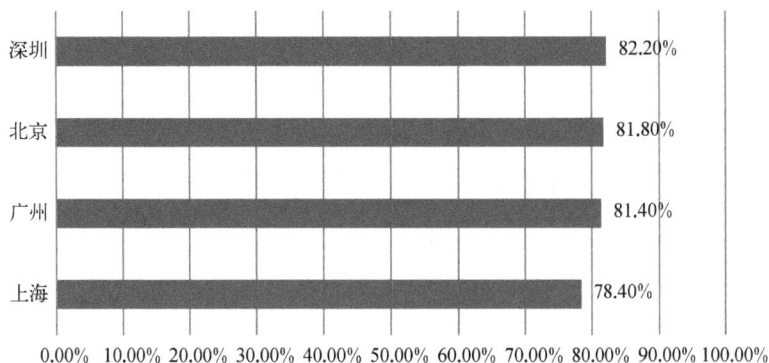

图 3-39　4 个城市服务态度指标得分率比较

通过 2024 年和 2023 年比较来看,深圳、广州和北京持续维持在 80.00% 以上的得分率水平,上海略显薄弱,得分率仍旧低于 80.00%。就 4 个城市在服务态度指标上的得分率排名来看,深圳和上海的位次没有变化,北京提高一位,升到第二位,广州下降一位,降到第三位,见表 3-28。

表 3-28　2023 年和 2024 年 4 个城市服务态度指标得分率比较

城市	2023 年	2024 年	变　化
上海	79.40%	78.40%	→
广州	81.80%	81.40%	↓1
北京	80.80%	81.80%	↑1
深圳	82.80%	82.20%	→

注:→代表位次没有变化,↑代表位次上升,↓代表位次下降,后面的数字代表上升或下降的位次数量。

17. 服务特色指标

服务特色是对服务特性的一种特有描述,是一种具有独特魅力的服务。服务特色是服务企业在长期的营销活动中,结合所提供服务的特点、企业所处的人文地理环境和顾客的需求,而有目的地形成的一种与众不同的服务风格。

从服务特色指标得分率高低看,依次为北京、广州、上海和深圳,其中北京得分率最高为 79.80%,广州和上海三个城市得分率略低,分别为 78.40%、78.00%,深圳最低,得分率为 77.60%。整体得分率普遍低于 80.00%,一方面反映了 4 个城市的服务特色水平有待整体提升,另一方面也反映了上海的服务特色水平与其精细化管理与服务的要求之间还存在不小的差距,亟须改善,见图 3-40。

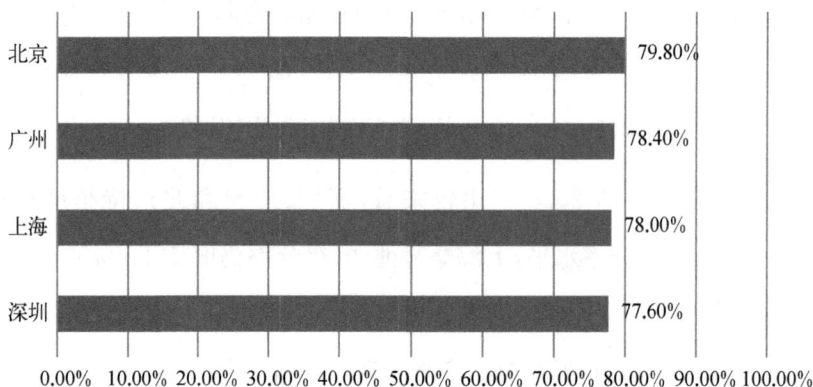

图 3-40 4 个城市服务特色指标得分率比较

通过 2024 年和 2023 年比较来看,4 个城市在服务特色指标上的得分率全部低于 80.00%,充分反映了游客市场对个性化消费和特色化消费的迫切性,同时也提示所有城市今后需要在服务特色方面积极探索,以差异化高品质服务满足游客对高品质旅途生活的追求。从 4 个城市在该指标得分率排名来看,上海表现比较平稳,北京和广州各进 1 位,分列第一和第二位,深圳降至第四位,见表 3-29。

表 3－29　2023 年和 2024 年 4 个城市服务特色指标得分率比较

城市	2023 年	2024 年	变　　化
深圳	81.00%	77.60%	↓2
上海	78.40%	78.00%	→
广州	78.40%	78.40%	↑1
北京	78.80%	79.80%	↑1

注：→代表位次没有变化，↑代表位次上升，↓代表位次下降，后面的数字代表上升或下降的位次数量。

18. 旅游收入指标

旅游收入是指一个城市在一定时间内(本报告以 1 年为计算单位)通过销售旅游产品所获得的全部收入。旅游收入是衡量一个城市旅游发展程度和旅游经济效益的重要指标。

从旅游收入指标得分率高低看，依次为北京、上海、广州、深圳，其中北京的得分率遥遥领先，为 87.80%，上海、广州和深圳的得分率依次为 78.40%、74.00%、69.00%，深圳最低。2023 年是经济社会发展全面复苏的一年，就该指标的得分率来看，北京的表现最为抢眼，上海和广州的表现尚可，深圳有待进一步努力，见图 3－41。

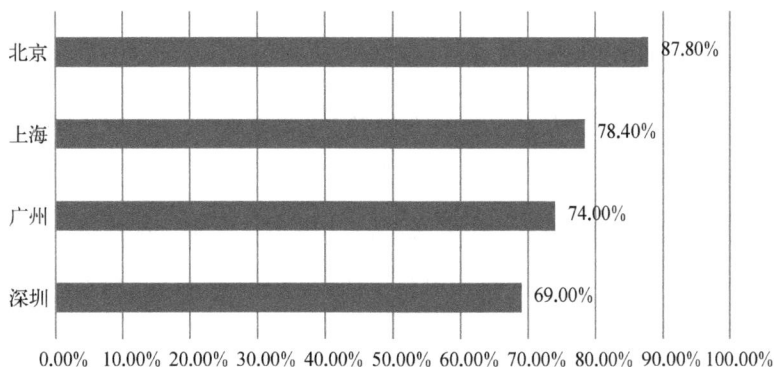

图 3－41　4 个城市旅游收入指标得分率比较

通过 2024 年和 2023 年比较来看,除北京外,上海、广州和深圳在旅游收入指标得分率上的表现平平,需要进一步创新产品和服务,提高供给侧改革激发游客的消费动力和能级,助力经济高质量发展。就 4 个城市在该指标的得分率排名来看,北京和深圳没有变化,分列第一和第四位,上海取代广州跃升至第二位,见表 3 - 30。

表 3 - 30 2023 年和 2024 年 4 个城市旅游收入指标得分率比较

城 市	2023 年	2024 年	变 化
深圳	70.60%	69.00%	→
广州	85.20%	74.00%	↓1
上海	84.80%	78.40%	↑1
北京	89.00%	87.80%	→

注:→代表位次没有变化,↑代表位次上升,↓代表位次下降,后面的数字代表上升或下降的位次数量。

19. 旅游人次指标

旅游人次是指一定时期内(本报告以 1 年为统计单位)旅游者在一个城市活动次数的总和。旅游人次是衡量一个国家或地区旅游业发达水平和市场活力的重要尺度之一。从旅游人次指标得分率高低看,依次为上海、北京、广州、深圳,其中上海和北京得分率较高,分别为 87.80%、87.60%,广州和深圳得分率较低,分别为 76.60% 和 69.00%。反映出上海和北京在过去一年的游客市场更为活跃,广州和深圳还需要在旅游产品吸引力打造方面继续努力,见图 3 - 42。

通过 2024 年和 2023 年比较来看,4 个城市在旅游人次指标上的得分率整体变化不大,上海和北京的得分率依旧居于高位,广州和深圳的得分率较低。反映了上海和北京两个城市在旅游产品和服务方面的领先优势,以及在游客接待规模上的绝对优势。从 4 个城市在该三级指标上得

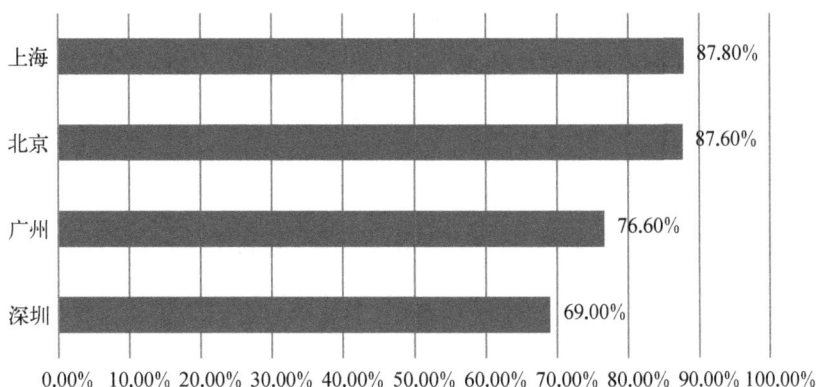

图 3-42 4 个城市旅游人次指标得分率比较

分率的排名来看,变化也不大,上海和北京依旧分列第一和第二位,广州取代深圳居于第三位。进一步与 4 个城市的旅游收入指标得分率比较可以发现,到访北京游客的人均消费水平更具竞争力,见表 3-31。

表 3-31 2023 年和 2024 年 4 个城市旅游人次指标得分率比较

城 市	2023 年	2024 年	变 化
深圳	72.00%	69.00%	↓1
广州	70.60%	76.60%	↑1
北京	88.20%	87.60%	→
上海	89.00%	87.80%	→

注:→代表位次没有变化,↑代表位次上升,↓代表位次下降,后面的数字代表上升或下降的位次数量。

20. 客房平均出租率指标

客房平均出租率是指宾馆/酒店已出租的客房数与可以提供租用的房间总数的百分比,是反映宾馆/酒店经营状况的一项重要指标。在通常情况下,出租率越高,说明宾馆/酒店市场客源越好;在平均房价不变的情况下,出租率越高,表明宾馆/酒店的营业状况越好。

从客房出租率指标得分率高低看,依次为上海、广州、北京、深圳,其中上海、广州和北京的得分率比较高,分别为 87.80%、87.20% 和 84.60%,深圳较低,仅 69.00%。整体上反映出上海、广州和北京 3 个城市的酒店接待规模与游客市场的较好适应性,有利于城市住宿业的良好发展。相比较而言,深圳的住宿业供给相对过剩,需要创新举措,有效应对,见图 3-43。

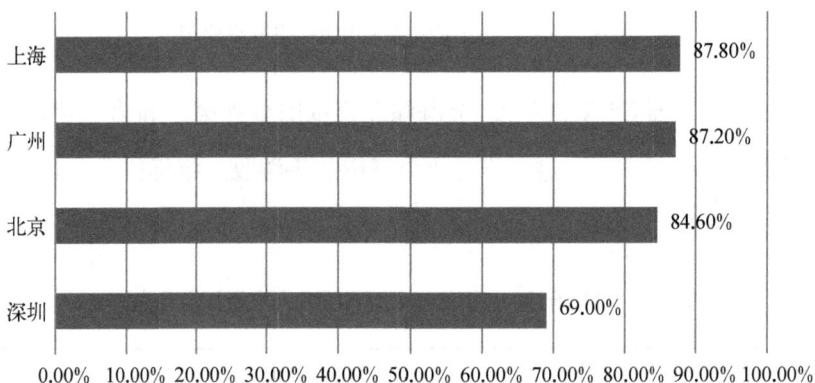

图 3-43　4 个城市客房平均出租率指标得分率比较

通过 2024 年和 2023 年比较来看,整体得分率明显提升,反映了文旅复苏成效喜人,发展趋势令人振奋。就 4 个城市在客房平均出租率方面的得分率排名来看,上海提升一位,领先榜首,广州提升两位,居于第二,北京依旧位列第三,深圳表现不佳,降至第四位,见表 3-32。

表 3-32　2023 年和 2024 年 4 个城市客房平均出租率指标得分率比较

城市	2023 年	2024 年	变　化
深圳	89.00%	69.00%	↓ 3
北京	71.20%	84.60%	→

续　表

城市	2023 年	2024 年	变　化
广州	70.60%	87.20%	↑2
上海	81.00%	87.80%	↑1

注：→代表位次没有变化，↑代表位次上升，↓代表位次下降，后面的数字代表上升或下降的位次数量。

21. 客房平均价格指标

客房平均价格是指宾馆/酒店客房总收入与宾馆/酒店出租客房数的比值。客房平均价格是分析宾馆/酒店市场经营活动效益的重要指标。从客房平均价格指标得分率高低看，依次为上海、深圳、北京、广州，得分率分别为 87.80%、74.40%、71.20%、69.00%。不难发现，4 个城市的客房平均价格可分为三个层级，上海居于第一层级，深圳和北京居于第二层次，广州居于第三层级，见图 3-44。

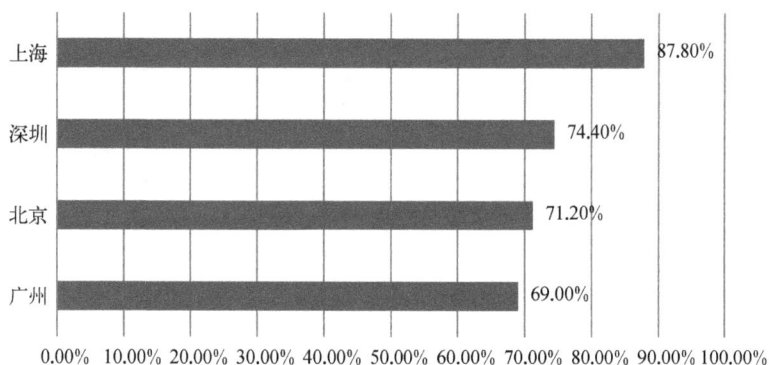

图 3-44　4 个城市客房平均价格指标得分率比较

通过 2024 年和 2023 年比较来看，4 个城市客房平均价格指标得分率之间的差距有所减小，反映出一线城市客房价格区间的分布更为均衡，有利于更好满足不同消费层次游客的多元化需求。就 4 个城市在该三级指标上得分率的排名来看，整体变化不大，上海和广州依旧居于首位和末位，深圳取代北京居于第二位。上海继续居于首位,反映了上海的物价水平持续领先,与后面的溢价游玩指标得分率排名形成相互印证,见表3-33。

表3-33　2023年和2024年4个城市客房平均价格指标得分率比较

城市	2023年	2024年	变化
广州	70.60%	69.00%	→
北京	81.20%	71.20%	↓1
深圳	79.80%	74.40%	↑1
上海	89.00%	87.80%	→

注:→代表位次没有变化,↑代表位次上升,↓代表位次下降,后面的数字代表上升或下降的位次数量。

22. 旅游收入占地区生产总值比重指标

旅游收入占地区生产总值比重是衡量旅游及相关行业对地区经济发展影响力的程度。从旅游收入占地区生产总值比重指标得分率高低看,依次为上海、北京、广州、深圳,得分率依次为87.80%、84.00%、78.20%、69.00%。可以发现,上海和北京的得分率处于较高的水平,反映了上海和北京的旅游业正在朝着战略性支柱产业的方向迈进。相比较而言,广州和深圳的旅游业发展还有更大的空间,见图3-45。

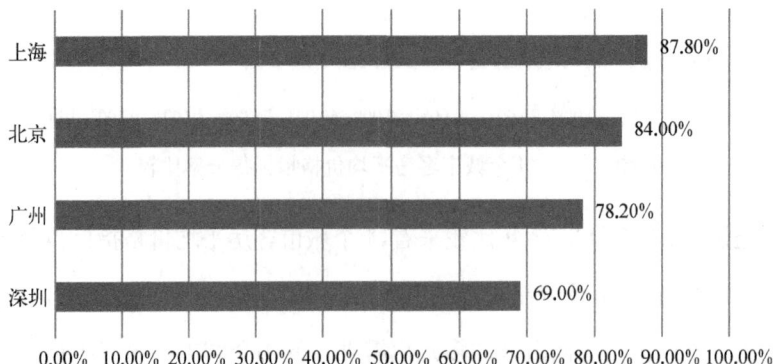

图3-45　4个城市旅游收入占地区生产总值比重指标得分率比较

通过 2024 年和 2023 年比较来看,4 个城市的旅游收入占地区生产总值比重指标得分率整体上回归到常规水平,反映了在经济社会全面复苏的背景下,旅游业强势回归,特别是上海和北京的旅游市场量质齐升。就 4 个城市在该三级指标的得分率排名来看,北京和深圳依旧分列第二和第四位,上海强势回归,跃升至第一位,广州排在第三位,见表 3-34。

表 3-34 2023 年和 2024 年 4 个城市旅游收入占
地区生产总值比重指标得分率比较

城市	2023 年	2024 年	变　化
深圳	70.64%	69.00%	→
广州	89.00%	78.20%	↓2
北京	81.40%	84.00%	→
上海	76.60%	87.80%	↑2

注:→代表位次没有变化,↑代表位次上升,↓代表位次下降,后面的数字代表上升或下降的位次数量。

23. 5A 级景区数量指标

从一般意义上讲,5A 级景区代表了一个城市最具吸引力的旅游资源,也是一个城市旅游品牌吸引力的最直接体现。从 5A 级景区数量指标得分率高低看,北京第一,得分率为 87.80%,上海第二,得分率为 77.00%,广州和深圳并列第三,得分率均为 69.00%。显而易见,北京的 5A 级景区数量占据显著优势。相比较而言,上海略显逊色,需要进一步加强。广州和深圳在 5A 级景区建设方面更需要奋起直追,见图 3-46。

通过 2024 年和 2023 年比较来看,4 个城市在 5A 级景区数量指标上的得分率基本稳定,变化微乎其微。反映了城市 5A 级景区的建设需要一定的周期积累。从 4 个城市在三级指标的得分率排名来看,排序没有变化,见表 3-35。

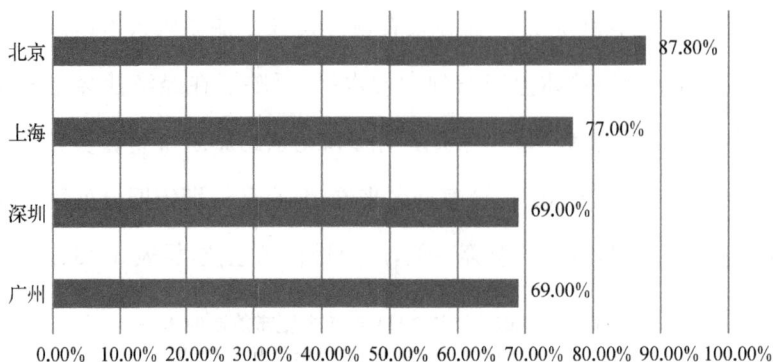

图 3-46　4 个城市 5A 级景区数量指标得分率比较

表 3-35　2023 年和 2024 年 4 个城市 5A 级景区数量指标得分率比较

城市	2023 年	2024 年	变　　化
广州	70.60％	69.00％	→
深圳	70.60％	69.00％	→
上海	76.80％	77.00％	→
北京	89.00％	87.80％	→

注：→代表位次没有变化,↑代表位次上升,↓代表位次下降,后面的数字代表上升或下降的位次数量。

24. 国家级旅游度假区数量指标

根据《旅游度假区等级划分》(GB/T 26358—2022),旅游度假区是指以提供住宿、餐饮、购物、康养、休闲、娱乐等度假旅游服务为主要功能,有明确空间边界和独立管理运营机构的集聚区。旅游度假区等级从低到高分为省级旅游度假区和国家级旅游度假区 2 个等级。因此,一个城市国家级旅游度假区的数量在很大程度上反映了该城市旅游资源的综合实力,正在成为城市旅游品牌建设的重要支撑。

从国家级旅游度假区数量指标得分率高低看,上海排在第一位,得分率为 87.80％,北京、广州和深圳并列第二位,得分率均为 69.00％。上海在该指标方面处于领先地位,但随着新标准的出台和实施,各地建设速度将会加快,还需进一步保持,见图 3-47。

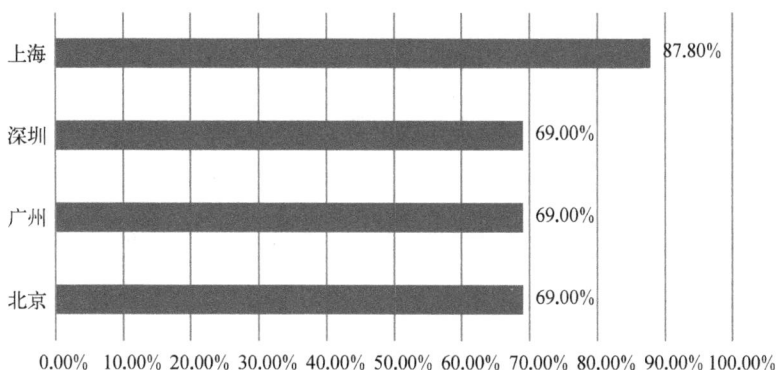

图 3-47 4 个城市国家级旅游度假区数量指标得分率比较

通过 2024 年和 2023 年比较来看,4 个城市在国家级旅游度假区数量指标上的得分率所处的水平整体上变化不大,其中上海依然高于80.00%,北京、广州和深圳略低。就 4 个城市在该三级指标的得分率排名来看,没有发生明显的变化,见表 3-36。

表 3-36 2023 年和 2024 年 4 个城市国家级
旅游度假区数量指标得分率比较

城市	2023 年	2024 年	变 化
北京	70.60%	69.00%	→
广州	79.80%	69.00%	→
深圳	79.80%	69.00%	→
上海	89.00%	87.80%	→

注:→代表位次没有变化,↑代表位次上升,↓代表位次下降,后面的数字代表上升或下降的位次数量。

25. 国家重点文物保护单位数量指标

根据《中华人民共和国文物保护法》,古文化遗址、古墓葬、古建筑、石窟寺、石刻、壁画、近代现代重要史迹和代表性建筑等不可移动文物,根据它们的历史、艺术、科学价值,可以分别确定为全国重点文物保护单位,省级文物保护单位,市、县级文物保护单位。可见,国家重点文物保护单位数量不仅反映了城市的人文旅游资源等级水平,更加彰显了城市的历史文化底蕴和文脉的延续,是城市旅游品牌的文化内核。

从国家重点文物保护单位数量指标得分率高低看,依次为北京、上海、广州、深圳,得分率分别为 87.80%、74.20%、73.20%、69.00%。得分率排序基本上反映了 4 个城市的人文旅游资源现状,也预示着上海、广州和深圳 3 个城市在资源有限的情况下,如何最大程度发挥好有限的国家重点文物保护单位在促进文旅深度融合中的作用,将是未来一段时期需要着重思考的重点问题,见图 3-48。

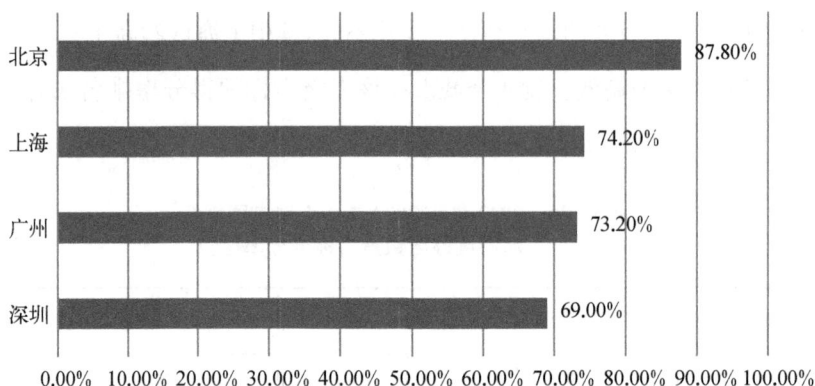

图 3-48　4 个城市国家重点文物保护单位数量指标得分率比较

通过 2024 年和 2023 年比较来看,4 个城市在国家重点文物保护单位数量指标上的得分率变化不大,反映了国家重点文物保护单位的数量在短期内整体较为稳定。就 4 个城市在该指标方面的得分率排名来看,北京依旧遥遥领先,上海和广州位列第二和第三位,深圳在该指标方面略显薄弱,见表 3-37。

表 3‒37　2023 年和 2024 年 4 个城市国家重点
文物保护单位数量指标得分率比较

城市	2023 年	2024 年	变　　化
深圳	70.60％	69.00％	→
广州	74.60％	73.20％	→
上海	75.80％	74.20％	→
北京	89.00％	87.80％	→

注：→代表位次没有变化，↑代表位次上升，↓代表位次下降，后面的数字代表上升或下降的位次数量。

26. 剧场和影剧院数量指标

通常来看，剧场和影剧院数量属于城市的休闲旅游服务与接待场所，是城市休闲旅游发展的内在驱动力，在一定程度上反映了城市的休闲旅游接待能力。

从剧场和影剧院数量指标得分率高低看，依次为北京、上海、深圳、广州，得分率分别为 87.80％、84.20％、71.20％、69.00％。一方面反映了北京、上海建设世界著名旅游城市和国际化文化大都市的良好基础，同时也反映了上海在这方面还有进一步提升的空间，见图 3‒49。

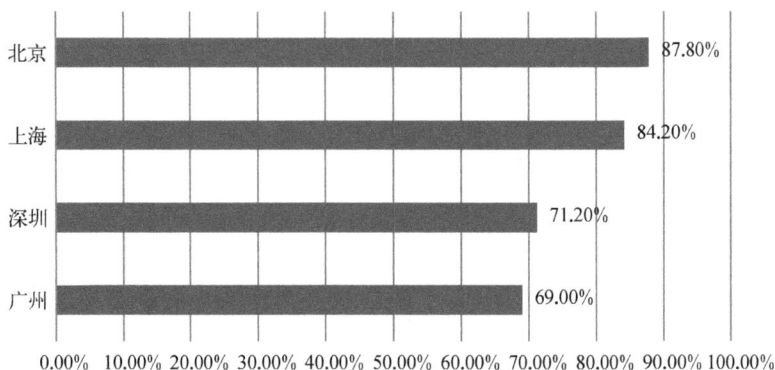

图 3‒49　4 个城市剧场和影剧院数量指标得分率比较

通过 2024 年和 2023 年比较来看,4 个城市在剧场和影剧院数量指标方面的得分率整体上保持稳定,这与剧场和影剧院的建设周期长等因素密不可分。就 4 个城市剧场和影剧院数量指标得分率排名来看,北京和上海没有变化,分列第一和第二位;深圳上升一位,广州降至第四位,见表 3-38。

表 3-38 2023 年和 2024 年 4 个城市剧场和
影剧院数量指标得分率比较

城市	2023 年	2024 年	变　　化
广州	75.40%	69.00%	↓1
深圳	70.60%	71.20%	↑1
上海	86.20%	84.20%	→
北京	89.00%	87.80%	→

注:→代表位次没有变化,↑代表位次上升,↓代表位次下降,后面的数字代表上升或下降的位次数量。

27. 五星级购物中心数量指标

2019 年,中国房地产业协会商业和旅游地产专业委员会从设计规划、硬件设施、运营管理、消费体验四个维度,首次评定了国内五星级购物中心。同一年按照四个批次共确定了 15 个城市 33 个五星级购物中心。作为城市购物场所的重要组成部分,五星级购物中心数量一方面反映了城市满足游客旅游购物的基础设施配置情况,另一方面也可以反映城市旅游接待设施激发旅游消费活力的能力。

从五星级购物中心数量指标得分率高低看,依次为上海、北京、深圳、广州,得分率分别为 87.80%、85.40%、71.40%、69.00%。充分反映了在打响"上海购物"品牌建设的带动下,上海提供各类商品与服务购买的能力和独特优势,为上海建设国际消费中心城市提供了良好支撑,见图 3-50。

通过 2024 年和 2023 年比较来看,4 个城市在五星级购物中心数量指

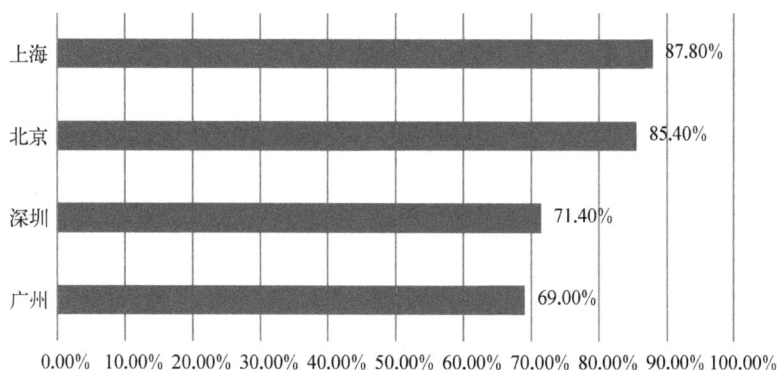

图 3-50 4 个城市五星级购物中心数量指标得分率比较

标方面的得分率整体变化不大,反映了北上广深在建设国际消费中心城市过程中积极作为,齐头并进。就 4 个城市在该指标得分率的排名来看,排名第一到第四位的依旧是上海、北京、深圳和广州,见表 3-39。

表 3-39 2023 年和 2024 年 4 个城市五星级
购物中心数量指标得分率比较

城市	2023 年	2024 年	变 化
广州	70.60%	69.00%	→
深圳	73.00%	71.40%	→
北京	86.80%	85.40%	→
上海	89.00%	87.80%	→

注:→代表位次没有变化,↑代表位次上升,↓代表位次下降,后面的数字代表上升或下降的位次数量。

28. 空气质量优良天数指标

所谓空气质量优良天数,是指一个城市在一定时期内(本报告以 1 年为统计单位)空气质量优良以上的监测天数。空气质量优良天数是测度一个城市自然环境状况优劣的重要指标,也是反映一个城市能够提供人们从事户外游憩活动的自然环境指标。

从空气质量优良天数指标得分率高低看,依次为深圳、广州、上海、北京,得分率分别为 87.80％、81.80％、78.80％、69.00％。不难发现,深圳和广州的得分率处在较高水平,相对而言,上海和北京的得分率较低。反映了上海和北京在空气污染综合治理方面还需要进一步加强,为市民和游客提供更好的自然环境体验,见图 3-51。

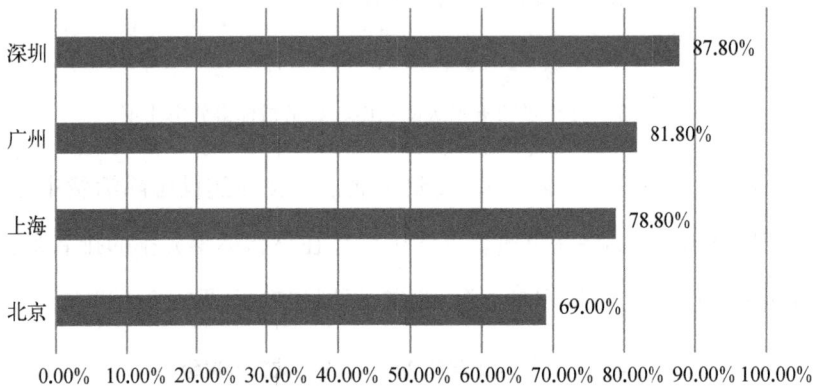

图 3-51　4 个城市空气质量优良天数指标得分率比较

通过 2024 年和 2023 年比较来看,4 个城市在空气质量优良天数指标方面的得分率整体上变化不大,说明空气质量综合治理工作是一项系统工程且需要久久为功。就 4 个城市在该指标得分率的排名来看,深圳和北京没有变化,分列第一和第四位。广州由第三名上升至第二位,上海重新回到了第三位,反映了广州过去一年在环境综合治理方面的成效更加显现,见表 3-40。

表 3-40　2023 年和 2024 年 4 个城市空气质量优良天数指标得分率比较

城市	2023 年	2024 年	变　化
北京	70.60％	69.00％	→
上海	80.40％	78.80％	↓1

续　表

城市	2023 年	2024 年	变　　化
广州	78.60%	81.80%	↑1
深圳	89.00%	87.80%	→

注：→代表位次没有变化，↑代表位次上升，↓代表位次下降，后面的数字代表上升或下降的位次数量。

29. 旅游人次增长率指标

所谓旅游人次增长率，是指一个城市在一定时期内(本报告以 1 年为统计单位)接待的旅游人次与上年同期进行比较的结果。旅游人次增长率高低揭示出一个城市旅游产业发展的基本状况与旅游市场演变的基本态势。

从旅游人次增长率指标得分率高低看，依次为北京、上海、深圳、广州，得分率分别为 87.80%、84.40%、79.00%、69.00%。显而易见，北京和上海遥遥领先，得分率居于较高水平，反映了两个城市的旅游市场强势回归。相比较而言，深圳和广州在市场开拓方面还有进一步提升的空间，见图 3‐52。

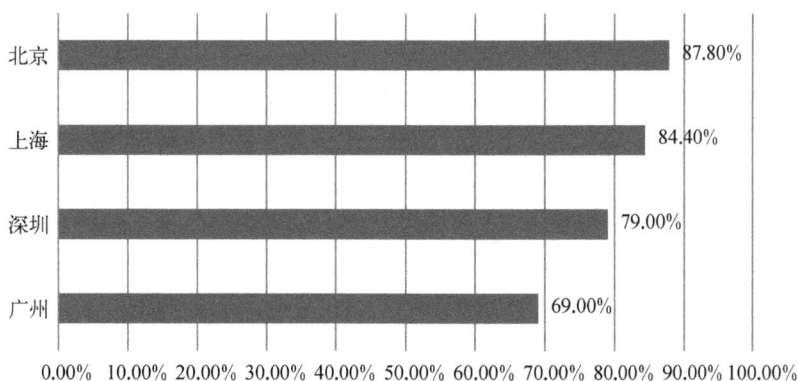

图 3‐52　4 个城市旅游人次增长率指标得分率比较

通过 2024 年和 2023 年比较来看，除了北京之外，上海、深圳和广州在旅游人次增长率指标上的得分率变化较大，充分反映了旅游业发展易受突发事件的影响。就 4 个城市在该指标得分率的排名来看,北京依旧居于首位,上海由第四位上升至第二位,深圳和广州各下降一位,分列第三和第四位,见表 3－41。

表 3－41　2023 年和 2024 年 4 个城市旅游
人次增长率指标得分率比较

城市	2023 年	2024 年	变　化
广州	79.40％	69.00％	↓1
深圳	88.00％	79.00％	↓1
上海	70.60％	84.40％	↑2
北京	89.00％	87.80％	→

注:→代表位次没有变化,↑代表位次上升,↓代表位次下降,后面的数字代表上升或下降的位次数量。

30. 旅游收入增长率指标

所谓旅游收入增长率,是指一个城市在一定时期内(本报告以 1 年为统计单位)与上年同期旅游收入比较的结果。旅游收入增长率是反映一个城市旅游经济发展效益的重要指标。

从旅游收入增长率指标得分率高低看,依次为北京、深圳、上海、广州,得分率分别为 87.80％、82.20％、78.00％、69.00％。可以发现,北京和深圳过去一年在旅游收入增长率指标上的表现更加突出。相比较而言,深圳和上海在该方面还有进一步提升的空间,见图 3－53。

通过 2024 年和 2023 年比较来看,4 个城市在旅游收入增长率指标上的得分率整体变化不大,说明 4 个城市过去一年都在文旅市场复苏方面付出了极大的努力,呈现出明争暗赛的良性竞争态势。就 4 个城市在该指标得分率的排名来看,北京和深圳没有变化,依旧分列第一和第二位。上海上升至第三位,广州降至第四位,见表 3－42。

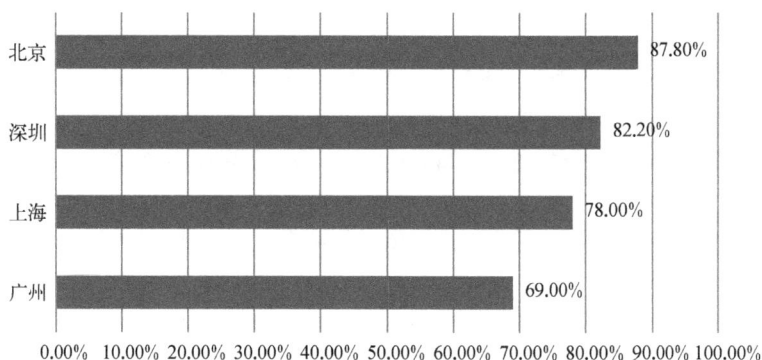

图 3-53 4 个城市旅游收入增长率指标得分率比较

表 3-42 2023 年和 2024 年 4 个城市旅游收入增长率指标得分率比较

城市	2023 年	2024 年	变 化
广州	78.20％	69.00％	↓1
上海	70.60％	78.00％	↑1
深圳	86.40％	82.20％	→
北京	89.00％	87.80％	→

注：→代表位次没有变化,↑代表位次上升,↓代表位次下降,后面的数字代表上升或下降的
位次数量。

31. 铁路客运量指标

铁路客运量是指一定时期内(本报告以 1 年为统计单位)铁路运送的旅客人数,是反映铁路旅客运输的基本产量指标,也是反映一个城市旅客运输能力的重要指标,更是游客进出一个城市从事旅游活动便捷性与通达性的重要交通基础。

从指标得分率高低看,依次为北京、广州、上海、深圳,得分率分别为 87.80％、80.80％、80.60％、69.00％。显而易见,北京、广州和上海在城市旅客运输能力方面表现突出,处于较高的发展水平,为城市旅游提供了良好的对外交通保障。相比较而言,深圳全年的铁路客运量还有进一步提升的空间,见图 3-54。

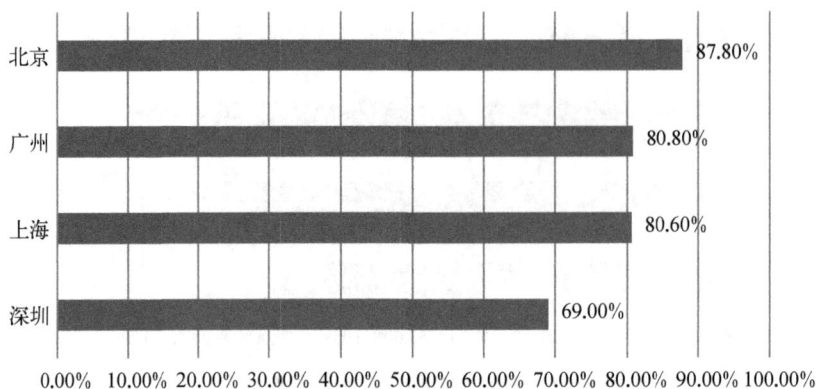

图 3-54　4 个城市铁路客运量指标得分率比较

通过 2024 年和 2023 年比较来看,上海的铁路客运量指标得分率明显上升,北京、广州和深圳的得分率变化不大,这与 2022 年的新冠疫情有关。就 4 个城市在该指标得分率的排名来看,北京取代广州上升至第一位,广州和上海得分率几乎相同,分列第二和第三位,深圳依旧排在末位,见表 3-43。

表 3-43　2023 年和 2024 年 4 个城市铁路客运量指标得分率比较

城市	2023 年	2024 年	变　化
深圳	70.60％	69.00％	→
上海	75.00％	80.60％	→
广州	89.00％	80.80％	↓1
北京	87.20％	87.80％	↑1

注:→代表位次没有变化,↑代表位次上升,↓代表位次下降,后面的数字代表上升或下降的位次数量。

32. 机场旅客吞吐量指标

所谓机场旅客吞吐量,是指一个城市机场飞机进、出范围的旅客数量。它是衡量一个地区经济社会发展程度、文明程度、开放程度和活跃程度的重要标志,也是反映中远程游客活跃度的重要指标。

从旅客吞吐量指标得分率高低看,依次为上海、北京、广州、深圳,得分率分别为 87.80%、85.80%、73.40%、69.00%。上海和北京以其绝对的优势处于领先发展水平,这充分反映了两个城市中远程游客的活跃度。相比较而言,广州和深圳游客的市场半径还比较小,亟须通过旅游产品创新提高吸引力,拓展游客市场半径,见图 3-55。

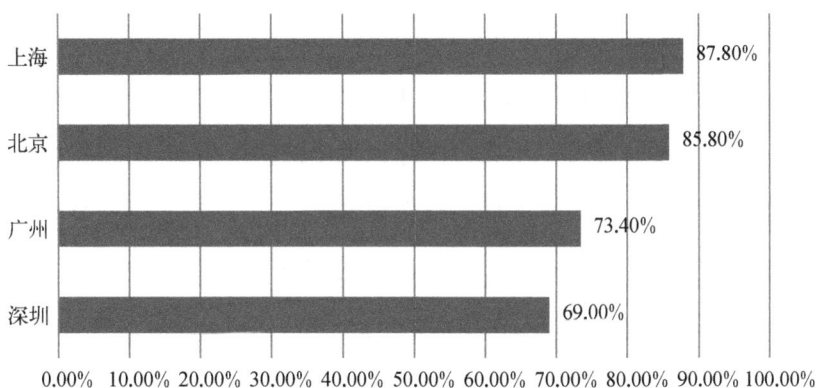

图 3-55 4 个城市机场旅客吞吐量指标得分率比较

通过 2024 年和 2023 年比较来看,北京的机场旅客吞吐量指标得分率提高幅度较大,广州的机场旅客吞吐量指标得分率降低幅度较大,上海和深圳的变化不大。就 4 个城市在该指标得分率的排名来看,上海和深圳没变,分列第一和第四位;北京上升至第二位,广州下降至第三位,见表 3-44。

表 3-44 2023 年和 2024 年 4 个城市机场旅客吞吐量指标得分率比较

城市	2023 年	2024 年	变　　化
深圳	70.60%	69.00%	→
广州	82.00%	73.40%	↓1

续　表

城市	2023 年	2024 年	变　化
北京	74.20%	85.80%	↑1
上海	89.00%	87.80%	→

注:→代表位次没有变化,↑代表位次上升,↓代表位次下降,后面的数字代表上升或下降的位次数量。

33. 国际航班通达数指标

所谓国际航班通达数,是指一个城市机场国际航班进出数量的总和。国际航班通达数是衡量一个城市国际化程度的典型指标,而国际化程度是城市发展潜力中最具代表性的核心要素之一。一般而言,一个城市与其他国家和地区国际航班通达数量越多,表明该城市国际化程度越高,入境旅游发展潜力越大;反之,则国际化程度较低,入境旅游发展潜力较小。

从国际航班通达数指标得分率高低看,依次为北京、上海、广州、深圳,得分率分别为 87.80%、81.60%、76.80%、69.00%。北京和上海作为国际性大都市,在国际航班通达数量方面优势明显,为入境旅游发展提供了坚实基础。相比较来看,广州和深圳在该指标方面还有待加强,见图 3-56。

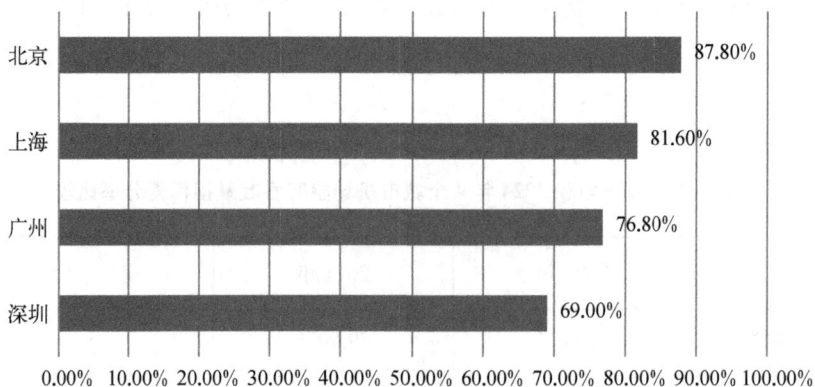

图 3-56　4 个城市国际航班通达数指标得分率比较

通过 2024 年和 2023 年比较来看,4 个城市在国际航班通达数指标上的得分率整体变化不大,北京和上海持续体现了其作为国际性大都市的独特优势。就 4 个城市在该指标得分率排名来看,均未发生变化,见表 3－45。

表 3－45　2023 年和 2024 年 4 个城市国际航班通达数指标得分率比较

城市	2023 年	2024 年	变　化
深圳	70.60％	69.00％	→
广州	76.20％	76.80％	→
上海	84.60％	81.60％	→
北京	89.00％	87.80％	→

注:→代表位次没有变化,↑代表位次上升,↓代表位次下降,后面的数字代表上升或下降的位次数量。

34. 百度人气指数指标

百度人气指数是以百度网页搜索和百度新闻搜索为基础的海量数据分析服务,通过"城市名称＋旅游"的百度人气指数搜索,可以在一定程度上反映 4 座城市在过去一段时间里所获得的国内旅游市场游客关注度和媒体关注度。

从百度人气指数指标得分率高低看,依次为北京、上海、广州、深圳,得分率分别为 87.80％、87.20％、69.60％、69.00％。显而易见,北京和上海以绝对的领先优势处于较高发展水平,充分体现了国内旅游市场和媒体对两大城市的关注度。广州和深圳在城市旅游品牌营销方面还需要持续加大力度,见图 3－57。

通过 2024 年和 2023 年比较来看,北京在百度人气指数指标方面的得分率提高明显,相对而言,上海、广州和深圳的得分率比较稳定。就 4 个城市在百度人气指数指标得分率排名来看,北京和上海位次互换,分列第一和第二位;广州和深圳位次互换,分列第三和第四位,见表 3－46。

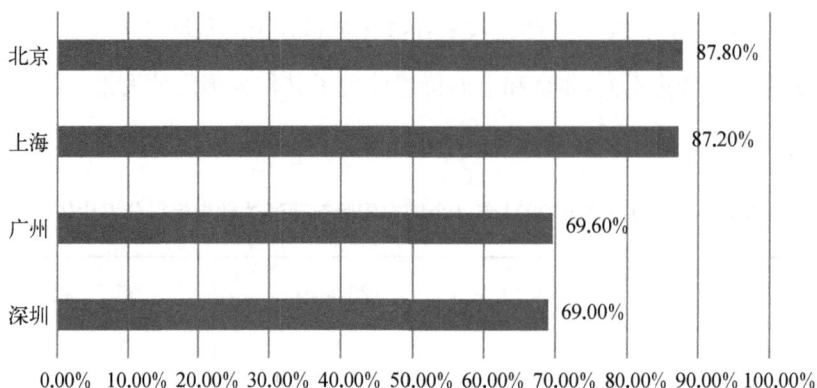

图 3-57　4 个城市百度人气指标得分率比较

表 3-46　**2023 年和 2024 年 4 个城市百度人气指数指标得分率比较**

城市	2023 年	2024 年	变　　化
深圳	71.40％	69.00％	↓1
广州	70.60％	69.60％	↑1
上海	89.00％	87.20％	↓1
北京	78.00％	87.80％	↑1

注：→代表位次没有变化,↑代表位次上升,↓代表位次下降,后面的数字代表上升或下降的位次数量。

35. 谷歌搜索量指标

谷歌作为全球最重要的搜索引擎之一,通过观察"城市英文名称＋travel"的谷歌搜索热度,大致可以在一定程度上判断一个城市在国际市场上的品牌传播热度。

从谷歌搜索量指标得分率高低看,依次为深圳、广州、上海、北京,得分率分别为 87.80％、77.40％、69.60％、69.00％。得分率整体上不高,尤其北京、上海和广州,反映了国内城市在国际传播渠道和方式方法上还需要不断创新,深入思考如何向国际社会讲好中国故事,见图 3-58。

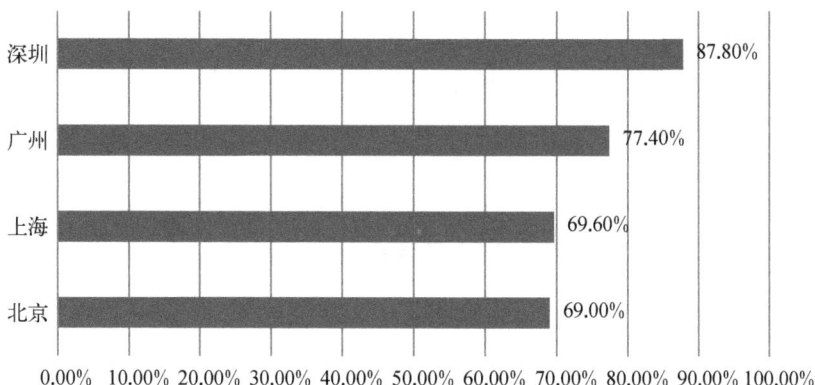

图 3-58　4 个城市谷歌搜索量指标得分率比较

通过 2024 年和 2023 年比较来看,除广州外,北京、上海和深圳 3 个城市在谷歌搜索量指标方面的得分率变化较大,需要引起关注,深入分析背后的原因,有效创新载体,持续向国际社会传播中国好故事。就 4 个城市在该指标得分率的排名来看,深圳由末位上升至首位,广州上升一位居于第二,上海和北京各降两位,分列第三和第四位,见表 3-47。

表 3-47　2023 年和 2024 年 4 个城市谷歌搜索量指标得分率比较

城市	2023 年	2024 年	变　　化
北京	85.60%	69.00%	↓2
上海	89.00%	69.60%	↓2
广州	71.00%	77.40%	↑1
深圳	70.60%	87.80%	↑3

注:→代表位次没有变化,↑代表位次上升,↓代表位次下降,后面的数字代表上升或下降的位次数量。

36. 正面新闻报道数指标

所谓正面新闻报道,是指新闻媒体倡导某种现象、观点或事件,以保持一定的社会道德水平和社会秩序。通过正面新闻报道数量的高低,从一个侧面用以衡量4个城市旅游品牌市场形象的传播情况。关于城市正面新闻报道数量越多,一定程度上说明城市品牌形象的正面传播效果越好。

从正面新闻报道数指标得分率高低看,依次为北京、上海、深圳、广州,得分率分别为87.80%、85.60%、70.40%、69.00%。北京和上海以较高的得分率展现了其良好的城市品牌形象。相比较而言,深圳和广州还有一定的差距,需要继续提升,见图3-59。

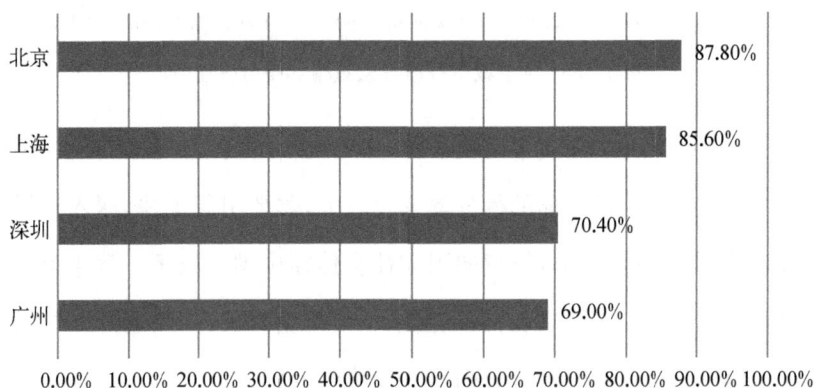

图3-59　4个城市正面新闻报道数指标得分率比较

通过2024年和2023年比较来看,4个城市在正面新闻报道数指标上的得分率整体变化不大,反映了4个城市旅游品牌市场正面形象传播情况的稳定性,也说明了一个城市形象塑造的周期性长的基本特征,需要持续投入,久久为功。就4个城市在该指标得分率排名来看,也没有变化,见表3-48。

表3-48　2023年和2024年4个城市正面新闻报道数指标得分率比较

城市	2023年	2024年	变　化
广州	70.60%	69.00%	→
深圳	72.00%	70.40%	→

续　表

城市	2023 年	2024 年	变　化
上海	82.00％	85.60％	→
北京	89.00％	87.80％	→

注：→代表位次没有变化，↑代表位次上升，↓代表位次下降，后面的数字代表上升或下降的位次数量。

37. 负面新闻报道数指标

所谓负面新闻报道，是指新闻媒体对某一现象、行为进行揭露和批判，引发人们的深入思考。通过负面新闻报道数量高低，用以测量 4 个城市旅游品牌形象的负面传播情况。这里的负面新闻报道数，是作为评价的负向指标。指标得分越高，代表媒体对该城市的负面报道数量越少，对城市品牌形象的负面影响力越低；反之，则对城市品牌形象的负面影响力越大。

从负面新闻报道数指标得分率高低看，依次为广州、深圳、上海、北京，得分率分别为 87.80％、87.60％、75.60％、69.00％。这反映出上海和北京在获得国内外市场和媒体高度关注的同时，也容易暴露出存在的一些薄弱环节，需要引起重视和改善，见图 3 - 60。

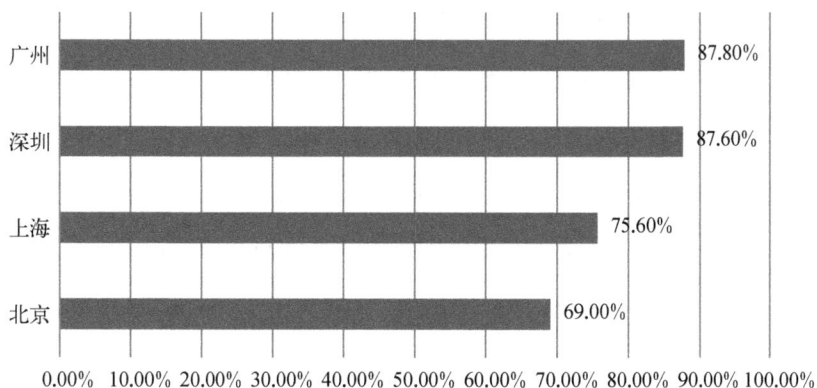

图 3 - 60　4 个城市负面新闻报道数指标得分率比较

通过 2024 年和 2023 年比较来看,4 个城市在负面新闻报道数指标上的得分率整体变化不大,对照 4 个城市在正面新闻报道数指标上的得分率情况,再次印证了一个城市形象塑造的周期性长的基本特征,需要持续关注和改善。就 4 个城市在该指标得分率排名来看,也没有变化,见表 3－49。

表 3－49　2023 年和 2024 年 4 个城市负面新闻报道数指标得分率比较

城市	2023 年	2024 年	变　　化
北京	70.60％	69.00％	→
上海	77.60％	75.60％	→
深圳	87.20％	87.60％	→
广州	89.00％	87.80％	→

注:→代表位次没有变化,↑代表位次上升,↓代表位次下降,后面的数字代表上升或下降的位次数量。

38. 社交媒体粉丝数指标

社交媒体粉丝数主要包括微博和抖音两部分内容。近年来,微博、抖音成为网民传递信息、表达情感、记录生活的重要手段,因而其粉丝量、点赞数等成为衡量网络宣传效果的重要指标。与此同时,微博、抖音等平台数据也是城市信息化传播的统计量和网民认可度指标,对促进城市名片的虚拟 IP 打造、数据信息的网络增值、城市特色的推广具有重要的现实意义。利用社交媒体粉丝进行宣传是当代一种新颖的营销方式和网络途径,可以有效提升和扩大城市旅游的品牌知名度与品牌影响力。

从社交媒体粉丝指标得分率高低看,依次为上海、深圳、北京、广州,得分率分别为 87.80％、77.00％、76.80％、69.00％。上海以绝对的得分率优势占据第一位,充分反映了上海更加注重利用社交媒体粉丝进行宣传,并取得了较好的效果。相比较而言,北京、广州和深圳在社交媒体粉丝数还需要进一步加强,见图 3-61。

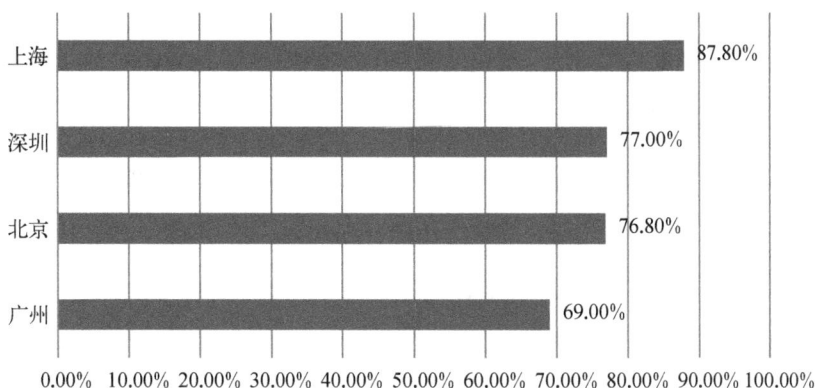

图 3-61　4 个城市社交媒体粉丝数指标得分率比较

通过 2024 年和 2023 年比较来看,4 个城市在社交媒体粉丝数指标方面的得分率整体变化不大。值得指出的是,上海依旧以绝对的领先优势领跑在该指标上的表现,从另一个侧面也反映了上海在社交媒体平台建设和内容制作上的不断创新,才能集聚大规模和高质量的粉丝群体,为上海旅游品牌宣传提供了很好的支撑。就 4 个城市在该指标得分率排名来看,没有发生变化,见表 3-50。

表 3-50　2023 年和 2024 年 4 个城市社交媒体粉丝数指标得分率比较

城市	2023 年	2024 年	变　化
广州	70.60％	69.00％	→
北京	74.60％	76.80％	→
深圳	78.40％	77.00％	→
上海	89.00％	87.80％	→

注:→代表位次没有变化,↑代表位次上升,↓代表位次下降,后面的数字代表上升或下降的位次数量。

39. 博文点赞数指标

博文点赞数是目前比较公认的衡量城市旅游品牌在网络上宣传推广效果的一个标准。博文点赞数越多,就表示该公众号所刊发的有关该城市旅游宣传内容越受欢迎,也说明公众对该城市旅游品牌的关注度越高;反之,则关注度越低。

从博文点赞数指标得分率高低看,依次为深圳、上海、北京、广州,得分率分别为 87.80%、84.00%、75.20%、69.00%。不难发现,深圳和上海在博文点赞数指标上的表现明显优于北京和广州,反映了在过去一个年度这两个城市更加注重博文内容质量的提升,进而获得越来越多的关注和认可,见图 3-62。

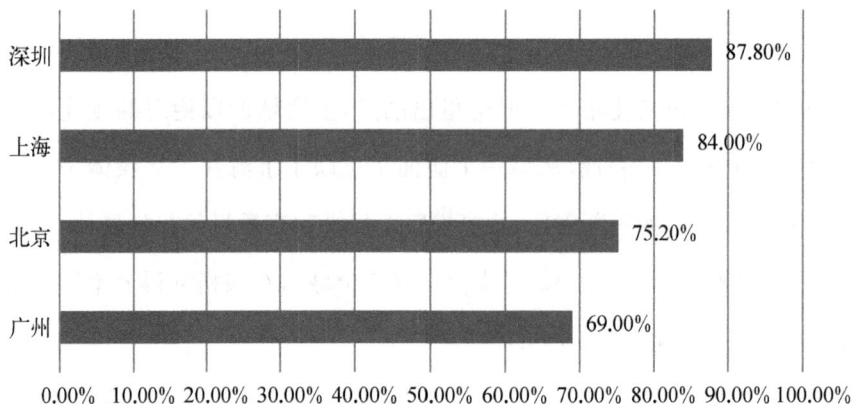

图 3-62 4 个城市博文点赞数指标得分率比较

通过 2024 年和 2023 年比较来看,上海和北京在博文点赞数指标得分率方面取得明显的进步,均提高近 5 个百分点,充分反映了两个城市在该指标建设方面的投入成效。就 4 个城市在该指标得分率排名来看,深圳和上海没有变化,依旧分列第一和第二位。北京取代广州上升至第三位,广州降至第四位。进一步与 4 个城市拥有的社交媒体粉丝数比较来看,上海和北京在提高粉丝互动方面还有进一步提升的空间,见表 3-51。

表 3-51 2023 年和 2024 年 4 个城市博文点赞数指标得分率比较

城市	2023 年	2024 年	变 化
广州	74.00%	69.00%	↓1
北京	70.60%	75.20%	↑1
上海	79.80%	84.00%	→
深圳	89.00%	87.80%	→

注:→代表位次没有变化,↑代表位次上升,↓代表位次下降,后面的数字代表上升或下降的位次数量。

40. 博文转发量指标

对一个城市而言,依托有关社交媒体,发布旅游博文的数量或转发量越高,说明公众对该城市旅游品牌的关注度越高;反之,则越低。比如上海文旅局以"乐游上海"为统一官方用户名,在新浪微博、腾讯微博、新民网微博、天涯论坛、微信等多个新媒体平台同步宣推信息,进行新媒体推广,品牌传播效果显著。

从 4 座城市博文转发量指标得分率高低看,依次为北京、上海、深圳、广州,得分率分别为 87.80%、82.00%、69.60%、69.00%。显而易见,北京和上海以明显的得分率优势处于较高的发展水平,深圳和广州略显薄弱,这反映了在流量时代,各大城市利用新媒体进行营销的竞争越来越激烈,呈现出你追我赶的发展态势,见图 3-63。

通过 2024 年和 2023 年比较来看,4 个城市在博文转发量指标得分率方面的变化整体上比较明显,相对而言,上海的得分率变化幅度最小,说明上海在博文转发量指标上的表现整体更为稳定。就 4 个城市在该指标

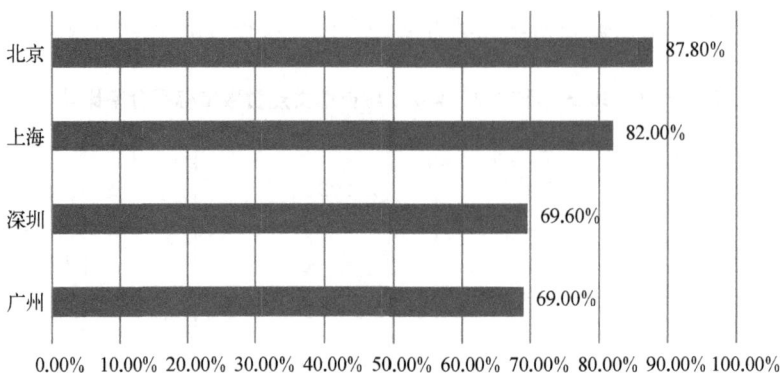

图 3-63　4 个城市博文转发量指标得分率比较

得分率排名来看,北京跃升至第一位,上海上升一位,排在第二位,深圳和
广州分列第三和第四位,见表 3-52。

表 3-52　2023 年和 2024 年 4 个城市博文转发量指标得分率比较

城市	2023 年	2024 年	变　化
广州	89.00％	69.00％	↓3
深圳	88.20％	69.60％	↓1
上海	85.40％	82.00％	↑1
北京	70.60％	87.80％	↑3

注:→代表位次没有变化,↑代表位次上升,↓代表位次下降,后面的数字代表上升或下降的
位次数量。

41. 正面口碑指标

正面口碑主要表现为消费者称赞企业或产品及传播满意的消费经验
的行为。因此,正面口碑指标得分率越高,表明游客对该城市旅游产品、
服务及传播满意的程度越高,反之亦然。

从正面口碑指标得分率高低看,依次为北京、深圳、广州、上海,得分
率分别为 86.20％、85.00％、83.80％、69.00％。横向比较来看,北京、深圳

和广州 3 个城市的得分率都在 80.00％以上,显示了较高的发展水平。相比较而言,上海的得分率较低,暴露了上海在正面口碑宣传上还存在薄弱环节,需要深入分析原因,有效应对,见图 3－64。

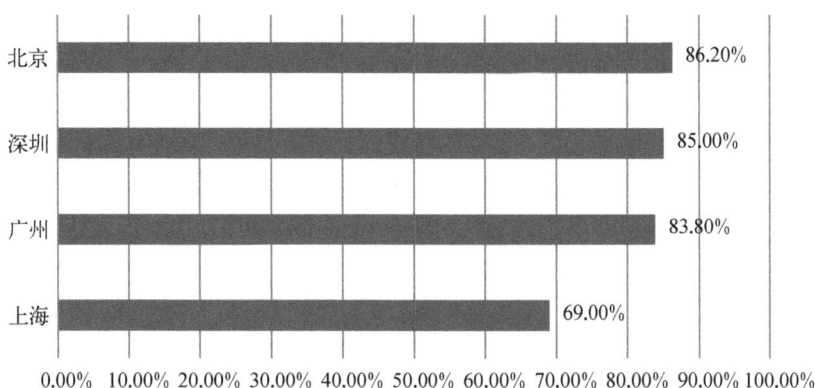

图 3－64 4 个城市正面口碑指标得分率比较

通过 2024 年和 2023 年比较来看,北京、深圳和广州 3 个城市的得分率持续保持在 80.00％以上,且上下波动不大。值得注意的是,上海在正面口碑指标得分率上降低近 10 个百分点,且与其他 3 个城市之间的差距明显扩大,需要高度关注并针对性施策。就 4 个城市在该指标得分率排名来看,北京取代深圳上升至第一位,深圳紧随其后,广州和上海依旧分列第三和第四位,见表 3－53。

表 3－53 2023 年和 2024 年 4 个城市正面口碑指标得分率比较

城市	2023 年	2024 年	变 化
上海	80.20％	69.00％	→
广州	83.00％	83.80％	→
深圳	84.40％	85.00％	↓1
北京	83.60％	86.20％	↑1

注:→代表位次没有变化,↑代表位次上升,↓代表位次下降,后面的数字代表上升或下降的位次数量。

42. 负面口碑指标

负面口碑是对产品或服务的负面评价信息,该类信息的传播会造成劝说他人避免购买该产品或服务的负面效应。这里需要说明的是,负面口碑属于负向指标,已进行过处理,得分率越高代表负面口碑影响越小。

从负面口碑指标得分率高低看,依次为广州、上海、深圳、北京,得分率分别为 87.80%、86.40%、73.20%、69.00%。整体来看,广州和上海在负面口碑指标上具有一定的优势,应继续保持。相比较而言,深圳和北京在该指标方面需要进一步改善,见图 3-65。

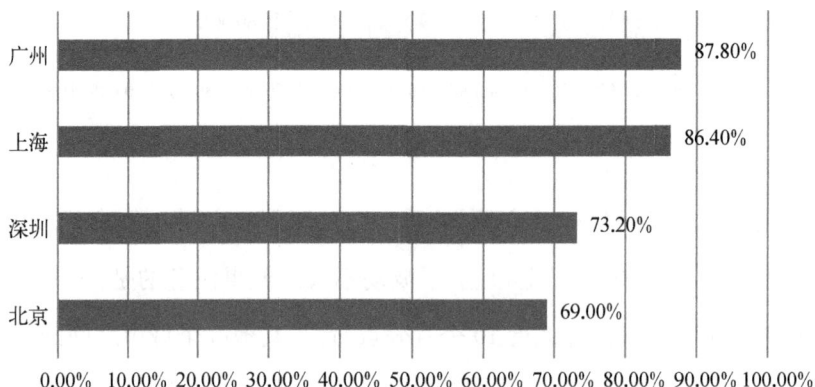

图 3-65 4 个城市负面口碑指标得分率比较

通过 2024 年和 2023 年比较来看,上海和深圳在负面口碑指标方面的得分率整体上变化不大,北京出现明显的下降,广州则提高近 10 个百分点。进一步与 4 个城市的正面口碑得分率比较可以发现,正面口碑表现良好的城市在负面口碑方面往往表现不甚理想。反映了城市旅游在获得市场高度关注的同时,也更容易暴露自身存在的薄弱环节,既需要加强优势,也需要弥补短板。就 4 个城市在该指标得分率排名来看,广州跃升至第一位,上海下降一位,排在第二位,深圳上升至第三位,北京由第二位降至第四位,见表 3-54。

表 3-54 2023 年和 2024 年 4 个城市负面口碑指标得分率比较

城市	2023 年	2024 年	变 化
北京	83.60%	69.00%	↓2
深圳	70.60%	73.20%	↑1
上海	89.00%	86.40%	↓1
广州	77.20%	87.80%	↑2

注:→代表位次没有变化,↑代表位次上升,↓代表位次下降,后面的数字代表上升或下降的位次数量。

43. 城市声誉指标

所谓城市声誉,主要是指社会大众和各类利益相关者对城市构成要素的综合性评价,重在美誉度和信任度。城市声誉是衡量城市软硬环境的重要指标,是对城市品牌形象的综合认证。该指标由 GaWC 全球城市分级排名、全球金融中心指数和世界城市 500 强排名等 3 个指标的评价值综合构成。从 3 个指标的评价排名中大致可以观察到北京、上海、广州和深圳 4 个城市在国际市场中的基本位置。

根据北京、上海、广州和深圳等 4 个城市在 3 个国际排名中的评价值,经过综合计算后,形成 4 个城市关于城市声誉指标的得分率,依次为上海、北京、深圳和广州。其中,上海最高,得分率为 87.80%,北京次之,得分率为 86.00%,深圳排在第三,得分率为 69.80%,广州最低,得分率仅 69.00%。可见在城市声誉指标方面,上海和北京的优势较为明显,广州和深圳略低,见图 3-66。

通过 2024 年和 2023 年比较来看,4 个城市在城市声誉指标上的得分率整体变化不大,上海和北京持续维持在 80.00% 以上,深圳和广州在 70.00% 上下浮动。这也反映了城市声誉是一个城市综合实力的表现,需要长期沉淀。就 4 个城市在该指标得分率排名来看,上海取代北京升至第一位,深圳取代广州升至第三位,见表 3-55。

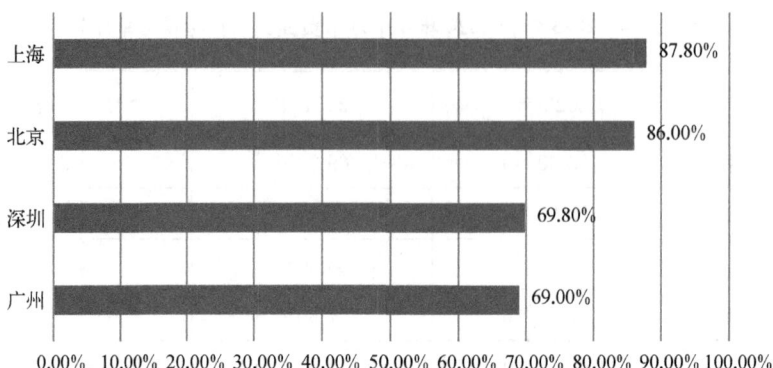

图 3-66　4 个城市城市声誉指标得分率比较

表 3-55　2023 年和 2024 年 4 个城市城市声誉指标得分率比较

城市	2023 年	2024 年	变　　化
广州	73.80％	69.00％	↓1
深圳	70.60％	69.80％	↑1
北京	89.00％	86.00％	↓1
上海	88.20％	87.80％	↑1

注:→代表位次没有变化,↑代表位次上升,↓代表位次下降,后面的数字代表上升或下降的位次数量。

44. 持续关注度指标

这里的持续关注度可以理解为城市旅游品牌在一段时间内受到游客的持续关注和关心,这种关注度不仅仅是基于短暂的兴趣或新鲜感,而是能够持续地吸引游客的注意力,并使他们愿意为之付出时间、精力或资源。

从持续关注度指标得分率高低看,依次为北京、深圳、广州、上海,得分率分别为85.60％、85.40％、84.20％、83.20％。就整体而言,4 个城市的持续关注度指标得分率均处在较高的发展水平,且差异不大。这反映了游客市场对一线城市旅游的普遍认可和关注。但相比较来看,上海在该指标方面的表现略显不足,需要对标世界著名旅游城市建设目标和要求,进一步分析原因,针对性施策以加强和改善,见图 3-67。

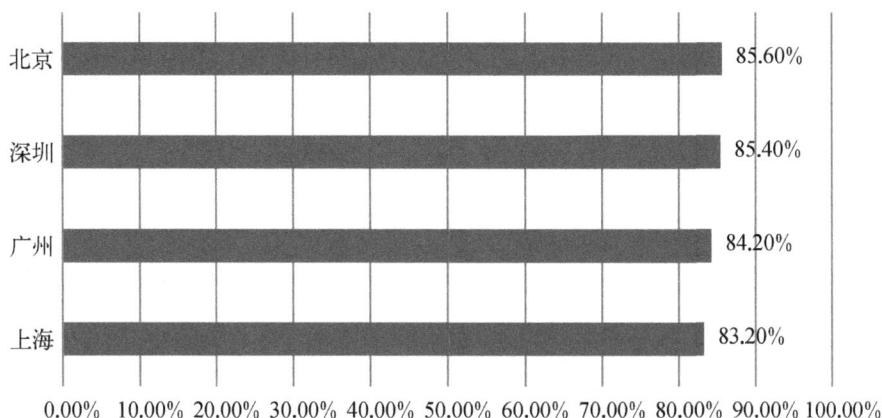

图 3-67 4个城市持续关注度指标得分率比较

通过 2024 年和 2023 年比较来看,4 个城市在持续关注度指标上的得分率整体变化不大,且首尾城市得分率之间的差距在缩小,总体上反映了游客市场对 4 个一线城市旅游产品和服务的持续性认可。就 4 个城市在该指标得分率排名来看,也没有发生变化,排名依旧是北京、深圳、广州和上海,见表 3-56。

表 3-56 2023 年和 2024 年 4 个城市持续关注度指标得分率比较

城市	2023 年	2024 年	变　　化
上海	84.60％	83.20％	→
广州	85.00％	84.20％	→
深圳	87.40％	85.40％	→
北京	87.60％	85.60％	→

注:→代表位次没有变化,↑代表位次上升,↓代表位次下降,后面的数字代表上升或下降的位次数量。

45. 认同度指标

这里的认同度是指,游客对于某一城市的旅游形象、特色和价值的认知和接受程度。这种认同可能基于多种因素,如城市的自然风光、历史文化、人文风情、旅游设施和服务等。因此,游客对城市旅游品牌的认同度是一个相对主观的概念,不同的游客可能会因为不同的背景和兴趣而对同一城市产生不同程度的认同。

从认同度指标得分率高低看,依次为北京、深圳、广州、上海,得分率分别为83.80%、83.20%、82.60%、81.00%。就整体而言,游客对4个城市旅游品牌的认同度比较接近,且处在较高的发展水平,这彰显了4个一线城市的综合实力。但相比较来看,上海还有进一步提升的空间,需要持续发力,见图3-68。

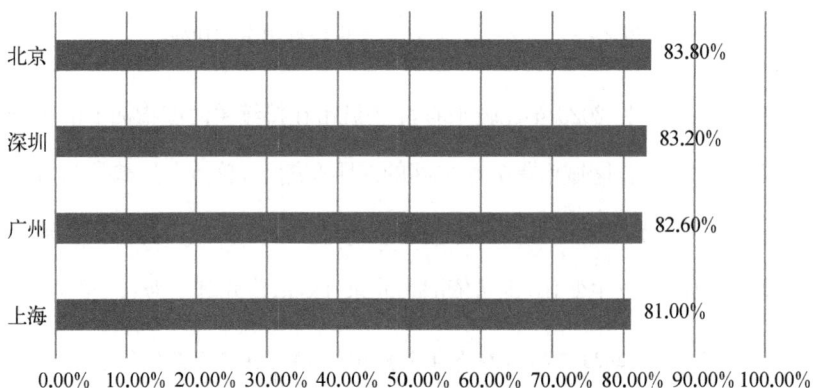

图3-68 4个城市认同度指标得分率比较

通过2024年和2023年比较来看,北京和深圳在认同度指标上的得分率略有提高,整体表现更加突出。值得注意的是,广州和上海得分率的绝对值虽然没有变化,但与北京和深圳的得分率差距在扩大,需要警惕并施策改进。就4个城市在该指标得分率排名来看,北京表现更为优秀,由第三上升至第一位,深圳和广州各下降一位,排在第二和第三位,上海的排名没有变化,见表3-57。

表 3-57 2023 年和 2024 年 4 个城市认同度指标得分率比较

城市	2023 年	2024 年	变 化
上海	81.00%	81.00%	→
广州	82.60%	82.60%	↓1
深圳	82.60%	83.20%	↓1
北京	81.80%	83.80%	↑2

注：→代表位次没有变化，↑代表位次上升，↓代表位次下降，后面的数字代表上升或下降的位次数量。

46. 重游指标

重游指标是衡量旅游业发展质量的关键指标,主要通过测量旅游者的重复游览行为来衡量。这一指标反映了特定时间段内游客对某一旅游目的地的忠诚度和满意度。

从重游指标得分率高低看,广州最高,得分率为 87.40%,北京位列第二,得分率为 87.00%,广州以 86.80% 排在第三位,上海排在末位,得分率为 85.20%。4 个城市之间的得分率虽然差异不大,但上海相对较低,仍有进一步提升的空间,需要在产品和服务创新方面加大投入,以常来常新的面貌迎接四方宾朋,见图 3-69。

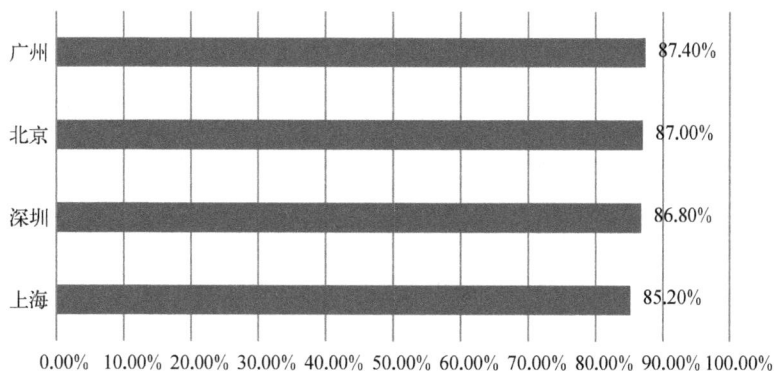

图 3-69 4 个城市重游指标得分率比较

通过 2024 年和 2023 年比较来看,4 个城市在重游指标方面的得分率整体上变化不大,但首尾城市之间的得分率差距存在扩大的趋势,值得上海和深圳密切关注,谨防差距进一步拉大。就 4 个城市在该指标得分率排名来看,广州和北京各上升一位,排在第一和第二位,深圳下降两位,排在第三位,上海依旧排在末位,见表 3-58。

表 3-58 2023 年和 2024 年 4 个城市重游指标得分率比较

城市	2023 年	2024 年	变 化
上海	86.00%	85.20%	→
深圳	87.20%	86.80%	↓2
北京	86.80%	87.00%	↑1
广州	86.80%	87.40%	↑1

注:→代表位次没有变化,↑代表位次上升,↓代表位次下降,后面的数字代表上升或下降的位次数量。

47. 推荐他人指标

这里的推荐他人指标是衡量城市旅游目的地吸引力和口碑的重要指标,主要通过测量游客向他人推荐该城市旅游目的地的意愿和行为来衡量。这一指标反映了游客对该城市旅游体验的满意度和信任度。

从推荐他人指标得分率高低看,依次为北京、广州、深圳、上海,得分率分别为 84.80%、83.60%、81.80%、79.60%。显而易见,北京、广州和深圳的得分率均高于 80.00%,处在较高的发展水平,通过口碑效应的发挥有利于市场的开拓。相比较来看,上海略低,反映了上海在城市旅游目的地吸引力和口碑宣传方面还需要进一步加强,见图 3-70。

通过 2024 年和 2023 年比较来看,北京和广州在推荐他人指标方面的得分率略有提高,深圳和上海的得分率则略有下降,造成首尾城市之间

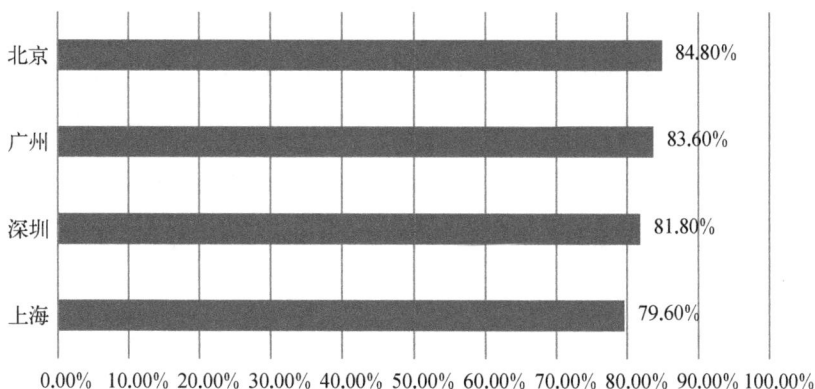

图 3-70 4个城市推荐他人指标得分率比较

的得分率差距略有扩大,值得关注和重视。就4个城市在该指标得分率排名来看,北京和广州各上升一位,分列第一和第二位,深圳下降两位,排在第三,上海暂列第四位,见表3-59。

表 3-59 2023 年和 2024 年 4 个城市推荐他人指标得分率比较

城市	2023 年	2024 年	变　　化
上海	81.20％	79.60％	→
深圳	84.00％	81.80％	↓2
广州	82.40％	83.60％	↑1
北京	83.80％	84.80％	↑1

注:→代表位次没有变化,↑代表位次上升,↓代表位次下降,后面的数字代表上升或下降的位次数量。

48. 溢价游玩指标

溢价游玩指标是衡量旅游目的地或产品高端化和品质化程度的重要指标,主要通过测量游客愿意为高品质旅游体验支付的额外费用来衡量。这一指标反映了游客对旅游体验的价值认知和消费意愿。

从溢价游玩指标得分率高低看,依次为北京、深圳、广州、上海,得分率分别为 74.00％、72.40％、70.20％、69.00％。整体来看,4 个城市的溢价游玩指标都不高,反映了一线城市的整体消费水平比较高;横向比较来看,上海在该指标的得分率最低,说明游客对在上海旅游体验的价值认知和消费意愿还比较低,后续需要在提供产品与服务的性价比上进一步改善,见图 3－71。

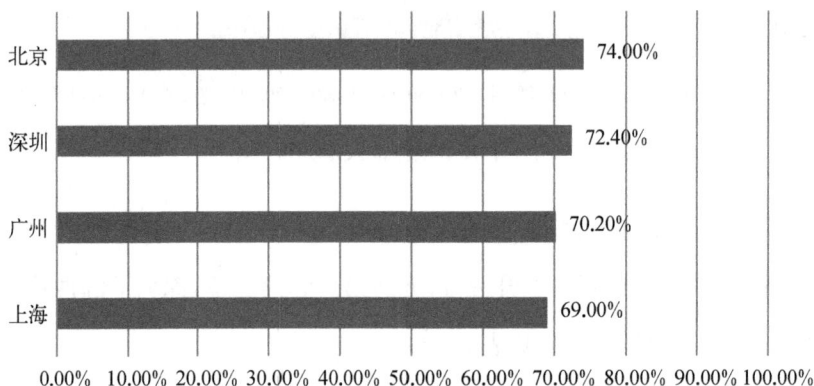

图 3－71 4 个城市溢价游玩指标得分率比较

通过 2024 年和 2023 年比较来看,4 个城市溢价游玩指标得分率依旧维持在较低水平,反映了游客市场对一线城市整体消费水平"望而却步"的心理状态。就 4 个城市在该三级指标上的得分率排序来看,上海维持不变,北京由第三位上升至第一位,深圳和广州分别由第一、第二降至第二和第三位。反映了北京过去一年在旅游产品和服务的性价比方面所做出的努力得到了市场的良好反馈,见表 3－60。

表 3－60 2023 年和 2024 年 4 个城市溢价游玩指标得分率比较

城市	2023 年	2024 年	排名变化
上海	70.60％	69.00％	→
广州	71.40％	70.20％	↓1

续　表

城市	2023 年	2024 年	排名变化
深圳	73.00%	72.40%	↓1
北京	71.00%	74.00%	↑2

注：→代表位次没有变化,↑代表位次上升,↓代表位次下降,后面的数字代表上升或下降的位次数量。

四、上海与纽约比较

"上海旅游"品牌评价之所以对标纽约,主要基于上海建设世界著名旅游城市的目标,通过与纽约进行关键指标的对比,找出差距和不足,为进一步提升"上海旅游"品牌的国际影响力问诊寻策。纽约是美国最大城市和第一大港,也是世界最为著名的旅游城市,"I love New York"和"Welcome to New York"等品牌口号深入人心,曼哈顿、百老汇、自由女神像和华尔街等景点享誉世界。纽约还是美国文化、艺术、音乐和出版中心,有众多的博物馆、美术馆、图书馆、科学研究机构和艺术中心,美国人经常直呼纽约市为"The City"。上海、纽约,这两个经常被同时提及的城市,一个是东方大国的开放窗口,一个是西方老牌世界金融中心。两个城市虽然地处东西半球,却有着很多相似的地方,摩天大楼林立的天际线,一条河流穿城而过,外滩 VS 华尔街、陆家嘴 VS 曼哈顿、人民广场 VS 时代广场、南京路 VS 第五大道。

在进行"上海旅游"品牌发展指数测算时,城市声誉、航空吞吐量和国际航班通达数 3 个指标三级指标通过与纽约对照,并参考问卷指标得分的均值、最大值和最小值进行无量纲化处理。

从权威城市排名来看,上海与纽约也存在一定差距。本指标体系选取了 GaWC 全球城市分级排名[①]、全球金融中心指数[②]、国际航运中心发展指数[③]和世界城市 500 强排名[④]4 个权威城市排名榜单,综合比较上海和纽约的城市品牌。可以发现,上海在国际航运中心发展指数排名第 3,优于纽约。而在 GaWC 全球城市分级排名、全球金融中心指数和世界城市 500 强排名等排名上,虽然均挤进了前 10,但与纽约仍有相当大的差距,见表 3-61。

表 3-61　上海和纽约权威城市榜单排名(2023 年)

	GaWC 全球城市分级排名	全球金融中心指数	国际航运中心发展指数	世界城市 500 强排名
上海	7	6	3	8
纽约	1	1	10	1
北京	8	8	——	9
广州	49	23	13	26
深圳	38	14	17	29

参考文献:

[1] 胡洪基,郭英之,甘柠瑜,等.主题公园品牌体验影响因素与精准施策研究[J].中

---

① GaWC 全球城市分级排名是"Globalization and World Cities Research Network"的简称,中文一般翻译为"全球化与世界城市研究网络",于 20 世纪 90 年代后期创建于英国的拉夫堡大学地理系,被誉为全球最权威的城市评级机构,Gawc 排名重点不在于城市的规模,而在于勾勒它们与全球的联系,评价它们在全球城市网络中的"节点"作用。
② "全球金融中心指数"(Global Financial Centers Index,GFCI)是全球最具权威的国际金融中心地位的指标指数。由英国智库 Z/Yen 集团和中国(深圳)综合开发研究院共同编制。2007 年 3 月开始,该指数开始对全球范围内的 46 个金融中心进行评价,并于每年 3 月和 9 月定期更新以显示金融中心竞争力的变化。该指数着重关注各金融中心的市场灵活度、适应性以及发展潜力等方面。全球金融中心指数的评价体系涵盖了营商环境、金融体系、基础设施、人力资本、声誉及综合因素等五大指标。
③ "新华·波罗的海国际航运中心发展指数"由新华社中国经济信息社联合波罗的海交易所编制,该指数自 2014 年首次向全球推出以来,至今已连续第 8 期发布,包含 3 个一级指标,16 个二级指标,从港口条件、航运服务和综合环境三个维度对全球 43 个样本城市的阶段性综合实力予以评估。
④ 由全球城市实验室发布,榜单从经济、文化、治理、环境、人才和声誉等六个维度综合计算出各国主要城市的品牌价值。

国软科学,2021(S1)：314－323.

［2］沈雨婕,王媛,许鑫,等.华亭初见记：文化记忆视角下的上海旅游形象感知[J].图书馆论坛,2020,40(10)：59－65.

［3］张凌云.景区门票价格与门票经济问题的反思[J].旅游学刊,2019,34(7)：17－24.

［4］张红梅.特色旅游目的地品牌形象影响机制与综合评价研究[D].合肥：合肥工业大学,2019.

［5］庄国栋.国际旅游城市品牌竞争力研究[D].北京：北京交通大学,2018.

［6］吴开军.中国大陆省域旅游目的地品牌竞争力研究——基于可视的世界级和国家级景区品牌视角[J].经济管理,2016,38(6)：154－165.

［7］张宏梅,张文静,王进,等.基于旅游者视角的目的地品牌权益测量模型：以皖南国际旅游区为例[J].旅游科学,2013,27(1)：52－63.

［8］宋子斌,安应民,郑佩.旅游目的地形象之IPA分析——以西安居民对海南旅游目的地形象感知为例[J].旅游学刊,2006(10)：26－32.

［9］邵炜钦.旅游目的地游客忠诚机制模式构建[J].旅游科学,2005(03)：44－47＋69.

［10］卢泰宏.品牌资产评估的模型与方法[J].中山大学学报(社会科学版),2002(3)：88－96.

［11］黄震方,李想.旅游目的地形象的认知与推广模式[J].旅游学刊,2002(3)：65－70.

第四章 结论与建议

第一节 研究结论

本报告围绕"十四五"时期,上海建设都市旅游首选城市,建设国际旅游开放枢纽,建设亚太旅游投资门户,建设国际数字旅游之都的总体发展目标,结合加强文旅商体展深度融合、提升城市软实力的发展实际,构建了包括品牌形象、品牌质量、品牌竞争力、品牌传播和品牌忠诚5个维度,共计48个三级指标的评价体系,遵循自我审视和横向比较的评价思路,通过获取公开出版的国家和地方统计年鉴、第三方平台数据和问卷调查等多源数据,对2024年"上海旅游"品牌发展水平进行了综合测度。主要结论如下。

一、综合评价

经综合计算,2024年"上海旅游"品牌发展指数分值为81.70分(满分100分),在百分制等级划分中仍处于"好"(80~100分)的发展等级。虽然在得分上比2023年的82.03分略有回落,但整体上延续了良好的发展态势。这表明"上海旅游"品牌的建设在持续发力,建设成效也在逐渐显现。

二、分类评价

1. 品牌形象

品牌形象主要反映"上海旅游"品牌的形象要素集合体、城市发展适配度和游客心理图式,由品牌要素、城市形象和旅游形象 3 个二级指标组成,共计 9 个三级指标。评价值为 79.79 分。

2. 品牌质量

品牌质量主要反映"上海旅游"品牌的实际质量、体验质量和无形质量,由旅游要素质量、基础设施质量和旅游服务质量 3 个二级指标组成,共计 8 个三级指标。评价值为 82.00 分。

3. 品牌竞争力

品牌竞争力主要反映"上海旅游"品牌的核心竞争力、辐射竞争力、潜在竞争力的现实状态,由品牌活力、品牌吸引力和品牌潜力 3 个二级指标,共计 16 个三级指标。评价值为 83.32 分。

4. 品牌传播

品牌传播主要反映"上海旅游"品牌的媒体传播反响度、社会公众认知度和品牌口碑塑造度三方面内容,由媒体传播度、关注度和品牌口碑 3 个二级指标组成,共计 10 个三级指标。评价值为 81.61 分。

5. 品牌忠诚

品牌忠诚主要反映"上海旅游"品牌的游客满意度、情感依赖性和价值诉求等有关游客消费的价值诉求态势,由满意度和忠诚度 2 个二级指标组成,共计 5 个三级指标。评价值为 79.65 分。

三、上海与北京、广州、深圳比较

1. 综合评价指数

依据城市规模、城市等级、城市旅游发展水平等相关条件,本报告选取了北京、广州、深圳 3 座城市作为"上海旅游"品牌发展水平的国内对标城市。沿袭相同的指标体系、计算公式和评价方法,综合测得"北京旅游"品牌指数为 82.55,"广州旅游"品牌指数为 77.56,"深圳旅游"品牌指数为 78.12。北京和上海的旅游品牌建设都处于"好"的发展水平。

2. 分类评价指数

第一,从主观指标与客观指标评价指数值构成看,北京(83.23,81.90)、上海(80.01,83.11)、广州(81.25,74.10)、深圳(82.53,73.93)。

第二,从 5 个维度指数值组成看,北京在 79.55—83.74 之间;上海在 79.65—83.32 之间;广州在 74.14—81.38 之间;深圳在 72.37—83.15 之间。

四、"上海旅游"品牌发展特征

第一,从总体上看,"上海旅游"品牌建设延续了良好的发展态势,仍处于"好"的发展水平。

第二,从指标特征看,在"上海旅游"品牌发展中,客观指标优于主观指标;硬件指标好于软件指标;数量指标胜于质量指标。在 4 个城市中,上海的客观指标综合值优势继续领跑,但是主观指标综合值略显薄弱;从得分率来看,主客观指标综合值之间差距略有扩大的迹象,需要引起关注和重视。

第三,从指标结构看,均衡与协调是"上海旅游"品牌发展的优势特征。48 个指标的得分值分布在 4 个城市中更趋均衡,表明"上海旅游"品牌发展的协同性优势比较明显,为进一步提升奠定了扎实的基础。

综上,北京和上海在综合指数方面继续处于"好"的发展阶段,为我国新时期城市旅游品牌建设发挥引领与示范作用。值得关注的是,除北京外,上海、广州和深圳的综合指数比2023年略有回落。进一步分析,主要有两个原因:一是2024年的主观得分率普遍比2023年略低,北京略有提高,反映了随着市场成熟度的提高,游客对旅游产品和服务的供给水平要求越来越高,也就是说供给侧结构性改革仍旧滞后于需求侧的变化速度;二是从四个城市比较来看,北京比其他三个城市在过去一年,发展速度更快,也就是说在城市旅游竞争日趋激烈的情况下,慢进也是退步,上海、广州和深圳的建设进程和力度仍旧不能松懈。

第二节　对　策　建　议

基于4个城市的比较,针对"上海旅游"品牌建设中存在的薄弱方面,建议"上海旅游"品牌建设在顶层设计上对标"三高",即品牌定位要高、服务质量要高、全球影响要高;在推进节奏上突显"三快",即市场应变要快、创新速度要快、品牌宣推要快;在提质增效上做好"三化",即特色挖掘深化、市场监管强化、游客体验优化。多措并举推进"上海旅游"新质品牌力打造,逐步实现数量向品质转变、品质向品牌转变、品牌向金牌转变的最终目标。

一、对标"三高":品牌定位要高、服务质量要高、全球影响要高

(一)高定位:彰显国际化大都市魅力

1. 全球视野下的品牌定位

将上海定位为世界顶级旅游城市之一,与纽约、巴黎、东京等国际大

都市竞争。突出上海在全球经济、文化、科技交流中的重要地位,使其成为国际游客向往的综合性旅游目的地。上海作为东西方文化交融的窗口,展现"海纳百川、追求卓越、开明睿智、大气谦和"的城市精神,吸引对多元文化体验有需求的游客。

2. 高端旅游产品打造

开发高端商务旅游产品,依托陆家嘴的金融中心地位,举办国际金融论坛、高端商务会议等活动,配套顶级的商务酒店、高档餐厅和专属的商务旅游服务。打造奢华购物旅游体验,完善南京路、淮海路等商业街区的高端购物环境,引入更多国际一线品牌旗舰店,提供个性化购物服务,如私人购物顾问、专属购物通道等。建设高端休闲度假区域,满足高消费游客对品质休闲生活的追求。

(二)高质量:雕琢卓越旅游体验

1. 高质量文化旅游产品

深入挖掘海派文化内涵,对上海的历史建筑进行精细化保护和利用。例如,将石库门建筑打造成为文化展示、艺术创作与生活体验相结合的空间,通过情景再现、多媒体展示等手段讲述老上海的故事。提升文化演艺水平,支持上海大剧院、东方艺术中心等演出场所推出高质量的歌剧、舞剧、交响乐等演出,同时鼓励创作具有上海特色的文化演艺作品,如以老上海风情为背景的音乐剧。加强文博资源开发,完善上海博物馆、上海科技馆等场馆的展陈设计,提高展品的丰富度和展示的科学性、趣味性。推出文博主题旅游线路,为游客提供深度文化解读。

2. 高质量服务品质保障

培养高素质旅游服务人才,在旅游院校和职业培训机构中加强专业课程设置,注重实践能力和外语水平的培养。对在职旅游服务人员进行定期培训和考核,提升其服务意识和专业素养。优化旅游设施建设,改善公共交通的便捷性和舒适性,尤其是加强景区与市区、机场、车站之间的交通连接。提升景区内的设施品质,包括建设智能导览系统、增加休息设施、提升厕所卫生标准等。建立严格的旅游服务质量监督机制,对酒店、餐厅、旅行社等旅游企业的服务质量进行定期检查和评估,对不符合标准的企业进行整改或处罚。

(三)高影响:拓展全球影响力

1. 高效利用多元传播渠道

在传统媒体方面,与国际知名电视台、报纸、杂志合作,投放高质量的上海旅游广告。例如,在《国家地理》杂志上刊登上海的自然风光和文化景观图片,在 CNN 等电视台播放上海旅游宣传片。发挥新媒体的优势,利用社交媒体平台进行精准营销。创建上海旅游官方账号,在 Meta、Twitter、Instagram 等国际社交平台上发布吸引人的内容,包括上海的美景、美食、节庆活动等。与有影响力的旅游博主、网红合作,邀请他们来上海体验并分享旅游经历。运用数字化技术,打造沉浸式旅游体验平台。通过虚拟现实(VR)、增强现实(AR)等技术,让游客在未到达上海之前就能体验上海的部分旅游景点和活动,激发他们的旅游欲望。

2. 高频次国际旅游推广活动

积极参与国际旅游展会,如柏林国际旅游交易会、伦敦世界旅游市场等,设置具有吸引力的上海旅游展区,展示上海的最新旅游产品和特色。举办高规格的国际旅游节庆活动,提升现有上海旅游节的国际影响力,邀请国际知名表演团体、旅游业界人士和媒体参与。同时,可考虑创办新的国际旅游主题活动,如"上海国际旅游文化周",通过活动促进国际旅游交流与合作。开展城市旅游形象大使全球选拔活动,选拔具有国际影响力和亲和力的形象大使,代表上海在全球范围内宣传旅游品牌,提高上海旅游的知名度和美誉度。

二、突显"三快"：市场应变要快、创新速度要快、品牌宣推要快

（一）应变快：快速优化旅游产品供给

1. 丰富旅游产品类型

上海应快速推出更多元化的旅游产品，满足不同游客的需求。除了传统的外滩、东方明珠等观光景点，要加快开发如红色旅游、工业旅游、乡村旅游等特色产品。例如，将一些具有历史意义的红色场馆打造成深度体验的红色旅游线路；把老厂房、工业遗迹等改造为工业旅游景点，让游客感受上海的工业历史和文化。

2. 提升旅游产品品质

对于现有的旅游产品，要快速进行品质升级。比如，在景区管理方面，加强设施维护、提升服务质量，提高游客的游览体验；在酒店、民宿等住宿产品上，不仅要增加数量，更要注重品质和特色，打造具有上海风格的高品质住宿环境。

3. 加快旅游产品创新

积极利用新技术、新思维来创新旅游产品。比如，结合虚拟现实（VR）、增强现实（AR）等技术，打造沉浸式的旅游体验项目，让游客可以更生动地感受上海的历史文化和城市魅力；开发线上旅游产品，如线上导览、云游上海等，方便游客在不同场景下了解上海旅游资源。

（二）创新快：快速提高旅游服务质量

1. 快速完善旅游基础设施

加大对旅游基础设施的投入，快速改善交通、餐饮、购物等方面的设施条件。例如，优化城市交通网络，方便游客的出行；提升旅游景区周边的餐饮和购物环境，提供更多优质的餐饮和购物选择。

2. 加快提升旅游服务标准

建立健全旅游服务标准体系,加强对旅游从业人员的培训和管理,快速提高服务水平。比如开展服务技能培训、职业道德教育等活动,提升旅游从业人员的专业素养和服务意识;建立游客反馈机制,及时了解游客的需求和意见,不断改进服务质量。

3. 迅速推进智慧旅游服务

利用信息技术,快速推进智慧旅游建设,为游客提供更加便捷、高效的服务。例如,开发旅游 APP,提供景点介绍、门票预订、导航等功能;在景区设置智能导览设备、电子显示屏等,方便游客获取信息。

（三）宣推快：快速提升旅游传播效果

1. 加快传播渠道拓展

除了传统的媒体宣传,要快速利用新媒体、社交媒体等渠道进行旅游品牌传播。例如,通过抖音、小红书、微博等平台,发布上海旅游的精彩内容,吸引更多年轻用户的关注;与知名的旅游博主、网红合作,进行上海旅游的推广,提高品牌的曝光度。

2. 加速品牌形象塑造

明确上海旅游的品牌定位和形象,快速打造具有辨识度和吸引力的品牌形象。通过统一的宣传口号、标志、形象设计等,让游客能够快速记住上海旅游的特色和优势。同时,挖掘上海旅游的故事和文化内涵,以生动的方式进行传播,增强品牌的感染力。

3. 加强区域合作传播

上海要快速加强与周边城市的旅游合作,共同进行品牌传播。例如,与长三角地区的其他城市联合推广旅游线路,打造区域旅游品牌,扩大上海旅游的影响力范围;积极参与国际旅游交流活动,在国际舞台上快速展示上海旅游的魅力,提升上海旅游的国际知名度。

三、做好"三化":特色挖掘深化、市场监管强化、游客体验优化

(一)特色化:特色挖掘深化

1. 文化内涵挖掘

(1)海派文化。深入挖掘海派文化的精髓,将其融入旅游产品。例如,对石库门建筑背后的人文故事进行整理和呈现,通过在石库门景区设置专门的文化讲解点,让游客了解上海的移民文化、里弄生活习俗等。

(2)红色文化。上海是中国共产党的诞生地,应进一步深化红色文化旅游资源的开发。除了对一大会址等知名红色景点进行深度讲解外,还可以串联起分散在城市各处的红色遗迹,形成红色文化徒步或骑行旅游线路,让游客更全面地感受上海的红色革命历程。

(3)商业文化。上海作为国际商业中心,其商业文化独具魅力。可以对南京路、淮海路等商业街的历史演变进行挖掘,打造具有复古风格的商业体验活动,如老字号品牌的复古展销会,重现上海昔日的商业繁荣场景。

2. 产业特色挖掘

(1)时尚产业。上海是中国的时尚之都,深化时尚产业与旅游的融合。例如,在时装周期间,组织游客参观后台,参与时尚设计工作坊,或者举办面向游客的时尚主题派对,让游客近距离感受上海的时尚潮流。

(2)创意产业。上海有众多创意园区,如田子坊、M50 等。进一步深化这些园区的旅游功能,定期举办创意集市、艺术家现场创作展示等活动,吸引游客深入了解上海的创意产业氛围。

(3)金融产业。依托陆家嘴金融中心,开发金融主题旅游项目。例如,组织游客参观金融博物馆,开展金融知识普及讲座和模拟交易体验活

动,展现上海作为国际金融中心的魅力。

（二）规范化：市场监管强化

1. 旅游企业监管

（1）旅行社管理。加强对旅行社的资质审核,定期检查旅行社的经营活动,包括旅游线路设计是否合理、有无强制消费等违规行为。建立旅行社信誉评级制度,对信誉良好的旅行社给予政策支持,对违规旅行社进行严厉惩处。

（2）酒店监管。强化酒店行业的质量监管,从酒店的硬件设施（如房间卫生、设施配备等）到软件服务（如前台接待、客房服务等）进行全面检查。推动酒店行业标准的提升,鼓励酒店打造特色化、个性化服务,以提升上海酒店业的整体形象。

2. 旅游市场秩序维护

（1）价格监管。严格监控旅游景区门票、酒店住宿、餐饮等价格。特别是在旅游旺季,防止出现哄抬物价的现象,保障游客的消费权益。设立价格举报热线,及时处理游客的价格投诉。

（2）市场环境整治。加强对旅游景区周边环境的整治,包括打击非法拉客、兜售假冒伪劣商品等行为。规范旅游交通秩序,保障游客在景区内外的交通安全和顺畅。

3. 旅游安全保障

（1）设施安全检查。定期对旅游设施,如游乐设施、景区建筑、电梯等进行安全检查。特别是一些热门景区,如欢乐谷等大型游乐场所,要确保游乐设备的安全运行,制定严格的设施维护和检查制度。

（2）旅游应急处理。建立完善的旅游应急管理体系,包括制定自然灾害、公共卫生事件等各类突发情况下的应急预案。加强对旅游从业人员的应急培训,确保在紧急情况下能够迅速、有效地保障游客生命财产安全。

（三）体验化：游客体验优化

1. 旅游服务优化

（1）多语言服务。考虑到上海的国际旅游城市定位,在主要景区、交通枢纽、酒店等地提供多语言服务,包括英语、日语、韩语等。培训旅游服务人员的外语沟通能力,同时设置多语言的标识牌和导览资料。

（2）便捷交通服务。优化旅游交通网络,增加景区之间的公共交通班次,特别是在旅游高峰期。推广旅游交通一卡通,方便游客乘坐地铁、公交、轮渡等交通工具。此外,在景区周边合理规划停车场,解决自驾游游客的停车难题。

2. 旅游产品体验优化

（1）线路设计。精心设计旅游线路,将不同类型的景点合理串联,满足不同游客的需求。例如,为家庭游客设计亲子游线路,包括上海迪士尼乐园、上海科技馆等适合儿童游玩和学习的景点;为文化爱好者设计文化深度游线路,涵盖博物馆、历史建筑等。

（2）互动体验项目。在旅游产品中增加互动体验项目。例如,在上海的传统手工艺街区,设置游客可以参与的手工艺制作体验工坊,如剪纸、面人、木雕等,让游客在体验中感受上海的传统技艺魅力。

3. 游客反馈处理优化

（1）反馈渠道建立。建立多样化的游客反馈渠道,包括线上调查问卷、景区意见箱、旅游热线等。方便游客随时反馈他们在旅游过程中遇到的问题和提出建议。

（2）反馈处理机制。建立高效的反馈处理机制,对游客反馈的问题及时进行分类和处理。对于能够立即解决的问题,要迅速采取行动;对于需要长期规划解决的问题,要向游客做出合理的解释,并跟进处理进度,定期向游客反馈处理结果。

第二部分

专题研究

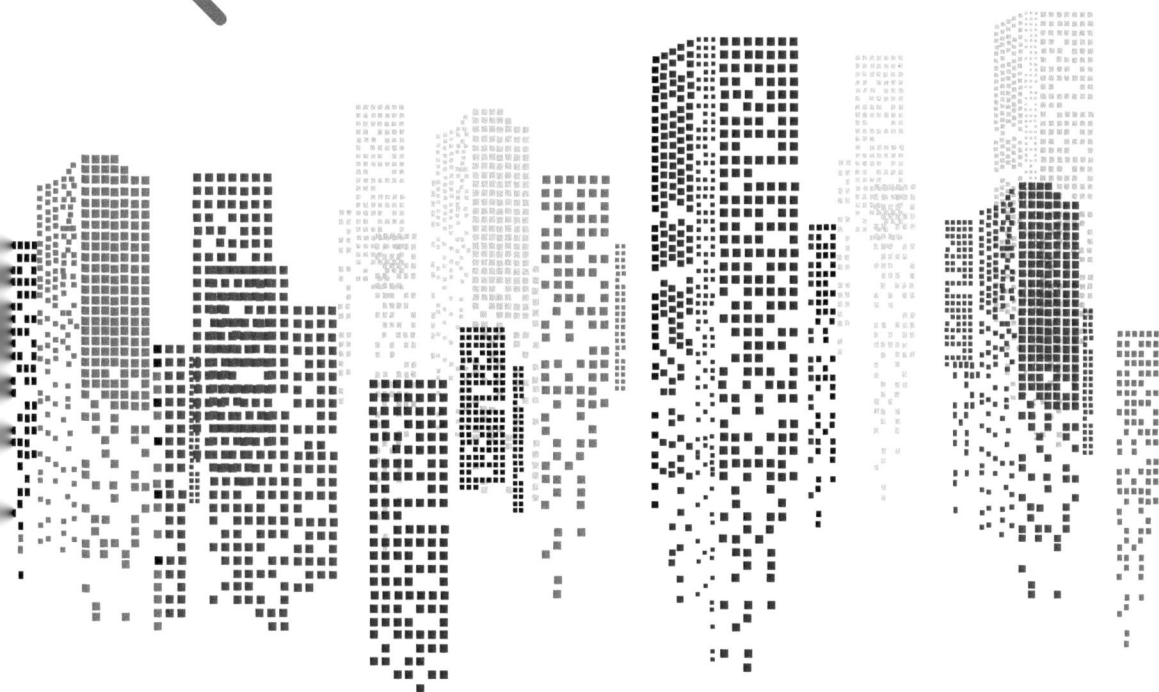

第五章 "上海旅游"品牌感知调查研究[①]

第一节 研究方法与样本特征

一、研究方法

本次研究主要采用问卷调查法获取数据。首先对相关文献资料进行分析整合,确认研究主题、划分维度和参考量表,设计出问卷初稿。结合专家学者对问卷内容和形式的建议,对问卷初稿进行了修改完善。

问卷主要由三个部分构成:受访者的个人基本信息、"上海/北京/广州/深圳旅游"品牌要素感知调查、"上海/北京/广州/深圳旅游"品牌感知调查。本次调研利用李克特5点量表(非常赞同=5分;赞同=4分;不确定=3分;不赞同=2分;非常不赞同=1分),主要采用描述性分析、单因素方差分析等方法对问卷数据进行处理。

为了确保问卷的准确性和全面性,课题组面向上海、北京、广州、深圳等4个城市到访游客就"上海旅游"品牌感知、"北京旅游"品牌感知、"广州旅游"品牌感知以及"深圳旅游"品牌感知分别展开调研,共收集调研问

---

① 本章作者:江丙瑞、宋长海(上海杉达学院、上海电子信息职业技术学院)。

卷 2 421 份,总有效问卷 2 149 份,有效率为 88.68％。其中"上海旅游"品牌感知调研问卷 1 215 份,有效问卷 1 057 份,有效率为 87.00％;"北京旅游"品牌感知调研问卷 424 份,有效问卷 365 份,有效率为 86.08％;"广州旅游"品牌感知调研问卷 393 份,有效问卷 361 份,有效率为 91.86％;"深圳旅游"品牌感知调研问卷 389 份,有效问卷 366 份,有效率为 94.09％,见表 5 - 1。

表 5 - 1 "北上广深"旅游品牌感知调研数据收集情况

调 研 问 卷	回收问卷总数量	有效问卷数量	有效率（％）
"上海旅游"品牌感知调研问卷	1 215 份	1 057 份	87.00
"北京旅游"品牌感知调研问卷	424 份	365 份	86.08
"广州旅游"品牌感知调研问卷	393 份	361 份	91.86
"深圳旅游"品牌感知调研问卷	389 份	366 份	94.09
总体回收情况	2 421 份	2 149 份	88.76

二、样本特征

(一)"上海旅游"品牌研究样本人口学特征

"上海旅游"品牌感知调研数据显示的样本特征具体如下:性别上,男女比例基本持平;婚姻状况方面,调研样本中已婚群体居多,占比79.19％,未婚比例仅占比 20.81％;年龄构成上,26 岁以上年龄群体占比接近九成,其中 26—35 岁群体占比 59.41％,这与样本群体中的婚姻状况特征基本吻合;收入构成方面,10 000 元以上的收入群体占比 73.32％,调查群体基本接近,甚至超过上海 2023 年度城镇单位就业人员月平均工资,收入水平较高,是上海文旅产业发展的市场主体;职业构成上,企、事业单位职工与管理人员的调查样本占比超八成,这与样本中年龄构成与婚姻状况相关人群占比接近,说明被调研对象以在企事业单位从事基层与管理工作的中青年群体居多;学历方面,九成以上游客拥有大专及本科以上的教育背景,受教育水平较高,文化素养较好,见表5-2。

表5-2 "上海旅游"品牌感知调查样本人口学特征

特　　征	特　征　值	占比(%)
性别构成	男	49.20
	女	50.80
婚姻状况	已婚	79.19
	未婚	20.81
年龄构成	18—25	12.77
	26—35	59.41
	36—45	22.33
	46—60	5.49
收入构成	1 000 元以下	0.66
	1 001—3 000	2.65
	3 001—5 000	3.31
	5 001—8 000	8.23
	8 001—10 000	11.83
	10 001—15 000	21.57
	15 001—20 000	22.14
	20 000 元以上	29.61

续　表

特　征	特　征　值	占比(％)
职业构成	企、事业单位职工	42.76
	企、事业单位管理人员	38.13
	公务员	1.89
	私营企业主、个体经营者	7.85
	学生	4.64
	自由职业者	3.78
	离、退休人员	0.10
	其他从业人员	0.85
学　历	初中及以下	0.28
	高中(中专及职校)	3.03
	本科及大专	84.96
	硕士研究生及以上	11.73

（二）"北京旅游"品牌研究样本人口学特征

"北京旅游"品牌感知调研数据显示的样本特征具体如下：性别上，男女比例基本持平；婚姻状况方面，已婚游客居多，占比89.04％，未婚占比仅为10.96％。已婚人数在4个城市调研样本中占比最大；年龄构成上，26岁及以上年龄群体占比超九成，其中26—35岁群体占比56.16％，这与调研游客的婚姻状况特征基本吻合；收入构成方面，10 000元以上的收入群体占比73.43％，该群体所占比例与上海接近；职业构成上，企、事业单位职工与管理人员的调查样本占比超八成，这与样本中年龄构成与婚姻状况相关人群占比接近，说明被调研对象以在企事业单位从事管理和服务工作的中青年群体居多;学历方面,九成以上的游客拥有大专及本科以上的教育背景,受教育水平较高,文化素养较好,见表5-3。

表5-3 "北京旅游"品牌感知调查样本人口学特征

特　　征	特　征　值	占比(%)
性别构成	男	50.41
	女	49.59
婚姻状况	已婚	89.04
	未婚	10.96
年龄构成	18—25	5.75
	26—35	56.16
	36—45	32.05
	46—60	6.04
收入构成	1 000 元以下	0.27
	1 001—3 000	1.64
	3 001—5 000	3.01
	5 001—8 000	9.32
	8 001—10 000	12.33
	10 001—15 000	18.36
	15 001—20 000	26.58
	20 000 元以上	28.49
职业构成	企、事业单位职工	49.32
	企、事业单位管理人员	32.56
	公务员	1.64

续　表

特　征	特　征　值	占比(%)
职业构成	私营企业主、个体经营者	10.41
	学生	2.48
	自由职业者	2.19
	离、退休人员	0.84
	其他从业人员	0.56
学　历	初中及以下	0.27
	高中(中专及职校)	5.75
	本科及大专	82.47
	硕士研究生及以上	11.51

（三）"广州旅游"品牌研究样本人口学特征

"广州旅游"品牌感知调研数据显示的样本特征具体如下：性别上，男女性调研比例基本持平，男性占比略高于女性；婚姻状况方面，已婚游客占比 82.55%，未婚游客仅占比 17.45%；年龄构成上，26 岁及以上年龄群体超九成，其中 26—35 岁群体占比超七成，这与调研游客的婚姻状况特征相对契合；收入构成方面，10 000 元以上收入群体占比 76.17%，该群体所占比例高于北京、上海两地游客的调研比例，这部分人群构成广州文旅产业发展的主力军；职业构成与学历背景上，与上海、北京两地调研游客的职业构成基本一致，企、事业单位职工与管理人员占比超八成，九成以上的游客学历背景是大专及以上，受教育水平较高，文化素养较好，见表 5-4。

（四）"深圳旅游"品牌研究样本人口学特征

"深圳旅游"品牌感知调研数据显示的样本特征具体如下：性别上，男

表 5－4 "广州旅游"品牌感知调查样本人口学特征

特　　征	特　征　值	占比（％）
性别构成	男	50.14
	女	49.86
婚姻状况	已婚	82.55
	未婚	17.45
年龄构成	18—25	6.09
	26—35	71.47
	36—45	20.50
	46—60	1.94
收入构成	1 000 元以下	0.55
	1 001—3 000	1.66
	3 001—5 000	3.88
	5 001—8 000	8.86
	8 001—10 000	8.86
	10 001—15 000	22.72
	15 001—20 000	25.22
	20 000 元以上	28.25
职业构成	企、事业单位职工	49.03
	企、事业单位管理人员	37.95
	公务员	0.83
	私营企业主、个体经营者	7.76
	学生	2.49

续　表

特　　征	特　征　值	占比(%)
职业构成	自由职业者	1.66
	离、退休人员	0.00
	其他从业人员	0.28
学　　历	初中及以下	0.83
	高中(中专及职校)	3.05
	本科及大专	86.43
	硕士研究生及以上	9.70

女调研比例基本持平,男性占比略低于女性;婚姻状况方面,已婚游客占比 83.61%,未婚游客仅占比 16.39%;年龄构成上,26 岁及以上年龄群体超九成,其中 26—35 岁群体占比 66.12%,基本符合调研游客的婚姻状况特征;收入构成方面,10 000 元以上的收入群体占比 80.85%,该收入群体所占比例均高于其他 3 个城市,且 15 000 元以上月收入的受访游客比例同样占比最高,游客的旅游消费水平潜力更大;职业构成与学历背景上,与上海、北京、广州三地调研游客的职业构成基本一致,企、事业单位职工与管理人员占比超八成,九成以上的游客拥有大专及以上学历,且无初中及以下学历的游客,整体看,受教育水平较高,文化素养较好。见表 5-5。

表 5-5　"深圳旅游"品牌调查样本人口学特征

特　　征	特　征　值	占比(%)
性别构成	男	49.73
	女	50.27

特　征	特　征　值	占比(%)
婚姻状况	已婚	83.61
	未婚	16.39
年龄构成	18—25	7.38
	26—35	66.12
	36—45	24.04
	46—60	2.46
收入构成	1 000 元以下	0.55
	1 001—3 000	1.09
	3 001—5 000	2.46
	5 001—8 000	5.19
	8 001—10 000	9.84
	10 001—15 000	21.32
	15 001—20 000	27.87
	20 000 元以上	31.68
职业构成	企、事业管理职工	48.91
	企、事业管理人员	38.52
	公务员	0.82
	私营企业主、个体经营者	6.83
	学生	2.73
	自由职业者	2.19
	离、退休人员	0.00
	其他从业人员	0.00

特　　征	特　征　值	占比(%)
学　　历	初中及以下	0.00
	高中(中专及职校)	4.92
	本科及大专	84.97
	硕士研究生及以上	10.11

三、样本出游特征分析

根据图表数据不难发现(详见表 5 - 6 与图 5 - 1),初次到访目的地城市的游客中,以上海、北京居多,广州与深圳都保持在 8% 的水平,相对较低。相应地,多数游客均有 2 次及以上的到访经历,且近四成游客到访目的地城市次数达 4 次及以上,丰富的出游经历也使得游客对各城市的旅游品牌具有较强的感知基础,这也增强了本研究的科学性和结论可信度。

表 5 - 6　"北上广深"四城市样本出游特征分析

城　　市	出游次数	占比(%)
上　　海	1 次	12.39
	2 次	29.61
	3 次	23.94
	4 次及以上	34.06
北　　京	1 次	12.33
	2 次	29.04
	3 次	23.29
	4 次及以上	35.34

续　表

城　　市	出游次数	占比(%)
广　州	1次	8.59
	2次	27.42
	3次	24.10
	4次及以上	39.89
深　圳	1次	8.74
	2次	32.79
	3次	22.40
	4次及以上	36.07

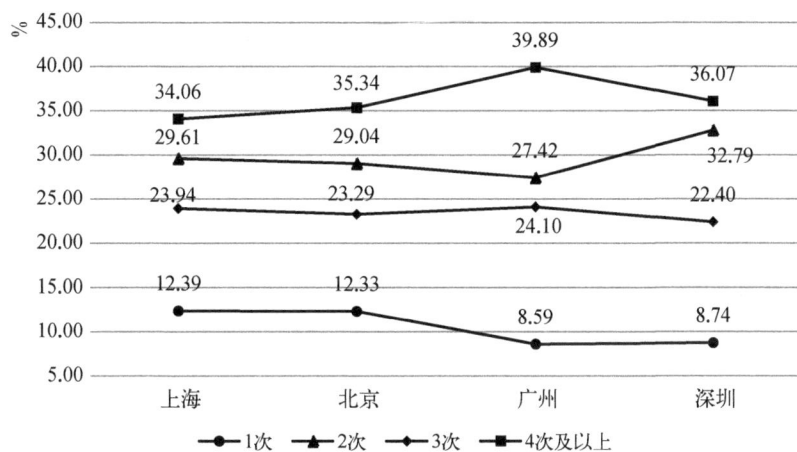

图 5-1　"北上广深"四城市的游客出游频次比较

综合上述对到访上海、北京、广州及深圳等 4 个城市游客的调研样本特征的分析发现：4 个城市调研样本特征在男女比例上均基本持平，九成以上被访游客均拥有高等教育经历，受教育水平高，文化素养较好，超八成的中青年群体在企事业单位从事基层与管理工作，七成及以上游客月收入在 10 000 元以上,收入水平较高,他们构成了上海、北京、广州和深圳文旅产业发展的市场主体,且旅游消费潜力较大。总体而言,4 个城市调研样本特征具有较高的相似性,这为后续 4 个城市旅游品牌感知研究奠定比较基础,可比性较强。同时,被访的 4 个城市游客在到访目的地城市频次特征上也具有较高的一致性,约九成被调查者拥有 2 次及以上前往目的地城市的出游经历,且到访 4 次及以上的游客占比约四成,被调研者对目的地的较高熟悉度意味着游客基于过往旅游经历对城市旅游品牌感知能做出较客观的回答和评价。

第二节 "上海旅游"品牌感知的 比较分析

"上海旅游""北京旅游""广州旅游""深圳旅游"4 个城市旅游品牌游客感知的现状分析由两大部分构成,分别为城市旅游品牌的品牌要素感知现状和城市旅游品牌分维度感知现状。其中,前者包括对城市旅游品牌的口号、宣传语及品牌 Logo 三方面要素的游客感知分析,后者则从口碑、旅游形象、城市形象、旅游要素、基础设施质量、服务质量、满意度感知、忠诚度感知等八个维度反映游客对城市旅游品牌的综合感知现状。

正式进行数据分析前,对选项存在等级分类的问题采取五点李克特量表的赋分处理(如非常赞同＝5 分;赞同＝4 分;不确定＝3 分;不赞同＝2 分;非常不赞同＝1 分。分值越大,表示游客评价越积极),并利用频数分布表、轮廓图等分析工具展示与比较"北上广深"4 个城市旅游品牌感知现状,结合单因素方差分析法比较"北上广深"四个城市旅游品牌感知的差异及差异是否有统计学意义,进而研判"上海旅游"品牌感知发展中存在的优劣势,以及其他城市旅游品牌的发展可供参考借鉴之处。

一、品牌要素感知的比较分析

此处利用均值、频数分布表、轮廓图、独立样本 t 检验等统计分析工具概括被访游客对"北上广深"四个城市旅游品牌在口号、宣传语及品牌 Logo 等三方面要素的认知现状,并进一步做城市旅游品牌感知的比较。

（一）城市旅游品牌"口号"要素感知现状比较分析

正式调研前,项目组收集了各城市官方发布且仍在使用的旅游品牌宣传口号,其中,上海有 3 条宣传口号常用于城市旅游宣传,北京、广州及深圳各有 1 条常用宣传口号。调研结果显示,北京、广州、深圳等 3 个城市旅游品牌的宣传口号虽然数量仅 1 个,但在游客范围内的普及度较高,八成以上的游客听过、了解目的地城市旅游宣传口号,其中以广州城市旅游宣传口号的普及度最高,占比 92.80%。相较之下,上海城市旅游宣传口号虽多,但各个口号的普及度相对偏低,"中国上海,发现更多,体验更多"的口号熟悉度略高,占比 71.71%（详见表 5-7）。相较于 2023 年调查结果,北京、广州及深圳等城市旅游品牌口号的游客熟悉度变化不大（深圳甚至略有增长）,但上海的城市旅游品牌各个口号的熟悉度占比均有下降。整合城市旅游品牌宣传口号,统一宣传口径,或许更有利于城市旅游品牌的普及和推广,提高游客的认知度。

表 5-7 "北上广深"旅游品牌"口号"要素的游客熟悉度

各城市旅游品牌	各城市旅游宣传口号	频数	占比（%）
"上海旅游"品牌	熟悉"乐游上海"	669	63.29
	熟悉"中国上海,发现更多,体验更多"	758	71.71
	熟悉"上海,精彩每一天"	719	68.02

续　表

各城市旅游品牌	各城市旅游宣传口号	频数	占比(%)
"北京旅游"品牌	熟悉"东方古都,长城故乡"	308	84.38
"广州旅游"品牌	熟悉"广州欢迎您"	335	92.80
"深圳旅游"品牌	熟悉"创意深圳 时尚之都"	318	86.89

游客在认知和情感层面评价"北上广深"四个城市旅游品牌宣传口号,并利用轮廓图展示游客评价结果以便进一步比较分析。结果显示(详见图 5 - 2),与其他城市相比,上海城市旅游品牌宣传口号并非游客认知的最佳。具体表现在,对各个城市旅游品牌宣传口号的"好与不好"的纯粹评价上,到访深圳、北京的游客对城市旅游品牌的宣传口号"创意深圳 时尚之都"评分均值分别为 4.11、4.09,明显高于上海与广州评分,而上海的旅游宣传口号评分仅略高于广东;进一步地,宣传口号在发挥"传递城市的旅游资源特色"作用方面,相较于其他城市,游客似乎难以从宣传口号中感知到上海的旅游资源特色,宣传口语的表达相对抽象,未对城市旅游资源的核心属性、特色挖掘并呈现出来。反观北京与深圳的城市旅游宣传口号(均值分别为 3.97、4.04),非常直观地将目的地城市的旅游资源属性提炼并反映在口号中,如深圳强调城市的"创新""时尚"目的地属性,这与深圳在发展过程中深入人心的"改革开放""深圳速度"等整体城市形象密切相关。再如北京,既是数百年来中国政治中心,亦有表征旅游特色的具体、有代表性的意向,因此"东方古都,长城故乡"的宣传口号极富张力,彰显了北京历史底蕴的同时,以"长城"尽数将北京的资源价值稀缺性凸显得淋漓尽致,让人印象深刻。相应地,在情感层面上,也较容易唤起人们对城市特征和形象的回忆,因此北京和深圳城市旅游品牌的宣传口号的游客评分分别为 4.07、4.01,游客评分远高于上海(均值为 3.62)。总体

看,尽管游客认为上海旅游品牌宣传口号不错,但并未发挥宣传口号的实际
作用,如传达目的地资源特色或属性、唤起游客情感层面的记忆或联想等。

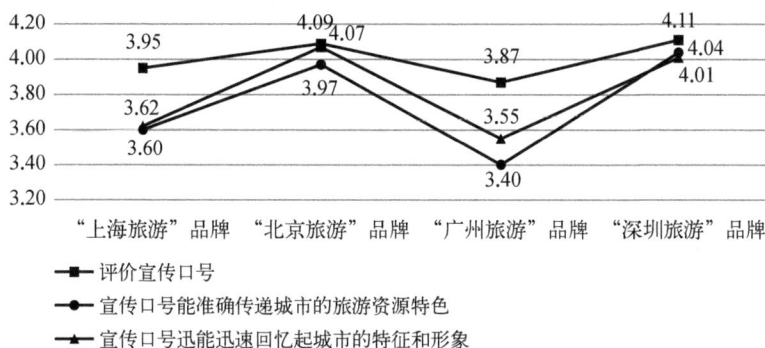

图 5-2 "北上广深"城市旅游宣传口号的游客评价比较

利用独立样本 t 检验分析,从时间序列层面对 2023 年、2024 年"上海
旅游"品牌宣传口号的各要素题项均值作比较(详见表 5-8)。不难发现,
相较于 2023 年,2024 年各项题项均值都有所下降,其中"宣传口号能准确
传递城市的旅游资源特色"这一题项的均值水平显著降低,宣传口号的设
计与城市旅游资源特色的传递间有明显的鸿沟,这对城市旅游品牌建设
者是一个非常重要的警示信号。

表 5-8 2023 年与 2024 年"上海旅游"品牌宣传口号的游客评价比较

项 目	2023	2024	t 值	显著性
评价宣传口号	3.97	3.95	0.848	0.397
宣传口号能准确传递城市的旅游资源特色	3.71	3.60	2.351	0.019*
宣传口号能迅速回忆起城市的特征和形象	3.70	3.62	1.860	0.063

注:"＊＊＊"表示 0.001 水平上显著;"＊＊"表示 0.01 水平上显著;"＊"表示 0.05 水平上显著
(下同)。

（二）城市旅游品牌"宣传片"要素感知现状比较分析

"北上广深"四个城市旅游品牌"宣传片或海报"要素的游客熟悉度基本一致，"上海旅游"品牌"宣传片"要素在游客中的熟悉度略高于其他三个城市，但差异尚不显著（详见表5-9）。

表5-9 "北上广深"旅游品牌"宣传片"要素的游客熟悉度

各城市旅游品牌	看过宣传片或海报	
	频　　数	占比(%)
"上海旅游"品牌	967	91.49
"北京旅游"品牌	325	89.04
"广州旅游"品牌	330	91.41
"深圳旅游"品牌	334	91.26

根据图5-3结果显示，游客对四个城市宣传片、海报的评价差异明显，其中上海城市宣传片、海报的游客评价均分为4.02，均值略高于广州与深圳，但显然不及北京宣传片、海报的游客评价（均值为4.2）。

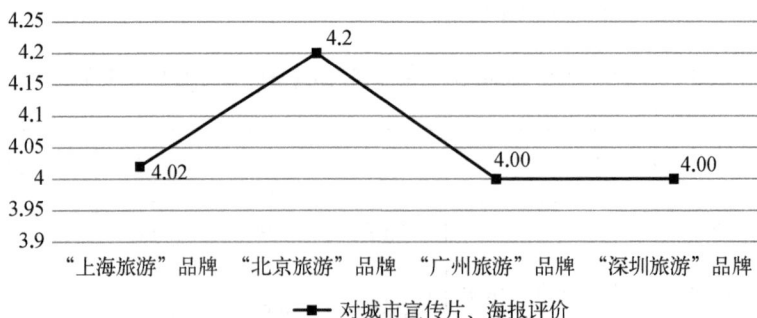

图5-3 "北上广深"城市宣传片、海报的游客评价比较

利用独立样本t检验分析，从时间序列层面对2023年、2024年"上海旅游"品牌宣传片的测评题项做均值比较（详见表5-10）。不难发现，

2024 年调研样本对"上海旅游"品牌宣传片的评价均值低于 2023 年水平,且在显著性 0.05 的水平上,2024 年与 2023 年的评价均值差值具有统计学意义上的显著性。显然,伴随各地文旅营销活动的持续发力,宣传片内容、宣传手段、宣传片创意性、宣传片更新频率等的不足或成为消费者评价不高的原因。

表 5 - 10　2023 年与 2024 年"上海旅游"品牌宣传片的游客评价比较

项　　目	2023	2024	t 值	显著性
对城市宣传片、海报评价	4.03	3.96	2.374	0.018*

注:"＊＊＊"表示 0.001 水平上显著;"＊＊"表示 0.01 水平上显著;"＊"表示 0.05 水平上显著(下同)。

(三)城市旅游"品牌 Logo"要素感知现状比较分析

通过认知、情感及意向三方面题项综合测度城市旅游"品牌 Logo"的游客态度,并利用游客评价均值与轮廓图展示各城市游客评价结果,以便做进一步比较分析。根据图 5 - 4 结果显示,首先,在认知层面上,到访各城市的游客对品牌 Logo 的评价有一定差异,其中上海城市旅游品牌 Logo 的游客认知评价不高,尤其是品牌 Logo 在目的地属性、特色等信息传递上认可度偏低。具体表现为,在品牌 Logo 的普及度上,以"北京旅游"品牌 Logo 普及度最高,其次是广州和深圳,相较而言,上海城市旅游品牌 Logo 的普及率最低(均值为 3.67),这意味着到访上海的游客并不太熟悉该品牌 Logo,或未留下较深刻印象。对品牌 Logo 表达意思的理解上,广州城市旅游品牌 Logo 的认可度最高,其次是北京与上海。这或与广东品牌 Logo 中"广东欢迎您"这一通俗简单的文字有关。通常,品牌 Logo 认知度高、内涵简单易懂就意味着目的地属性、特色等信息的有效传递,因此围绕"该 Logo 能准确传达城市旅游资源特色"这一问题上,"上

海旅游"品牌 Logo 和"广州旅游"品牌 Logo 的认可度偏低,且明显低于游
客对"深圳旅游"品牌 Logo 的认可度。值得一提的是,"深圳旅游"品牌
Logo 认知度和 Logo 内涵易于理解方面的游客评分均值分别为 3.82、
3.90,虽逊于北京,但是纵向比较看,游客对"深圳旅游"品牌 Logo 的熟悉
度、内涵理解、城市旅游资源特色表征等三方面的认知有高度的一致性
(三个题项的均值水平基本相同),这是"上海旅游"品牌 Logo、"广州旅游"
品牌 Logo 的明显缺陷。

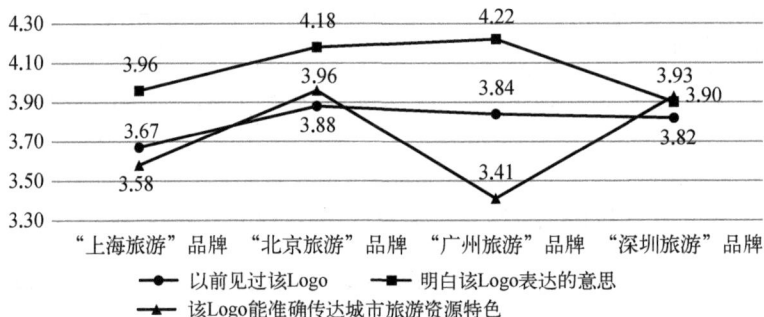

图 5-4 "北上广深"城市旅游品牌 Logo 认知层面的游客评价比较

情感与行为意向方面的题项测度结果显示(详见图 5-5),到访各城
市的游客对品牌 Logo 评价差异明显,到访上海的游客对"上海旅游"品牌
Logo 的评价普遍最低。横向比较看,游客对"上海旅游"品牌"Logo 很不
错"评分均值为 3.70,评价最低,"北京旅游"品牌、"深圳旅游"品牌"Logo
很不错"的评分均值分别为 4.06、4.04,评分明显高于上海与广州;同时,到
访北京、深圳的游客对城市旅游品牌"Logo 迅速令人回忆起城市旅游特
征与形象"表示较高认可,游客评分均值分别为 3.95、3.86,上海与广东城
市旅游品牌 Logo 中无明显表征目的地属性、特色,或与目的地密切关联
的元素,难以立刻唤起旅游者与目的地的相关记忆,因此其均值水平都不
太理想。认知与情感是人们行为意愿产生的基础。因此,在认知和情感

相关题项评价不理想的"上海旅游"品牌在"Logo 能激发人去旅游的欲望"上同样评分不佳,均值为 3.51,不但低于其他三个城市,而且相较于2023 年,该题项的均值水平下降明显(2023 年均值为 3.70)。纵向比较看,"北京旅游"品牌 Logo 在游客情感层面和行为意向层面的评价表现出较高的一致,且游客评分均值在"北上广深"四个城市保持第一的优势,而"上海旅游"品牌 Logo 在游客情感层面和行为意向层面的评价均有待提升。

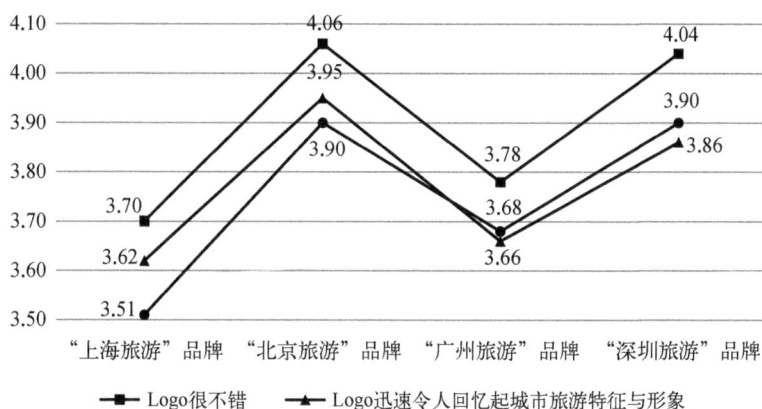

图 5-5　"北上广深"城市旅游品牌 Logo 情感与行为意向层面的游客评价比较

总体上,"上海旅游"的宣传口号、宣传片、品牌 Logo 等三大品牌要素在认知、情感及行为意向等三方面的游客评价明显低于深圳与北京,宣传口号、宣传片与品牌 Logo 并未凸显营销、宣传推广的价值,在认知、情感及行为意向上未对游客产生持续、正向影响。首先,横向比较看,游客对品牌三要素各方面评价多数逊于北京与深圳,尤其是"北京旅游"品牌Logo 的游客评分明显高于上海。纵向比较上,一般来讲,认知是情感产生的基础,认知和情感又构成行为意向的基础。宣传口号、宣传片与品牌Logo 并未发挥其营销推广目的地城市的作用,游客对"上海旅游"品牌三要素的熟悉度并非最低,但较高的熟悉度并未使得游客产生明确的情感,如并未能够唤起游客的记忆,也未能较好地传达目的地属性特征或特色,因此较难激发游客到访目的地城市的行为意向,认知与情感、行为意向的评分差距明显这很好地说明了这一点。其次,从时间维度看,相较于2023年,游客对"北京旅游"品牌三要素的评价均值有所提高,而"上海旅游"品牌三要素的评价不升反降,均值下降幅度高于深圳、广州等。总体上,"上海旅游"品牌三要素未发挥营销工具的本身价值,在游客认知、情感和行为意向上未产生持续、正向影响。反观"北京旅游""深圳旅游"品牌三要素,则发挥了正确的工具作用,在认知、情感及行为意向上对游客产生持续、积极的影响。这一问题背后或许要从"上海旅游"品牌三要素顶层设计上入手解决。

利用独立样本 t 检验分析,从时间序列层面对 2023 年、2024 年"上海旅游"品牌 Logo 的各要素题项均值做比较(详见表 5-11)。不难发现,相较于 2023 年,2024 年各项题项均值同样都有所下降,且均低于 4分。其中"以前见过该 Logo""Logo 迅速令人回忆起城市旅游特征与形象""Logo 能激发人旅游欲望"等三个题项的均值水平显著低于 2023年。尤其是表征品牌 Logo 情感与行为意向的题项均值水平均下降明显,均值水平偏低的情况下仍持续降低,这意味着品牌 Logo 亟待开发与设计。

表 5-11 2024 和 2023 年"上海旅游"品牌 Logo 的游客评价比较

项　　目	2023	2024	t 值	显著性
以前见过该 Logo	3.75	3.67	2.093	0.036*
明白该 Logo 表达的意思	4.03	3.96	1.785	0.074
该 Logo 能准确传达城市旅游资源特色	3.66	3.58	1.797	0.072

项 目	2023	2024	t 值	显著性
Logo 很不错	3.76	3.70	1.398	0.162
Logo 迅速令人回忆起城市旅游特征与形象	3.75	3.62	2.596	0.009**
Logo 能激发人旅游欲望	3.70	3.51	3.841	0.000***

二、品牌感知的整体比较分析

此处利用均值、轮廓图等统计工具及单因素方差分析法对"北上广深"四个城市旅游品牌在口碑、城市形象、旅游形象、旅游要素质量、基础设施质量、服务质量、满意度、忠诚度等8个方面的整体游客感知做比较分析,以掌握"北上广深"四个城市旅游品牌感知的整体现状及其差异。

反映"上海旅游"品牌感知的各维度中(详见表5-12),游客对基础设施质量的评价最高,相应的均值水平达到4.35。上海对标国际一流标准,以建设卓越全球城市和社会主义现代化国际大都市为目标愿景,在城市基础设施方面卓有成效,也因此受到市场的高度认可。此外,在口碑感知、旅游形象感知、旅游要素感知等方面,游客评价较高,各维度感知水平均在4分以上,游客对上海旅游品牌建设的硬件要素(如基础设施、旅游要素等)高度评价,亦对上海旅游品牌建设中的软件要素(如旅游形象、口碑、旅游要素等)有较高认可,上海旅游品牌建设具备较好的城市基础。此外,游客对服务质量、城市形象、忠诚度等评价虽不及4分,但均在3.9分及以上,说明整体感知水平相对较高。从时间维度看,2023年与2024年上海旅游品牌的基础优势仍继续保持,如基础设施、旅游要素、旅游形象等,但是挑战也仍然存在,尤其是游客忠诚度、满意度评价均值下降明显,需要引起重视。

表 5－12　上海旅游品牌整体感知度与各维度感知度情况

项　目	2023		2024	
	均　值	排　序	均　值	排　序
基础设施质量感知	4.34	1	4.35	1
口碑感知	4.20	2	4.20	2
旅游形象感知	4.14	3	4.12	3
旅游要素感知	4.13	4	4.09	4
服务质量感知	4.02	5	3.98	5
城市形象感知	3.99	6	3.96	6
忠诚度	3.96	7	3.90	7
满意度	3.78	8	3.64	8
上海旅游品牌整体感知	4.07	——	4.03	——

注:"——"表示"上海旅游品牌整体感知"不参与排序。

通过与北京、广州、深圳三个城市比较看(详见图 5-6、图 5-7),上海基础设施质量感知的游客评价最高,旅游要素、口碑在 4 个城市中也处于较高感知水平,游客评价高。除此之外,其他各项分维度及旅游品牌整体感知水平均低于其他城市,尤其表现在城市形象、忠诚度感知上,均值水平与北京、广州及深圳有非常明显的差距。反观北京、广州与深圳,各维度感知水平均不小于4,尤其是北京,旅游形象感知、城市形象感知、旅游要素感知、服务质量感知、满意度、忠诚度、旅游品牌整

体感知等多个维度的均值水平领先于上海、北京、广州等。由此看来,
上海旅游品牌建设有较大的提升空间,在后续调研中,有必要对北京、
深圳旅游发展与旅游品牌建设开展深入调研,为上海旅游品牌建设提供
借鉴经验。

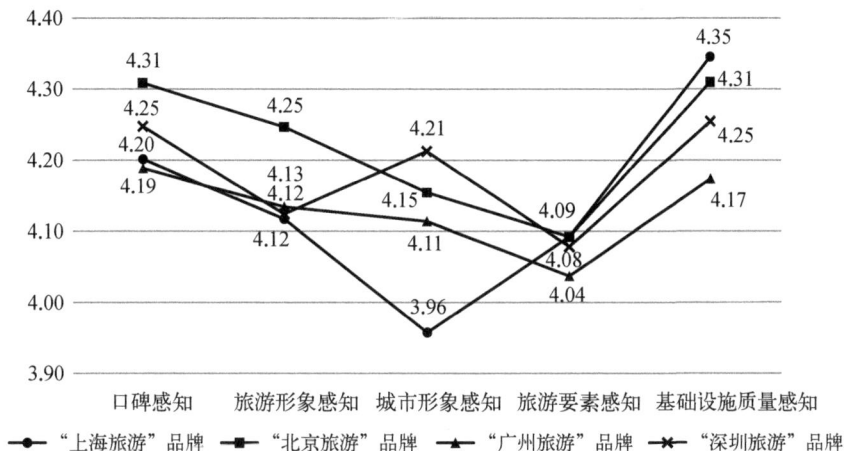

图 5-6 城市旅游品牌分维度感知的现状分析

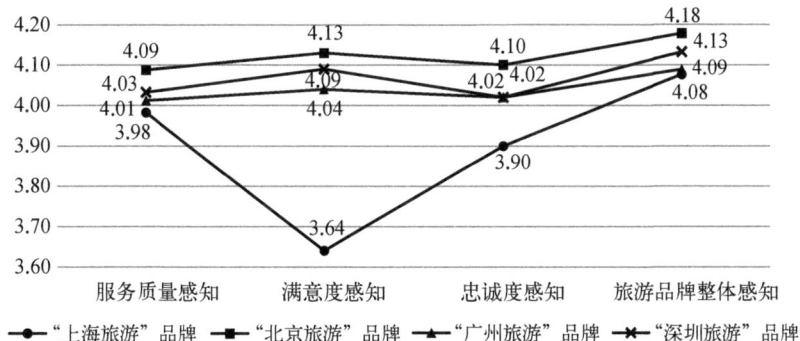

图 5-7 城市旅游品牌分维度感知及整体感知的现状分析

利用单因素方差分析对不同城市旅游品牌的各个分维度感知差异与
整体感知差异做进一步分析。表 5-13 结果显示,除了旅游要素感知,在
显著性 0.05 水平上,各城市旅游品牌在各个分维度感知和整体感知上均

存在显著差异。根据多重比较显示,口碑感知方面,尽管4个城市口碑感知水平较高,但北京城市旅游口碑显著高于上海和广州,北京与深圳的口碑感知差异不具备统计学意义上的显著性。旅游形象方面,游客对北京旅游形象评价显著高于上海、广州和深圳。城市形象感知方面,受到"城市当地居民对游客十分友善"这一题项上低分评价影响,游客对上海城市形象感知评价显著低于北京、深圳及广州,而其他3个城市的城市形象评价保持了一致且较高的均值水平。是要纠正游客对上海城市形象的认知偏差,还是要提升城市当地居民对待外来游客的态度?上海城市形象建设有待通过进一步调研厘清背后的影响因素,并提出针对性建设策略。基础设施感知方面,上海基础设施感知均值最高,表现尤为亮眼,且游客对上海、北京等城市评价显著高于广州,这也凸显了同为中国经济中心的两座超大城市经济发展水平越高,城市完善基础设施的能力越强,这也为旅游高水平发展奠定基础。服务质量感知方面,北京、广州与深圳的游客评价均保持在4分以上,且游客对北京服务质量感知平均显著高于上海,游客对上海服务质量感知评价有待进一步提升。满意度感知方面,游客对上海的满意度评价水平显著低于北京、广州与深圳,其中,以景区门票价格、住宿价格、餐饮价格、商品价格等为代表的物价水平感知对满意度评价影响最甚。最后,忠诚度感知方面,游客对北京、广州与深圳的评价水平均超过4,且在显著性0.05水平上显著高于上海。尽管各城市的满意度水平较高且无显著差异,但高满意度不一定导致高忠诚度。旅游品牌整体感知方面,四个城市的均值水平都较高,但北京旅游品牌整体感知水平显著高于上海与广州,说明近年来北京旅游品牌化建设效果突出。相应地,上海旅游品牌整体感知水平仍有进一步提升空间。

表 5‑13 不同城市旅游品牌分维度感知与整体感知差异分析

项 目	上海	北京	广州	深圳	F	显著性
口碑感知	4.20	4.31	4.19	4.25	3.88	0.009**
旅游形象感知	4.12	4.25	4.13	4.12	5.83	0.001**
城市形象感知	3.96	4.15	4.11	4.21	24.43	0.000***
旅游要素感知	4.09	4.09	4.04	4.08	0.84	0.474
基础设施质量感知	4.35	4.31	4.17	4.25	8.30	0.000***
服务质量感知	3.98	4.09	4.01	4.03	3.76	0.010*
满意度感知	3.64	4.13	4.04	4.09	58.69	0.000***
忠诚度感知	3.90	4.10	4.02	4.02	9.49	0.000***
旅游品牌整体感知	4.08	4.18	4.09	4.13	5.70	0.001**

三、品牌分维度感知的比较分析

此处利用均值、轮廓图等统计分析工具概括被访游客对"北上广深"四个城市旅游品牌在口碑、城市形象、旅游形象、旅游要素质量、基础设施质量、服务质量、满意度、忠诚度等八个维度的游客感知现状进行分析,并结合单因素方差分析比较"北上广深"不同城市旅游品牌分维度游客感知的差异,分析其差异的统计学意义。

(一)口碑感知的比较分析

口碑感知维度主要由"'旅游'有好的口碑""'旅游'知名度很高"两个题项构成。利用轮廓图展示游客评价均值,结果如图 5‑8 所示。与"北京旅游"相似,"上海旅游"品牌的"知名度很高"受到游客的较高认可,均值为 4.40,均值水平高于广州与深圳。另一方面,对"上海旅游"

品牌"有好的口碑"的评分下降明显,在该题项上的得分均值为 4.00,该分值虽不算低(最高分值为 5),但纵向比较看,相较于其他城市的游客评分(北京、广州、深圳均值分别为 4.18、4.15、4.22),其分值在四个城市中处于低位,"上海旅游"品牌口碑的美誉度(此处"好的口碑"一定程度上可视为美誉度)有待提高。尤其是,在旅游品牌的知名度与口碑之间,"上海旅游"品牌出现了明显的错位现象,一致性不高。反观"深圳旅游"品牌,其品牌口碑(均值为 4.31)与知名度(均值为 4.18)的评分基本持平,保持在相对稳定、一致的较高水平上,这有利于目的地城市形象树立与良性发展。

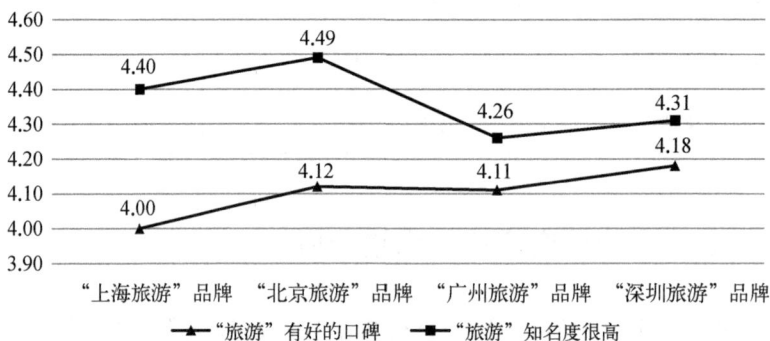

图 5-8 口碑感知的现状分析

进一步地,利用单因素方差分析对不同城市旅游品牌的口碑感知做差异分析。表 5-14 结果显示,在显著性 0.05 水平上,不同城市旅游品牌的口碑感知均存在显著差异。根据多重比较显示,"北京旅游"品牌知名度显著高于上海、深圳、广州,"上海旅游"品牌知名度显著高于广州、深圳。但是,"上海旅游"品牌的美誉度显著低于北京、广州与深圳。深圳尽管是后起之秀,城市旅游知名度略逊于其他城市,却实实在在地赢得了游客的好评。相反,上海城市旅游的高知名度与游客口碑差距较为悬殊,可以说,这与 2023 年度调研分析结果基本一致。拥有高知名度的同时如何维持高分口碑,口碑逊于深圳、北京、广东等城市原因是什么? 这值得城市旅游规划者、管理者进一步反思与探寻。

表 5‑14 不同城市旅游品牌的口碑感知差异分析

项　目	上海	北京	广州	深圳	F	显著性
"旅游"知名度很高	4.40	4.49	4.26	4.31	6.37	0.000***
"旅游"有好的口碑	4.00	4.12	4.11	4.18	8.21	0.000***

利用独立样本 t 检验分析,从时间维度上对 2023 年、2024 年"上海旅游"品牌口碑感知的各要素题项均值作比较(详见表 5‑15)。不难发现,2023 年、2024 年的"上海旅游"品牌口碑评价保持了高度的一致性,均值基本接近,这说明"上海旅游"品牌口碑感知整体良好,但值得一提的是,品牌知名度与美誉度间的差异并未缩小。

表 5‑15 2024 和 2023 年"上海旅游"品牌口碑感知的游客评价比较

项　目	2023	2024	t 值	显著性
"旅游"知名度很高	4.40	4.40	0.219	0.827
"旅游"有好的口碑	4.01	4.00	−0.006	0.995

(二)旅游形象感知的比较分析

旅游形象感知维度主要由"我对该城市旅游的印象很深刻""提到都市旅游,我很容易想到该城市""提到该城市,我很容易想到它的特色和形象""城市有很好的旅游形象"四个题项构成。利用轮廓图展示游客评价均值,结果如图 5‑9 所示,"上海旅游"品牌的旅游形象在游客心智阶梯中形成了较稳定、较一致、较好的旅游形象,因此在四个题项上,游客评分均值分别为 4.13、4.15、4.05、4.13。上海以魔都著称,是中国最大的经济中心和重要的国际金融中心城市,经济、金融、贸易、航运、科技、文化、教育、旅游等多个领域都取得了非常耀眼的发展成就,具有全国甚至全球影响力。各方面发展成就、城市发展地位和城市影响力就牢牢地将其时尚、魔幻、国际化等城市形象与特色刻画于游客的心智中,当提及都市或都市旅游,很难不立刻联想到该城市及其城市特色。北京同样具备类似的城市特征,加之北京是中国数百年来的政治中心,城市底蕴更加丰富,城市形象更加饱满,游客对北京旅游形象 4 个题项的评分也相对其他城市更高。可以说,4 个城市的旅游形象因城市本身的发展和所取得的成就更饱满立体。目的地城市旅游的发展有赖于城市整体的发展,同时城市旅游的发展又将进一步释放、扩大城市整体发展效应。

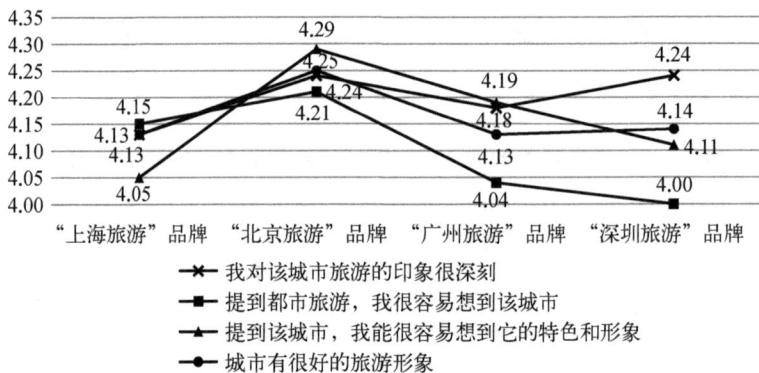

图 5 - 9　旅游形象感知的现状分析

进一步地,利用单因素方差分析对不同城市旅游品牌的形象感知做差异分析。表 5 - 16 结果显示,在显著性 0.001 水平上,不同城市旅游品牌在"我对该城市旅游印象很深刻""提到该城市,我能很容易想到它的特色和形象""该城市有很好的旅游形象"等题项上均存在显著差异。根据多重比较显示,游客对深圳、北京旅游印象深刻的评价显著高于上海,且游客很容易想到北京的特色和形象显著区别于上海、深圳。不难理解,北京的古都魅力与现代风采的碰撞、融合容易留给游客视觉与心理上的双重回味,这是上海难以比拟的资源优势,它更多地代表了从解放初的百废待兴到社会主义现代化国际大都市的中国式现代化进程的缩影。正如此,提及都市旅游,人们容易想到上海(均值为 4.15),在 4 座城市中均值水平较高。总体看,四地游客对所到访的城市都有较高的旅游印象,都市旅游的形象和代表性受到游客较一致的认可,即游客基本认知一致,但提及游客联想到城市特色、形象,以及城市很好的旅游形象时,到访上海的游客评价显著低于其他城市的游客评价,即意味着不同城市游客对该城市的情感认知有一定差距。这或许是上海城市旅游的口碑逊于深圳、北京、广东等城市的内在原因之一。

表 5－16　不同城市旅游品牌的旅游形象感知差异分析

项　　目	上海	北京	广州	深圳	F	显著性
我对该城市旅游印象很深刻	4.13	4.24	4.18	4.24	2.79	0.039*
提到都市旅游,我很容易想到该城市	4.15	4.21	4.04	4.00	5.39	0.001**
提到该城市,我能很容易想到它的特色和形象	4.05	4.29	4.19	4.11	9.25	0.000***
该城市有很好的旅游形象	4.13	4.25	4.13	4.14	2.06	0.103

利用独立样本 t 检验分析,从时间维度上对 2023 年、2024 年"上海旅游"品牌旅游形象感知的各题项均值做比较(详见表 5－17)。同样,2023 年、2024 年的"上海旅游"品牌旅游形象感知评价也保持了高度的一致性,均值差异小。虽多数题项均值较 2023 年有所下降,但"提到都市旅游,我

很容易想到该城市"这一题项均值有所上升,说明上海"都市旅游"标签备受认可,且更容易出圈。

表5-17 2024和2023年"上海旅游"品牌旅游形象感知的游客评价比较

项　目	2023	2024	t值	显著性
我对该城市旅游印象很深刻	4.18	4.13	1.297	0.195
提到都市旅游,我很容易想到该城市	4.13	4.15	−0.538	0.591
提到该城市,我能很容易想到它的特色和形象	4.12	4.05	1.811	0.070
该城市有很好的旅游形象	4.13	4.13	−0.019	0.985

(三)城市形象感知的比较分析

城市形象感知维度主要由"城市有良好的市容环境""城市有良好的社会和人文环境""城市当地居民对游客十分友善"等三个题项构成。利用轮廓图展示游客评价均值,结果如图5-10所示,首先相较于其他城市,"上海旅游"在城市形象各题项的游客评价均略低于其他城市,且均值差异更大。其次,游客对"城市当地居民对游客十分友善"这一表述认可度偏低,无论是纵向或横向比较,均值3.51明显小于其他题项评价,反观北京、广州及深圳等城市,城市形象各题项得分均维持在4分附近,且各题项评分均值较大波动,游客对城市形象的感知整体积极,城市形象各方面良好。主客互动过程及结果对目的地城市积极形象的树立与良性发展会产生较大影响,从结果看,到访上海的游客与当地居民的互动并不理想,这或许是"上海人排外"这一说法影响了游客的评价判断,但仍需重视。无论是游客偏见或是游客在主客互动的经历中产生的确切感受,"上海旅游"品牌的发展需要倾听游客的声音,采取措施改善、消除主客互动中存在的误解或消极体验。

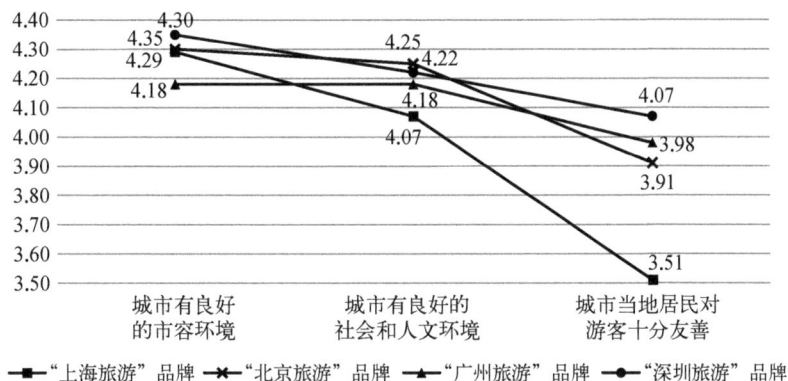

图 5-10 城市形象感知的现状分析

进一步地,利用单因素方差分析对不同城市旅游品牌的城市形象感知做差异分析。表 5-18 结果显示,在显著性 0.05 水平上,不同城市旅游品牌在"该城市有良好的市容环境""该城市有良好的社会和人文环境""该城市当地居民对游客十分友善"等题项上均存在显著差异。根据多重比较显示,上海游客对"该城市有良好的社会和人文环境""当地居民对游客十分友善"的评价显著低于北京、广州和深圳等城市,这也验证了上述均值分析的结果。不难看出,城市"硬件形象"(如市容环境)十分理想,但城市"软件形象"(如当地居民对待游客的态度)有明显的弱点。实际上,上海游客认为当地居民对游客友善程度的评价一定程度上就解释了游客对上海拥有良好的社会和人文环境的评分相对偏低的原因。上海城市人文环境的纠偏和重新塑造,是未来城市旅游品牌发展的重要任务。

用独立样本 t 检验分析,从时间维度上对 2023 年、2024 年"上海旅游"品牌城市形象感知的各题项均值做比较(详见表 5-19)。2023 年、

表 5－18　不同城市的城市形象感知差异分析

项　　目	上海	北京	广州	深圳	F	显著性
该城市有良好的市容环境	4.29	4.30	4.18	4.35	3.19	0.023*
该城市有良好的社会和人文环境	4.07	4.25	4.18	4.22	6.66	0.000***
该城市当地居民对游客十分友善	3.51	3.91	3.98	4.07	48.86	0.000***

2024 年的"上海旅游"品牌城市形象感知评价保持了高度的一致性,不存在显著性差异,但数值差异也在展示一个事实,即城市形象感知评价不升反降,尤其是城市居民友善度的表现更是不如 2023 年,已经达到 3.51 这一明显居中水平,城市"硬"形象(如市容环境)与"软"形象(如居民友善度)之间的差距进一步拉大。

表 5－19　2023 年与 2024 年"上海旅游"品牌城市形象的游客评价比较

项　　目	2023	2024	t 值	显著性
该城市有良好的市容环境	4.30	4.29	0.194	0.846
该城市有良好的社会和人文环境	4.11	4.07	1.234	0.218
该城市当地居民对游客十分友善	3.57	3.51	1.317	0.188

（四）旅游要素感知的比较分析

旅游要素感知维度主要由"城市的景区能够很好地满足我的游览需求""城市的宾馆能够很好地满足我的住宿需求""城市能够很好地满足我的休闲娱乐需求"等三个题项构成。利用轮廓图展示游客评价均值,结果如图 5－11 所示,上海城市旅游的景区、宾馆及休闲娱乐等三大要素在迎

合游客需求方面的均值分别为 4.05、3.99、4.24,较好地满足了人们基本旅
游需求,相较于北京、广州、深圳等 3 个城市,其均值处于相对领先水平。
上海在"城市宾馆能够很好地满足我的住宿需求"方面评价略低,这或与
当地宾馆住宿的价格、环境、地理位置、供需紧张等因素有关。总体来说,
此处城市旅游要素主要考察了景区、宾馆及休闲娱乐设施,这三类要素代
表了城市旅游发展的"硬件"标准,上海城市旅游要素的游客评价整体较
为乐观,说明上海城市的旅游要素供给相对合理,整体迎合旅游者需求。

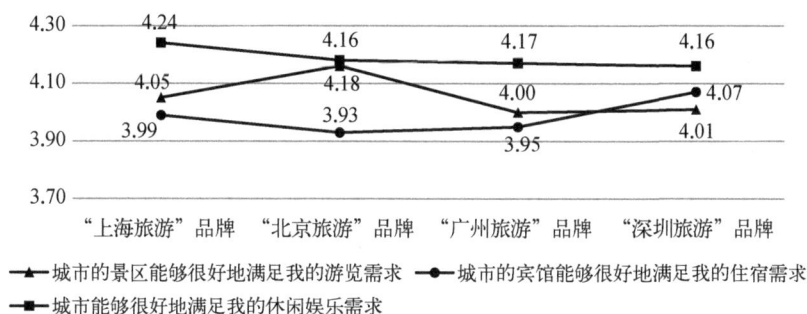

图 5-11 旅游要素感知的现状分析

　　进一步地,利用单因素方差分析对不同城市旅游品牌的旅游要素感
知做差异分析。表 5-20 结果显示,在显著性 0.001 水平上,不同城市
旅游品牌在"该城市宾馆能够很好地满足我的住宿需求""该城市能够
很好地满足我的休闲娱乐需求"等题项上存在显著差异。根据多重比较
显示,北京游客对"该城市景区能够很好地满足我的游览需求"的评价
显著高于上海、广州与深圳,这或与北京旅游景区特征有关,如价格亲
民、类型丰富、文化底蕴深厚、景区质量等级高等。同时,需要指出的
是,游客对上海、北京、广州等地城市宾馆的评价略低,这或与超一线城
市宾馆住宿价格有关,高昂的旅游、休闲费用或可能影响人们城市旅游
的体验价值评价,甚至劝退部分人们的休闲、旅游行为的发生,尤其是

在当下经济持续低迷的背景下,旅游产品定价尤为重要。

表 5-20　不同城市旅游要素感知的差异分析

项　　目	上海	北京	广州	深圳	F	显著性
该城市景区能够很好地满足我的游览需求	4.05	4.16	4.00	4.01	3.09	0.026*
该城市宾馆能够很好地满足我的住宿需求	3.99	3.93	3.95	4.07	1.71	0.164
该城市能够很好地满足我的休闲娱乐需求	4.24	4.18	4.17	4.16	1.32	0.265

利用独立样本 t 检验分析,从时间维度对 2023 年、2024 年"上海旅游"品牌旅游要素感知的各题项均值做比较(详见表 5-21)。这两年间,游客对旅游要素感知的各题项评价未显示出显著差异,尽管 2024 年的游客评价略低于 2023 年,但基本保持在 4 分及以上,这也是上海旅游的发展基础和优势。

表 5-21　2023 年与 2024 年"上海旅游"品牌
旅游要素感知的游客评价比较

项　　目	2023	2024	t 值	显著性
该城市景区能够很好地满足我的游览需求	4.10	4.05	1.499	0.134
该城市宾馆能够很好地满足我的住宿需求	4.00	3.99	0.333	0.739
该城市能够很好地满足我的休闲娱乐需求	4.28	4.24	1.161	0.246

(五)基础设施质量感知的比较分析

基础设施质量感知维度主要由"城市的交通、卫生、网络等基础设施良好""城市的城市标识系统清晰、明确"等两个题项构成。利用轮廓图展示游客评价均值,结果如图 5-12 所示,上海的城市基础设施质量均维持在较高的水平,游客评价均值分别为 4.39、4.30,居于四个城市的首位,其次是北京和深圳,仅广州的城市基础设施质量在游客评分上略逊于其他城市。总的来说,城市基础设施完善、标识系统清晰等为城市旅游发展、构建积极的城市旅游品牌提供了重要的先决条件。

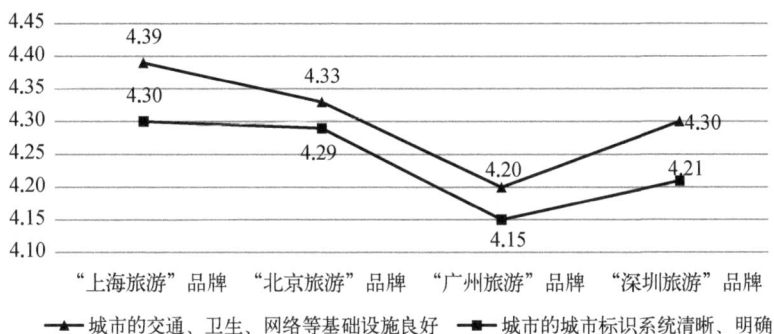

图 5-12 基础设施质量感知的现状分析

进一步地,利用单因素方差分析对不同城市旅游品牌的基础设施感知做差异分析。表 5-22 结果显示,在显著性 0.001 水平上,不同城市旅游品牌在"该城市交通、卫生、网络等基础设施良好""该城市的城市标识系统清晰、明确"题项上均存在显著差异。根据多重比较显示,上海游客对"该城市交通、卫生、网络等基础设施良好"的评价显著高于广州和深圳,对"该城市的城市标识系统清晰、明确"的评价显著高于广州。实际上,上海基础设施质量在 4 个城市处于领先水平,结合城市旅游要素感知的分析,不难发现,上海城市旅游的基础设施与旅游服务设施均受到游客高度评价,这也是上海城市旅游品牌建设的重要基础和优势。

利用独立样本 t 检验分析,从时间维度上对 2023 年、2024 年"上海旅游"品牌的基础设施质量感知各题项均值做比较(详见表 5-23)。相较于

表 5－22　不同城市基础设施质量感知的差异分析

项　　目	上海	北京	广州	深圳	F	显著性
该城市交通、卫生、网络等基础设施良好	4.39	4.33	4.20	4.30	6.13	0.000***
该城市的城市标识系统清晰、明确	4.30	4.29	4.15	4.21	4.03	0.007**

2023 年,虽没有显著差异,但游客对基础设施质量感知的评价均值略有增长,上海城市的高现代化水平是发展都市旅游的重要保障,也是其他城市难以比拟的优势。

表 5－23　2024 和 2023 年"上海旅游"品牌基础
设施质量感知的游客评价比较

项　　目	2023	2024	t 值	显著性
该城市交通、卫生、网络等基础设施良好	4.38	4.39	－0.347	0.729
该城市的城市标识系统清晰、明确	4.29	4.30	－0.250	0.803

（六）服务质量感知的比较分析

服务质量感知维度主要由"城市能提供高品质的体验""在城市旅游,我能很好地体验到当地居民的生活状态和社会风情""城市旅游从业人员具有高水平的服务技能""城市旅游从业人员具有热情的服务态度""城市旅游从业人员的服务特色鲜明""城市能提供有效的旅游服务保障"等六个题项构成(为方便展示,轮廓图中的题项表达略有精简)。利用轮廓图展示游客评价均值,结果如图 5－13、图 5－14 所示,各城市间横向比较看,与"人"(如当地居民、旅游从业人员等)有关的上海旅游服务质量题项均值均不超过 4,多个题项的均值在 4 个城市中处于最低水平。而其他题项的均值水平则保持了较高的水平,与其他城市不分上下。旅游从业者、旅游城市的社区居民、旅游者是目的地城市发展中非常重要的利益相关者,如何协调、管理利益相关者间可能存在的冲突是目的地城市管理的重要课题,这也是上海未来旅游发展需要解决的重要问题。

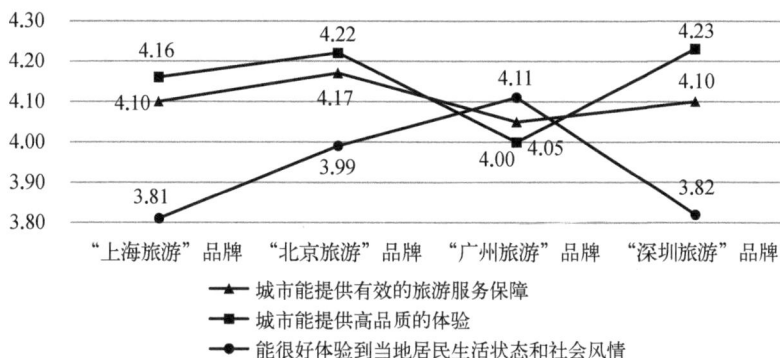

图 5-13　服务质量感知的现状分析(1)

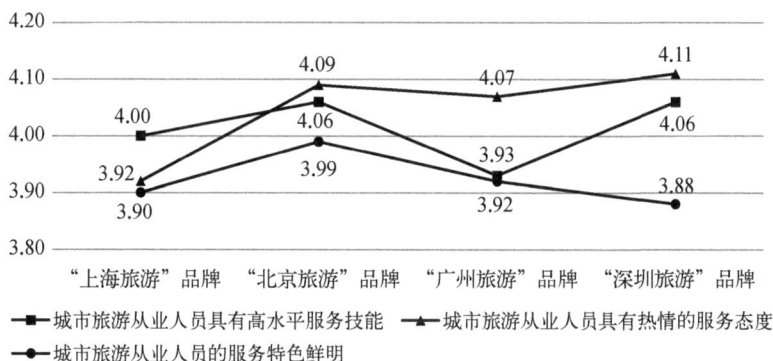

图 5-14　服务质量感知的现状分析(2)

进一步地,利用单因素方差分析对不同城市旅游品牌的基础设施感知做差异分析。表 5-24 结果显示,在显著性 0.05 水平上,不同城市旅游品牌在"该城市能提供高品质的体验""在该城市旅游,我能很好地体验到当地居民的生活状态和社会风情""该城市旅游从业人员具有热情的服务态度"等题项上存在显著差异。根据多重比较显示,上海、北京与深圳游客对"该城市能提供高品质的体验"评价显著高于广州。然而,上海游客对"在该城市旅游,我能很好地体验到当地居民的生活状态和社会风情"的评价显著低于北京、广州,但值得一提的是,尽管深圳游客在该题项的评价显著低于北京、广州,但深圳是一个典型的移民城市,人口来自全国各地,"当地居民生活状态和社会风情"表征不明显、特色不突出也符合城市发展背景。因此,尽管评分接近,评分偏低的背后原因有着本质不同。此外,上海游客对"该城市旅游从业人员具有热情的服务态度"的游客评价显著低于北京、广州与深圳。一方面,上海、深圳等城市主要旅游、休闲场所与当地居民社区空间有较大的位置隔离,部分场所的商业化较为严重,游客很难近距离地、直观地感受到当地居民的生活状态和社会风情。另一方面,游客对从业人员服务态度的评分相对不高这也意味着上海城市旅游在"人"的管理上仍有较大的突破空间。

表 5–24 不同城市服务质量感知的差异分析

项　　目	上海	北京	广州	深圳	F	显著性
该城市能提供有效的旅游服务保障	4.10	4.17	4.05	4.10	1.35	0.256
该城市能提供高品质的体验	4.16	4.22	4.00	4.23	6.92	0.000***
在该城市旅游,我能很好地体验到当地居民的生活状态和社会风情	3.81	3.99	4.11	3.82	12.40	0.000***
该城市旅游从业人员具有高水平的服务技能	4.00	4.06	3.93	4.06	2.13	0.095
该城市旅游从业人员具有热情的服务态度	3.92	4.09	4.07	4.11	7.59	0.000***
该城市旅游从业人员的服务特色鲜明	3.90	3.99	3.92	3.88	1.26	0.288

利用独立样本 t 检验分析,从时间维度对 2023 年、2024 年"上海旅游"品牌服务质量感知各题项均值做比较(详见表 5 - 25)。同样,各题项均值相较于 2023 都有所降低,且"在该城市旅游,我能很好地体验到当地居民的生活状态和社会风情"题项的均值水平显著低于 2023 年,游客对当地居民的生活状态和社会风情体验评价愈发走低,这与居民友善度评价形成了呼应。

表 5 - 25　2023 年与 2024 年"上海旅游"品牌服务
质量感知题项的游客评价比较

项　目	2023	2024	t 值	显著性
该城市能提供有效的旅游服务保障	4.13	4.10	0.873	0.383
该城市能提供高品质的体验	4.20	4.16	1.129	0.259
在该城市旅游,我能很好地体验到当地居民的生活状态和社会风情	3.89	3.81	2.099	0.036*
该城市旅游从业人员具有高水平的服务技能	4.00	4.00	0.078	0.938
该城市旅游从业人员具有热情的服务态度	3.97	3.92	1.246	0.213
该城市旅游从业人员的服务特色鲜明	3.92	3.90	0.561	0.575

（七）物价水平感知的比较分析

物价水平感知维度主要由"城市景区门票价格比较合理""城市住宿价格比较合理""城市餐饮价格比较合理""城市旅游商品价格比较合理"等 4 个题项构成,利用轮廓图展示游客评价均值,结果如图 5 - 15 所示。4 个城市的游客对景区价格、住宿价格、餐饮价格及旅游商品价格满意度评价均低于 4,说明游客尚不满意,而上海各方面价格的满意度评价均处于末位水平,不超过 3.5。北京诸多著名景点、景区是历史古建筑,多数是重点文物保护建筑或单位,知名度及数量可能远超人工旅游吸引物,其门票价格也较为便宜。因此,北京景区门票价格的合理性受到游客的较高认可,但住宿、餐饮、旅游商品等价格合理性与上海一致,都处于评价的末位水平。北京、上海同时作为中国的经济中心,经济发达、经济发展水平高,这也导致城市各方面物价水平相较于其他城市更高,高消费成为北京、上海等城市旅游的重要特征。

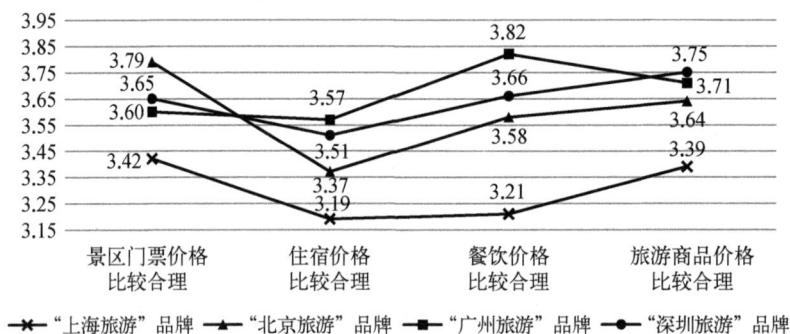

图 5-15　物价水平感知的现状分析

进一步地,利用单因素方差分析对不同城市旅游品牌的满意度感知做差异分析。表 5-26 结果显示,在显著性 0.05 水平上,不同城市旅游品牌在 4 个题项上均存在显著差异。根据多重比较显示,上海游客对"该城市景区门票价格比较合理"满意度评价显著低于北京、广州及深圳等城市,这或与上海著名景点中以人造旅游吸引物居多,完全商业化运作模式容易造成景区门票价格偏高。其次,上海、北京游客对住宿、餐饮及旅游商品价格的满意度评价显著低于北京、广东、深圳。正如上述现状分析所言,上海作为中国经济最发达的城市,加之以经济功能为导向的高投资人造旅游吸引物居多,高物价、高消费似乎成为城市旅游消费的必然特征。

表 5 - 26 不同城市物价水平感知的差异分析

项 目	上海	北京	广州	深圳	F	显著性
该城市景区门票价格比较合理	3.42	3.79	3.60	3.65	14.95	0.000***
该城市住宿价格比较合理	3.19	3.37	3.57	3.51	14.85	0.000***
该城市餐饮价格比较合理	3.21	3.58	3.82	3.66	39.69	0.000***
该城市旅游商品价格比较合理	3.39	3.64	3.71	3.75	16.87	0.000***

利用独立样本 t 检验分析,从时间序列层面对 2023 年、2024 年"上海旅游"品牌物价水平感知各题项均值做比较(详见表 5 - 27)。相较于 2023 年,游客对物价水平感知的评价进一步下降,甚至趋近于 3 分,其中游客对城市住宿价格的合理性、餐饮价格合理性评价显著低于 2023 年,下降最为明显。近年来,上海物价水平成为不少网民津津乐道的焦点,甚至产生了网络流行语——"沪币",笑称上海有自己单独的"沪币",物价水平令人叹为观止。当下经济持续低迷,旅游消费价格需要控制在一定水平,消费刺激不能仅从提升门票、住宿、餐饮等刚需产品价格入手。

表 5 - 27 2024 和 2023 年"上海旅游"品牌物价水平感知的游客评价比较

项 目	2023	2024	t 值	显著性
该城市景区门票价格比较合理	3.50	3.42	1.771	0.077
该城市住宿价格比较合理	3.31	3.19	2.417	0.016*
该城市餐饮价格比较合理	3.44	3.21	4.774	0.000***
该城市旅游商品价格比较合理	3.47	3.39	1.663	0.096

（八）整体满意度感知的比较分析

整体满意度感知维度主要由"总体而言,我在相应城市的旅游体验很愉悦""总体而言,我对相应城市旅游品牌感到满意""我会持续关注相应城市"等3个题项构成,利用轮廓图展示游客评价均值,结果如图5-16所示。整体满意度评价上,游客对上海旅游体验整体满意度均值均超过4,但与各城市的横向比较看,游客对上海整体满意度各题项的评价均值都低于其他3个城市,反之,游客对北京、深圳旅游体验整体满意度评价在4个城市中处于相对较高水平。这或与上述游客对住宿、景区、餐饮及旅游商品等价格合理性的满意状况有一定关联。

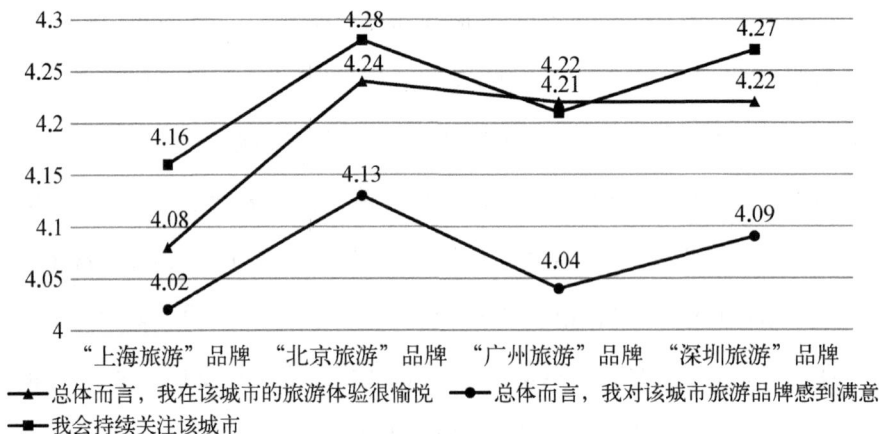

图5-16 整体满意度感知的现状分析

进一步地,利用单因素方差分析对不同城市旅游品牌的满意度感知做差异分析。表5-28结果显示,除了在"总体而言,我对该城市旅游品牌感到满意"有较高、较一致的满意度评价,在显著性0.05水平上,不同城市旅游品牌在剩余2个题项上均存在显著差异。根据多重比较显示,上海游客对城市旅游体验的愉悦性显著低于广东和深圳,而北京、广州与深圳在题项上保持了很高的一致性。尽管上海游客的城市旅游体验的愉悦性也在 4 分以上,但很显然与北京、广州、深圳有统计意义上的显著差距,这或可能是由游客对城市旅游住宿、门票、餐饮、旅游商品等性价比的较差感知所引发的。最后,上海游客对所游览城市的持续关注评价上也显著低于北京、深圳,说明上海城市的旅游持续吸引力可能相较其他城市仍有待提高。

表 5－28 不同城市满意度感知的差异分析

项　　目	上海	北京	广州	深圳	F	显著性
总体而言,我在该城市的旅游体验很愉悦	4.08	4.24	4.22	4.22	8.04	0.000***
总体而言,我对该城市旅游品牌感到满意	4.02	4.13	4.04	4.09	2.06	0.104
我会持续关注该城市	4.16	4.28	4.21	4.27	3.08	0.026*

利用独立样本 t 检验分析,从时间序列层面对 2023 年、2024 年"上海旅游"满意度感知各题项均值做比较(详见表 5－29)。虽然游客对各题项的评价略低于 2023 年,但各题项均值仍保持在 4 分以上,且未显示出统计学意义上的显著差异,游客的整体满意度较高,未受到价格、居民友善度的影响。

表 5－29 2024 和 2023 年"上海旅游"满意度感知的游客评价比较

项　　目	2023	2024	t 值	显著性
总体而言,我在该城市的旅游体验很愉悦	4.11	4.08	0.818	0.413
总体而言,我对该城市旅游品牌感到满意	4.05	4.02	0.884	0.377
我会持续关注该城市	4.23	4.16	1.915	0.056

(九) 忠诚度感知的比较分析

忠诚度感知维度主要由"我会再去该城市旅游""我会建议其他人到该城市旅游""我愿意为在该城市旅游支付较高的价格"三个题项构成。利用轮廓图展示游客评价均值,结果如图5-17所示,到访各个城市的游客都表达了较高的重游意愿(均值均不低于4.20),且向他人推荐意愿较为强烈(均值在4分左右),但4个城市的到访游客普遍对价格较为敏感,对"为在该城市旅游支付较高价格"的态度较为保守,且到访上海的游客评价均值最低。因此,对于近年来部分景区涨价、酒店住宿涨价等商业行为很有可能"劝退"了部分潜在旅游者。

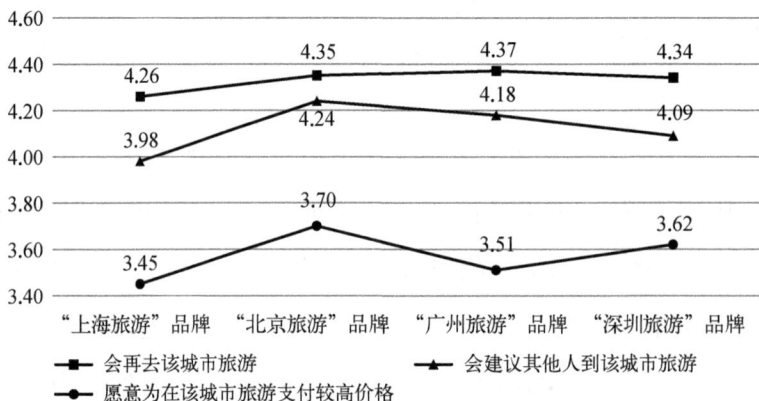

图5-17 忠诚度感知的现状分析

进一步地,利用单因素方差分析对不同城市旅游品牌的忠诚度感知做差异分析。表5-30结果显示,不同城市旅游品牌均拥有较高、较一致的游客重游意愿,但在"我会建议其他人到该城市旅游""我愿意为在该城市旅游支付较高的价格"两个题项上存在显著差异,具体表现为,上海游客的推荐意愿显著低于其他三个城市的游客,且在支付较高价格意愿上,上海游客意愿度显著低于北京和深圳,这意味着游客们的消费潜力释放空间相对有限。

表5-30 不同城市忠诚度感知的差异分析

项 目	上海	北京	广州	深圳	F	显著性
我会再去该城市旅游	4.26	4.35	4.37	4.34	2.38	0.068
我会建议其他人到该城市旅游	3.98	4.24	4.18	4.09	10.35	0.000***
我愿意为在该城市旅游支付较高的价格	3.45	3.70	3.51	3.62	6.51	0.000***

利用独立样本 t 检验分析,从时间序列层面对 2023 年、2024 年"上海旅游"品牌忠诚度各题项均值做比较(详见表5-31)。游客个人重游意愿较高,但游客的推荐意愿下降明显,且显著低于 2023 年。同时,游客对在该城市旅游支付较高的价格一如既往的低评分。

表5-31 2024 和 2023 年"上海旅游"品牌忠诚度感知的游客评价比较

项 目	2023	2024	t 值	显著性
我会再去该城市旅游	4.30	4.26	1.067	0.286
我会建议其他人到该城市旅游	4.06	3.98	2.107	0.035*
我愿意为在该城市旅游支付较高的价格	3.53	3.45	1.640	0.101

第三节 "上海旅游"品牌发展的基础和挑战

通过"北上广深"四个城市旅游品牌的游客感知的比较分析发现,上海城市旅游品牌建设既有优势与良好的基础,同时也存在一定的劣势与不足。

一、发展的基础

首先,上海城市的基础条件受到游客的高度认可,包括城市良好的市容环境、城市良好的社会和人文环境、城市良好的交通/卫生/网络等基础设施、城市的城市标识系统清晰明确等,与北京、广州和深圳等城市相比也具备领先地位;其次,上海城市旅游配套服务设施完善,游客认可度较高,城市的景区、宾馆及休闲娱乐场所较好地满足了消费者需求,游客评价不逊于北京、深圳等城市;再者,上海城市旅游品牌具备一定的形象基础,包括"上海旅游"的知名度很高,提及都市旅游时人们很容易想到上海,城市的社会和人文环境也获得了游客一定的认可;进一步地,上海城市旅游的游客体验方面,游客们一直认为城市给他们提供了较高品质的旅游体验和有效的旅游服务保障,城市从业人员的服务技能、服务特色相对鲜明。因此,游客在上海的城市旅游体验愉悦,整体满意度较高,且保持较高的重游意愿和向他人推荐意愿。值得一提的是,尽管游客对居民友善度、物价水平感知等评价不高,但游客的整体满意度、忠诚度并未受到明显的影响,相反,相关题项均值仍保持在 4 分以上。上海作为典型的都市旅游目的地,有着超一线城市本身难以撇去的标签,但其人口的多元,生活的多样性,现代化、国际化程度也令无数游客心向往之,旅行途中的噪声、小插曲可能远胜于目睹、体验魔都风采的喜悦与震撼。

二、面临的挑战

第一,尽管上海旅游在四个城市中处于知名度的头部地位,广为人知,游客口碑也在均值 4 以上,城市旅游品牌的知名度与美誉度(口碑一定程度上可视为美誉度)并未保持在相对一致的水平上,反而游客评价差距较为悬殊,且统计分析结果显示,上海城市旅游口碑评价显著低于北京、广州及深圳等城市。相反,北京、深圳城市旅游的高知名度与高口碑的高一致性是 4 个城市口碑感知的典型代表。

第二,上海是都市旅游的典型代表,但城市资源特色、旅游形象不明显,相关游客评价显著低于北京、深圳等城市。一定程度上可以总结为,游客对上海城市的旅游形象有较高的认知,但情感层面的评价与北京、深圳、广州有差距。

第三,主客互动的体验或成为上海城市旅游品牌建设的"硬伤"。上海游客在"城市当地居民对游客十分友善""城市旅游从业人员具有热情的服务态度""能很好地体验到当地居民的生活状态和社会风情"等题项上的评价均小于 4,且显著低于其他城市。上海城市旅游对主客互动中"人"的管理有较大的突破空间,尤其是关于如何提升游客主客互动体验的问题,这将在未来成为上海旅游品牌建设的重要课题。

第四,当前经济前景疲软的情况下,旅游的"刚需产品"如酒店、餐饮及景区门票等的价格提高了消费者的敏感性,尽管游客整体满意度与重游意愿较高,但物价水平评价低,对景区门票、住宿、餐饮及旅游商品等价格合理性给出了均不超过 3.5 的均值评价,且这一均值水平显著低于其他城市。"刚需产品"的高消费意味着在其他产品与服务的消费潜力难以得到释放。因此在"为该城市旅游支付较高的价格"题项上,上海游客的意愿度显著低于北京、广州与深圳,在经济持续低迷的当下,摸索价格制定策略、降低消费者价格敏感性、进一步释放消费者的消费意愿成为一门重要课题。

第四节　结 论 与 建 议

基于游客感知视角,从城市旅游品牌要素及城市旅游品牌感知等两方面分析上海、北京、广州及深圳等四个城市旅游品牌建设现状。比较分析发现,上海城市旅游品牌建设既有明显的优势,亦有相对突出的短板。基于城市旅游品牌建设存在的问题,本报告提出相应的对策建议为城市管理者提供参考。

一、主要结论

(一)上海城市旅游品牌建设的优势

第一,上海城市基础设施条件优越,市场反响好,处于四个城市中的领先水平。其中,以市容环境、社会和人文环境、交通/卫生/网络等基础设施、城市标识系统等为代表的城市基础设施条件受到游客的高度评价,与北京城市基础设施的游客评价基本持平,且优于广州和深圳等城市。一直以来,上海以建设卓越全球城市和社会主义现代化国际大都市为目标愿景,对标国际一流标准,城市基础设施建设质量不断提升,从游客感知结果看,卓有成效。优越的硬环境为上海旅游品牌奠定了重要的建设基础。

第二,上海的景区、宾馆及休闲娱乐场所等旅游要素迎合市场需求,市场认可度高。上海的景区、宾馆及休闲娱乐场所等旅游要素的市场化配置合理,较好地满足了游客需求,也获得了市场高度认可,游客对此评价较高,与广州、深圳等城市基本持平,且显著高于北京。尽管上海与北京同为中国经济中心,城市经济发展水平高,但北京的城市宾馆似乎没有很好地满足游客的需求,而上海各方面旅游要素市场化配置的合理性均受到游客的高度认可,一定程度上契合了"以人为本"的"人民城市人民建,人民城市为人民"的城市建设理念。

第三,城市旅游品牌建设具备较好的形象建设基础,知名度高。"上海旅游"具备很高市场知名度,游客对其知名度感知显著高于广州、深圳。

当提及都市旅游时,游客很容易联想到上海,这意味着上海极具都市旅游的代表性,这一标签可能令上海更容易出圈。高知名度、都市旅游的代表性城市等形象是上海城市旅游品牌建设的重要基础,后续需要借船下海,进一步识别上海旅游形象及目的地属性、特色,物化展示品牌本体,扩大品牌影响力。

第四,城市旅游体验的品质高,游客旅游体验愉悦感强,整体满意度高,重游意愿及推荐意愿强烈,形成了顾客价值传递的良性循环。上海各类旅游产品(如休闲娱乐、住宿、景区)的供给迎合旅游者需求,且城市能提供有效的旅游服务保障,因此城市旅游体验的品质受到市场的高度认可。高品质的旅游体验继而引发了愉悦的情感体验,游客的整体满意度高,重游意愿与向他人推荐的意愿均较为强烈,至此则形成了顾客价值传递的良性循环,旅途中的小插曲(如居民友善度不高、高消费)并未对顾客价值传递造成明显阻碍。

(二)上海城市旅游品牌建设的短板

第一,"上海旅游"品牌要素(口号、宣传片、品牌 Logo)的市场客观评价差异略小,主观评价差异较大,品牌要素未发挥营销宣传作用,未对市场形成认知、情感及行为意向上连续且正向影响。口号、宣传片、品牌 Logo 等旅游品牌要素的推出是旅游目的地品牌化的开端,它是为了传递目的地形象、塑造目的地品牌、吸引游客而基于战略定位向公众做出的承诺。市场对各城市旅游宣传片的熟悉度差异不大,但旅游口号的市场熟悉度上,上海旅游口号数量较多(北京、广州及深圳仅 1 个),但均仅有七成左右的调研群体熟悉各旅游口号,宣传口号的市场普及度不及北京、广州及深圳。旅游品牌 Logo 的市场熟悉度亦面临类似问题。市场主观评价上,尽管游客认为"上海旅游"品牌的宣传口号、宣传片还不错,但并未真正发挥传递目的地特色、形象等作用,因此"宣传口号/Logo 能准确传递城市的旅游资源特色""宣传口号/Logo 能迅速令人回忆起城市旅游特征和形象"等游客评价明显低于北京、深圳。一般来讲,认知是情感产生的基础,认知和情感又构成行为意向的基础。正如此,难以激发游客到访目的地城市的行为意向,因此游客对"Logo 能够激发人去旅游的欲望"题项的评价不及其他三个城市。可以说,品牌各要素在游客的认知、情感及行为意向上并未形成积极的、连续性影响。反观"深圳旅游"与"北京旅游",品牌三要素在游客认知、情感和行为意向层面的题项评分均值较高且均值接近,充分地发挥了其效用,在认知、情感及行为意向上对游客形成了持续、积极的影响。同时,需要指出的是,游客对品牌要素的多个题项评价均值显著低于2023 年,"上海旅游"品牌要素发挥的作用十分有限。解决这一问题,或要从"上海旅游"品牌三要素顶层设计上入手,要素内容、要素传播手段、要素创意性、要素表征性、要素营销效果的监测与反馈等均需要纳入考量。

第二,知名度与美誉度虽高,但错位明显,且均值水平显著低于北京、广州与深圳。尽管上海旅游知名度和美誉度的均值都在4 分以上,是都市旅游的代表性城市,4.4 分知名度与4.0 分美誉度间的错位也是显而易见。反观北京、广州与深圳,知名度与美誉度的差距均小于上海,尤其是深圳,既具备较高旅游知名度和美誉度,同时两者的游客评价水平基本接近。进一步地,横向比较看,上海城市旅游的知名度与美誉度评价显著低于北京、广州及深圳。

第三,城市硬环境优势突出,但软环境的竞争力有待提升,尤其体现在主客互动体验中的情感体验。如上所述,上海城市基础设施条件良好、旅游要素配置合理、旅游体验品质高,硬环境优势十分突出,但以主客互动体验为代表的城市软环境竞争力较弱,尤其是主客互动体验中的情感体验较差,具体表现为对"城市旅游从业人员具有热情的服务态度""能很好体验到当地居民生活状态和社会风情"等题项评价均小于 4 分,而"城市当地居民对游客十分友善"这一题项均值接近 3.5,显著低于北京、广州与深圳。如何协调、管理目的地城市居民、到访目的地游客、目的地旅游从业人员等利益相关者间可能存在的冲突,提升游客主客互动体验的情感体验,这是进一步优化上海旅游服务质量、塑造城市形象的关键抓手。

第四,城市旅游形象整体良好,但市场对上海旅游形象及城市特色认知显著不及北京、深圳。实际上,上海城市旅游品牌已具备"知名度高"和"都市旅游代表性城市"等城市旅游形象的基础性认知,且游客对上海旅游品牌的形象感知评价较高,但游客对城市特色的认知评价显著不及北京、深圳,结合上述旅游品牌各要素的游客感知评价,有必要通过旅游口号、旅游宣传片及品牌 Logo 强化游客对上海城市形象和特色的认知。

第五,市场价格敏感性较高,游客对价格合理性评价显著低于北京、广州及深圳。与其他城市游客一样,上海游客对价格较敏感,对景区门票、住宿、餐饮及旅游商品等价格合理性给出了均不超过 3.5 的均值评价,且上海游客对旅游中"刚需产品"价格合理性评价均显著低于其他城市,高物价、高消费是上海城市旅游的典型特征,其城市经济发展水平决定了这一特征的必然性。但也要警惕部分景区、酒店等商家刻意的涨价行为,很容易"劝退"价格敏感型的潜在旅游者。当下经济疲软,城市管理者在旅企价格干预、降低消费者价格敏感性、释放消费意愿等方面需要发力,加大市场刺激力度,提振旅游经济。

二、对策建议

第一,基于口号、宣传片及 Logo 进行上海城市旅游品牌再开发

围绕旅游口号、旅游宣传片及品牌 Logo 开展城市旅游品牌再开发的工作,目前上海旅游有多个宣传口号,但各口号的市场熟悉度不高,有必

要结合上海的地理文脉、历史渊源等地方独特性,重新设计并提炼出1个城市宣传口号,宣传口号过多容易造成宣传口径不统一、市场认知模糊等问题。后续上海城市旅游品牌建设过程中,需要针对上海目前城市形象现状、市场态势、资源禀赋以及以往的品牌要素开发情况评估等进行情境分析,随后可以征求目的地政府、旅游企业、社区居民及旅游者等目的地重要利益相关者对未来品牌建设的看法和意见,并从中提炼出城市最为独有的特征或属性,最终据此开发目的地品牌本体,向市场推出旅游目的地品牌和动态监测品牌的运行情况。需要注意的是,反观深圳旅游品牌要素的建设情况与市场感知结果看,旅游口号、品牌Logo及旅游宣传片作为品牌三要素,既相互独立又紧密关联,三要素在设计和呈现上需注重一致性,否则难以发挥有效持续且效应叠加的品牌要素影响力。

第二,强化旅游目的地品牌的营销宣传

目前,上海城市旅游形象的市场评价与城市旅游知名度虽保持了较高的水平,但并不意味着无需做城市旅游品牌的营销推广。尤其是当下市场对上海城市形象和特色的认知较为模糊,需要利用城市旅游品牌再开发的品牌要素,加大宣传口号、宣传片及品牌Logo的投放力度,持续地传达与上海紧密相关的、对难忘的旅游体验的期待,强调、强化旅游者与旅游目的地之间的情感联系,这将有助于清晰化市场对城市旅游形象和特点的认知,创建积极影响消费者的旅游目的地形象,真正实现在形成目的地认知、怀有目的地体验期待的基础上激发人们前往上海旅游的行为意愿。

第三,深入调研并厘清主客互动过程及主客互动体验形成机理,以便提出针对性改进措施。上海城市旅游的软环境建设相对短板,其中以主客互动体验中的情感体验尤甚。需要营造良好主客交往的氛围,但如何营造氛围?主客互动体验的情感体验不理想是由于居民、旅游从业人员态度导致,还是旅游者对上海本地人文环境的偏见导致?因此,有必要面向不同利益相关者做深入调研,倾听并了解各方声音,理解当地居民、旅游从业人员对待旅游业、旅游者的态度,了解旅游者对上海人文环境的实际认知情况,厘清主客互动过程、结果及主客互动的形成机理,以便掌握主客交往、互动不理想的深层原因,进而给出具有针对性的改进措施或方案。需要指出的是,营造良好的主客交往氛围不能简单由居民和旅游从业人员态度的改善达成,应将保障本地居民利益作为首位,这包括经济收益的保障、居民社区生活空间的保护、城市休闲空间的主客共享权利保障等。

第四,聚焦文旅领域,省市联动、政企协同式运作,可适当降低旅游"刚需产品"价格,弱化游客的价格敏感性。目的地城市旅游过程中,吃住行游是刚需,受城市高消费特征和经济疲软的影响,刚需支出比例较高,购物、娱乐等需求弹性变大,消费意愿压抑。因此,需要省市联动、政企联动,适当降低"刚需旅游产品"价格,尤其对节假日住宿、餐饮、景区门票等产品价格做好监督和管控。一方面,对组织来沪过夜游的旅行社,可以按照每人每夜一定的标准给予旅行社奖励,激发旅行社创业活力。另一方面,可通过"真金白银"的补贴形式保证旅企运营和创收,持续改善游客预期,弱化游客的价格敏感性,增强消费意愿。

第五,依托大数据精准捕捉消费者需求和市场变化,顺应旅游消费特点,以良好体验培育壮大新型消费,深挖消费潜力,实现消费发力点的转移与升级。目前,上海正处在全面推进城市数字化转型阶段,利用大数据精准捕捉新生代消费者在景区门票、餐饮、旅游商品、住宿等方面的需求,找到与新生代消费者的情感联结,优化旅游产品的供给,创造新型旅游消费场景。同时,依据商用算法合理性推荐,让消费者为其高峰、沉浸式游玩、娱乐、购物体验付费,实现消费发力点的转移和升级,由此释放消费潜力。

参考文献：

［1］Boo S, Busser J, Baloglu S. A model of customer-based brand equity and its application to multiple Destinations［J］. Tourism Management，2009，30：219－231.

［2］徐尤龙,钟晖,田里.基于 IPA 法的旅游目的地形象测量与问题诊断——以昆明市为例［J］.北京第二外国语学院学报,2015,37(7)：64－69.

［3］夏媛媛.基于游客视角的景区品牌资产模型构建［D］.南昌：江西师范大学,2017.

第六章 "新中式"旅游潮下的上海文旅深度融合发展提质升级思考[①]

第一节 概 论

"新中式"旅游,是在文旅深度融合高质量发展的推动下,以中国传统文化为根基,为满足新时代审美和新消费需求,进行再创作的一种既包含传统意蕴,又符合现代价值的文化旅游新样态。区别于对传统中式旅游的简单复制,它是在传承"中式"文化内核的支点上,从旅游供给侧发力创新,借助新科技,融合新理念,搭建新场景,催生新业态,强调新体验,成为撬动文旅市场新机遇的消费形态。

近年来,"新中式"旅游在市场竞争中受到热捧,实现弯道超车。据文化和旅游部数据显示,我国传统文化类景区的数量已从 2012 年的 2 064 个增至 2023 年的 4 000 余个,实现了年均 8％的稳步增长率;2024 年国庆假日期间,全国举办了近 3 900 场非遗传承实践相关活动,逛非遗集市、看非遗演出、品非遗味道成为年轻人假期的新选择。另据公开数据显示,自 2024 年 4 月以来,美团平台上"汉服妆造"的搜索量同比增长 136％;"一

---

① 本章作者:陈彦婷(上海市文化和旅游事业发展中心)。

座有着千年历史的古镇""赏古镇历史建筑""地上古建看山西"等话题登上小红书国庆热搜榜。该趋势的背后是消费者对于中国文化、传统文化、在地文化的深度认同和市场需求的双向奔赴。可以预见,这种以文化为代表的导向,融合现代技术的全新旅游模式,不仅能够较好地推进优秀文化的创造性转化和创新性发展,还能激发出诸多旅游新消费增长点,为文旅经济高质量发展提供新引擎。基于此,本章通过深入分析"新中式"旅游的风从何来、何以走红,为上海文旅深度融合发展的乘势何为提出相关建议。

第二节　风从何来:还原"新中式" 旅游不 City 的自画像

从概念初立到创意"破壁","新中式"旅游业态不断跨界融合、多点开花,加速扑向年轻消费群体,构建起"新中式"浪漫的自画像,凸显出"新中式"旅游的辨识度。

一、"私人定制"满足个性表达

"新中式"为符合当下年轻人的社交场景和语言体系,在尊重传统文化的基础上进行了一定的融合和创新。如 2024 年 3 月,中国大运河博物馆(扬州馆)内新设了漆扇体验处,"以漆为笔,以扇为纸,一半人为,一半天成",作为独一无二又极具写意风格的"新中式出片神器",漆扇很快引来全国游客大排长队。由于消费者可以在制作过程中根据自己的喜好选择颜色、扇面、图案等元素,外加扇子入水速度、角度、摇晃方式不一样,扇面上会留下随机且唯一的纹路。正是这种外溢的自我表达、个性伸张和审美态度,造就了漆扇的"致命吸引力",也反映出符合个性化社交生态和年轻人分享经济的"生成式"文旅产品将推动传统文化旅游产业向"人文文旅"蜕变。

二、"入乡随俗"促成角色转变

以汉服为主的古风打卡可以说是"新中式"旅游破圈的敲门砖,据京东数据显示,2024 年央视春晚直播时,该平台"新中式"服饰成交额同比增长 215％,汉服品类成交额同比增长 325％,可见"即刻拥有""投身其中""享受过程"等标签堆积成为"新中式"旅游引领者们为体验付费的刚需。一方面,想要体验非遗活动,如蟳埔的"簪花围"、潮汕的"英歌舞"、确山的"打铁花"等地方民俗出圈更出海,相关部门和企业在海内外媒体平台上通过露出、放大、引燃等表达方式持续提升非遗"能见度"。另一方面,想要对话当地文化,据中青校媒调查显示,80.55％的受访者认为"文旅"不仅在"旅",更在"文",文化体验能增强旅行的获得感。如"王婆说媒"引入《水浒传》的经典角色,融合年轻人的婚恋需求,自带宋文化的市井气息,再凭借幽默的语言、活跃的台风和机智的控场实现了与游客"高纬度"的双向互动,为开封打造出基于传统文化底色凸显人间烟火与情感共振的文旅创新"流量密码"。归根结底,这股新中式热潮通过供给沉浸式体验,让传统文化以更加鲜活的形态渗透到大众生活中,促成旅游消费者从欣赏者、观光者向体验者、参与者的角色转变,与当地的风土人情产生深度共鸣。

三、"松弛有度"释放"情绪上头"

从将马面裙当作上班"战袍",到在侘寂风酒店里焚香寻幽,再到赶国潮"大集"成为越来越多年轻人热衷的"反 emo"打卡项目,"新中式"元素衍生出的无迫环境正是加持情绪"旅游"过程中的"释压崇拜"。据《2023

"新中式"潮流生活数据报告》显示,"新中式"在多个领域的热度显著上升,其中美食和养生领域受到了极大的关注,商业笔记的数量同比增长超过350%。如近年来兴起的热门赛道——"新中式"茶馆逐渐攻占城市的街头巷尾,2023年,霸王茶姬在上海首发"TEA BAR"概念茶空间,2024年,喜茶在上海推出"回归茶"的全新业态——喜茶·茶坊。"新中式"茶馆试图将喝茶带来的疗愈剂和松弛感与传统美学相结合,一度成为文艺青年扎堆喝茶的精神乌托邦。

第三节 何以走红:解码东方美学如何站上文旅"消费升级"的重要关口

一、从需求侧看,"情结基因"激活文化脉动,传统节日丰盈文旅新蕴

"新中式"旅游的出现是我国综合国力、经济社会发展到一定阶段的必然产物,其折射的是对传统文化的致敬,涵养的是对美好生活的向往,彰显的是对文化"双创"的焕活。一是在返本开新中感受价值认同,从文化自觉到文化外溢,持续延伸文化旅游的"外立面"。"新中式"旅游的核心吸引力在于游客对旅游产品中所蕴含的文化味和价值观的高度认同,近年来博物馆凭借多元的藏品和新颖的叙事在众多"新中式"旅游场景中脱颖而出,为游客重新审视历史文化创造价值契机。据携程数据显示,2024年以来国内游客博物馆门票的预订量同比增长104%,外国游客预订国内博物馆订单量较去年全年翻10倍;暑假期间上海的博物馆预订量比去年大增371%。从上海博物馆热卖"青铜面具"冰激凌、成都游客冒雨排队看太阳神鸟、良渚博物院有外籍讲解员等现象可见,在博物馆这条历

史"长河"中,参观者既可满足探源溯流的好奇心,又可展望未来发展的新图景。因此,"文博游"正是新时代消费者价值认同、文化共鸣等内在情感的行为外化,也是一种在群体意识下自发的文化"寻根"实践,进而在对"根"的找寻上建立文化自觉,在对"根"的继承上迸发文化外溢。二是在传统节日中营造归属氛围,从文化自信到文化狂欢,持续提升文化旅游的"内聚力"。"新中式"之所以可以在全球化时代中"逆流而上",一定程度上是跨时代受众群体的符号取向、社交模式和美学理念的共性使然。作为 2024 年旅游市场"新中式"浓度最高的法定节假日,端午节前一周,途家平台上"赛龙舟""包粽子""编艾草"等关键词的搜索量环比增长超五成,节令元素的火爆复兴拉满传统文化的"归属感"。与此同时,海外游客的顺势回归也让文旅市场信心倍增,据携程数据显示,端午假期入境游订单量同比增长 115%,上海位列入境旅游热门目的地榜首。端午节当天,30 余位身着汉服的中外游客在黄道婆纪念公园里一同射五毒、踢蹴鞠、点雄黄,传统文化带来的差异化、凝视性和体验感实力"圈粉"八方来客。不止传统佳节,自下而上的地方性传统节日也正发展成旅游富矿,如 2024 年泼水节期间,全国各地飞往西双版纳的机票预订量同比增长 1.1 倍,首日旅游综合总收入超 5.3 亿元,同比增长超 45%,云南成为文化狂欢的舞台,显著推动当地文旅经济快速增长。

二、从供给侧看,优质迭代解困时空隔阂,新质生产赋能消费乘数

据知萌发布的《2024 年中国消费趋势报告》显示,64% 的消费者更加看重精神消费,并从情绪浓度、文化滋养和自我充实为自己打造精神悦己的世界。因此,不断应变"新玩家"新需求的优质供给是"新中式"旅游持续升温的关键所在。内容上,在共识中掺"异"。如 2024 年上海豫园灯会

的"一夜鱼龙舞"，通过对中式灯海、非遗巡游等传统元素的重新解读与艺术再造，让游客能在东方生活美学的新秀场里观照古今、同构体悟。又如"岁岁鸭""无语佛"IP 充分利用千年瓷都的文化底蕴，结合年轻时尚的城市底色，重振因瓷而生、因瓷而兴、因瓷而名的景德镇文旅产业。有数据显示，2024 年暑假景德镇市每日接待超百万人次游客，持续冲上抖音、快手、小红书等多平台热榜。可见尊古不复古，守正不守旧，"新中式"旅游以其鲜明的特征和独特的体验，让旅游更有"文化味"，让文化更有"烟火气"。方式上，在传统上注"新"。近日，全球首个以"孔子密码"为主题的沉浸式文物数字艺术展登上中博热搜榜，展览凝聚思想智慧的《论语》《诗经》和融于现实生活的孔府器物，依托裸眼 3D、16K 沉浸空间等数字技术探索绵亘儒家思想的艺术表现，借助 AI 算法、Sora 造片等新兴技术新质生产力实现对中华优秀传统文化的创新表达。又如全网曝光量、传播互动量均破 2 亿的"长安十二时辰＋大唐不夜城"全景展示区，其结合电视剧 IP 和唐文化元素，打造了一系列集全唐空间游玩、唐风市井体验、主题沉浸互动、唐乐歌舞演艺、文化社交休闲等为一体的新消费场景，展现出一种跨越盛唐时空的美学与智慧。

第四节　乘势何为：打造"乐游上海"文旅深度融合发展的"独门秘籍"

一、打开文化切口，嵌入旅游表达

文化是旅游的灵魂，随着平视世界的"Z 世代"开始对中式文化的"血脉觉醒"，上海文旅深度融合发展不仅要向内挖掘资源，更要向外输出价值，应视在地文化为"源头活水"，以旅游产业为"涓涓细流"，紧贴上海资源禀赋和社会发展,以期提升城市文旅品牌的核心竞争力。

首先,在感官上邀文化美学入局。从汉服的纹饰形制到民宿的中式软装,再到节气的习俗养生,文化旅游无一不是围绕中国传统审美的认同、适应和融合所展开。据此,视觉上,上海可以用好记录近代文明、海派生活的旗袍、辫子车、月份牌、石库门等具象表达,如鸿寿坊就在商业空间中放入青砖红瓦、拱形大门等文化印记,给足海派文化的视觉冲击。听觉上,《繁花》沪语版的成功试水,唤醒了上海观众甚至长三角人的集体记忆,可见方言是地方的文脉,而声音是文脉的旋律,小到沪语童谣、叫卖声、接口令,大到沪剧、独角戏、滑稽戏,都是上海文化的承载者和历史变迁的见证者,可以通过推沪语、磨耳朵来恢复对文化旅游的视听平衡,以及对城市文脉的传承保护,使海派文化从地理坐标到情感坐标得以赓续延伸。

其次,在情绪上抓认同价值转化。《叙事经济学》提出爱国情怀、身份认同和人情味是叙事大行其道所依赖的最为有效的附属元素,也正是文旅产业在寻求情绪价值带来消费增量的过程中最需要关注的"易燃之薪"。一是抓住节庆载体,合成文旅融合发展的内源性动力。传统节日作为制度性文化遗产,是自带文化底蕴和正向能量的内生资源,通过对文化的复兴,对活动的创新,让游客在目的地对特定环境和节日氛围的感知体验升级为情感体验,进一步强化仪式感知,形成情感共鸣,达成身份认同。除传统节日外,上海还可以结合城市特色文化元素,用好"上海旅游节""上海国际电影节""上海国际艺术节"等大型节庆"场域",围绕本地文化底蕴、文旅产业基础、人群认知背景等方面做文章,通过"老"文化＋"新"体验,真正让城市文化在旅游中活起来。二是抓住青春底色,牵引文旅融合发展的情绪化价值。据《2024 年中国国潮经济发展状况及消费行为调查报告》显示,2023 年中国国潮经济市场规模为 20 517.4 亿元,同比 10 年前增长超 5 倍,国潮成为年轻人"主动爱国"的一种方式。因有趣而热爱、因美好而热爱才是当代年轻人对国潮文化的理解,据此上海可以基于红色文化、海派文化、江南文化的主旋律,搭配商业文化、咖啡文化、二次元文化等副和弦,奏响青春昂扬的文旅精气神,用人间烟火气链接圈层"忠粉"、把握情绪消费、兑现"人心红利"。

二、切中内容向度,彰显城市温度

文化之于旅游,关乎"如何要"的问题。上海文旅深度融合发展既要原汁原味,又要有滋有味;既要独立自主,又要合作共赢;既要浪漫主义,又要现实主义。

(一)开端:讲好故事

在面向年轻人的认知战中,故事是超脱信息、事实、逻辑之上,又贯穿其中的"高维武器",城市旅游一旦结合自身文化、讲好精彩故事,就能使全年龄段人群对城市文化实现"从否定到肯定"的代际更替。一是以"城市主理人"视角叙事,用故事思维打动个体感受。上海文旅的故事"界面"应与年轻、开放、包容同频,视每一位游客为潜在的城市主理人,可以借用在地的一个物(如日本福冈的熊本熊)、一个景(如芬兰罗瓦涅米的圣诞老人故乡)、一条街(如葡萄牙里斯本的"粉红街")、一场戏(如美国纽约的百老汇)等与游客进行平等对话,以丰富的想象力和创造力率先构建引人入胜的叙事框架,再通过一系列连贯的叙事线索,激发"城市主理人"身为东道主的探索欲望,从游客端来争取更多的心智"表面积",实现将目的地的碎片化文化资源到个性化旅游产品的转变。二是用"注意力经济"定制故事,演绎上海文旅的可亲、可感、可触。参考著名旅游城市新加坡,其针对六大游客圈层,进行了靶向的城市资源重组和旅游形象转变,推动新加坡从本来资源较为匮乏的城市,成为海外游客不断攀升的全球明星级目的地。据此,上海可以从时间角度、空间角度、行业角度、生命周期角度、兴趣圈层角度等方面考量,在多重"定制化"路径的资源赋能下,找到适合上海故事的个性化切口,实现文化和旅游双价值的拔高,带动文化与旅游创新融合及全产业链的发展。

（二）过程：注重体验

在如今的后物质时代,"网络原住民"习惯于将互联网世界中的"沉浸式强体验"代入现实社会中,因此,"以服务为舞台,以产品作道具,从生活与情境出发,用难忘的经历吸引游客"的体验经济正成为文旅深融发展的主要动向。一是在"硬件"上敢于更新消费场景,挖掘文旅体验深度。在高质量发展模式的引领下,游客不再满足于停留在"看台",而是要走向"舞台",沉浸式的场景空间和可深入的社交互动,营造出了时下最流行的"氛围感"体验。如上海的全感剧场《风起洛阳》、湖南长沙的"文和友"现象,从中不难发现新质生产力已经成为文旅融合、沉浸体验最重要的路径模式和中坚力量。据此,上海文旅消费场景可以将地域文化特色作为环境背景,瞄准时尚、潮流、复合的场景消费,用 AR 技术重现"文化探赜流",用 VR 技术打开"场景任意门",用 MR 技术支撑"虚拟互动芯",从硬性基建上为上海文旅深度融合高质量发展注入澎湃动能。二是在"软件"上敢于制造悬念,拓展文旅体验维度。在新经济时代下,旅游者在更高密度、更快节奏、更强体验的消费需求下,对于惊喜、未知、刺激的追加,索引着城市文旅解锁"打怪升级"新地图。上海可以依托"建筑可阅读""海派城市考古"等已有计划,通过跨界联名、旅游盲盒、游戏冲关等方式为游客开启一种全新的理解城市的视角。如在上海特色古镇资源上叠加沉浸式沪语演出、实景剧本杀等"Buff",借力角色扮演、NPC 互动等流量密码重塑造梦空间、解冻文化再生;又如推出"乐游上海"线路盲盒,以随机抽取的游戏方式,决定下个路口去哪里漫游,以此串联起一系列城市印记符号,形成对海派文化的系统性感知,从软性条件上为上海文旅深度融合高质量发展植入"弄潮"城设。

（三）长尾：抓牢文创

几年前,脑洞大开的故宫文创引爆了现象级抢购热潮,传统文化的复兴也带领着文旅市场走向"万物皆可文创"的时代。文创是旅游过程的最后"景点",也是文化体验的事后"念想",文旅融合得以发展必须在文创赛道上重视原创、追求品质、延续"长尾"。一是磨出"小而美",打造上海文创的"独一份"。作为文创缔造者,城市的核心竞争力无非就是"文化"和"创意",两者至少专精其一,才能在文创产业链的上游博得优势。因此,上海要做的就是从"资产"的角度重塑文化资源,应先于消费者充分开掘城市文化,在尊重文化、潜心耕耘的基础上,提炼文化内涵,释放大胆想象,形成独特表达。如海派文创——海上砖,创始人亲自走访上海优秀历史建筑,选中海派历史建筑里的活化石——珐琅砖,抽取典型的建筑样式、装饰元素、名人事迹等印记符号,做成茶盘、杯垫、八音盒,以及香牌等系列"上海礼物",让同时代的人可以从一件器物中了解和体悟海派文化、中国文化的魅力。二是交还"再创权",构建上海文创的"新范式"。作为文创消费者,其组织动力已从工业化时代"求同"思维下规模化的被动分类,转变为互联网时代"求异"思维下个性化的主动聚集,圈层细分后的"产消一体"全新文创消费模式正在"爆炸"。比如上文提及的漆扇,正是由于高自由度的再创性成为核心卖点,可见越来越多拥有原创实力和意愿的"消费生产者",更愿意为文创产品价值再定义的权力买单。因此,文创作为介乎文旅发展和社会公众之间的"中间人",应当基于广泛社会调查,深入"小流量但强转化"的私域消费社群,拓展文化"考古"的感知边界,做到让大众说话,让大众投票,让大众参与,以文创消费之"优",促经济发展之"强",助力文旅融合"火"起来、文化产业"旺"起来。

三、借力先锋人群，撬动场外流量

随着淄博、哈尔滨、天水等城市的旅游热度从生息、蔓延到消弭，始于"热梗"，终于"文化"，或许才是"网红"城市变身"长红"城市的秘诀所在。而在这场"零和竞争"中，城市对新媒体的认知深度、互动力度、变现广度，都将决定城市文旅内容的产出量级。

（一）"多频"布局，保障优质内容的可持续产出

在新媒体时代，一碗色泽诱人的天水麻辣烫、一杯南京阿姨的手冲咖啡、一句"南方小土豆"的适度玩梗，都能通过短视频的口碑传播和乘数效应为城市吸纳海量游客，可见当下人们对"红"的感知流程正在被翻转为——感官先行，身体跟进，思想到场。据此，城市文旅宣推最好的运营方式，是用以"人"为中心的多元社群平台逻辑，拿捏可以共情的文化消费场景，激发消费群体的"产出"热情，"众创"出一座巨大的 MCN（Multi-Channel Network）城市。比如央视频首次尝试联动"权威专家＋青年艺人＋考古强校"对三星堆的发掘工作进行全景不断流直播，其间引发超过10 亿的相关微博话题阅读量。同时，在哔哩哔哩平台上，名为"才疏学浅的才浅"的 95 后上海 Up 主用一块价值 20 万元的 500 g 黄金，耗费 15 天复原了三星堆出土的残缺面具，该视频不仅累计播放量超过 1 800 万，"去上博打卡才浅手作"更是成为众多 B 站粉丝从线上崇拜到线下膜拜的转化动力。因此，具有反差感、新奇性、话题度的地方事件在运营城市文旅宣推时需要被及时捕捉并且放大，使之契合以"Z 世代"为主力的"原点"人群的个性特征，在引起共鸣的基础上促使其自发参与传播网络。此外，还要重视头部博主、明星效应在城市文旅推介上所具有的"以点带面"能力，通过短视频、微短剧、OTA 直播等以视觉化叙事为主的"异业联动"把线上的人气转化为线下的客流。

(二)官方"下场",保障统筹推进的一站式服务

新媒体的核心逻辑是扁平化的"双向互动",即官方发布,受众评价。所以,城市想要吸粉引客,文旅部门就必须充分利用新媒体平台来听取大众声音,从"硬给"我有什么到"听劝"你有什么,重新审视、包装、整合城市文旅资源,用有网感、接地气、懂流量的方式营销城市文旅品牌。回看重庆、长沙、西安等文旅出圈城市,在这一轮的"泼天富贵"中政府部门扮演的角色不可或缺。线上,多地官方账号在短视频里"亲自下场",如河北文旅以"题海战术"一战成名,单日更新75条视频被抖音限流;重庆文旅喊话顶流明星回家,登上微博热搜话题榜;山东文旅则自制魔性洗脑的文旅宣传片,该宣传片三天内在抖音共获赞106.5万,获评60.6万。但这些也仅是具备爆火可能性的第一步,对于"一身反骨"的网络看客来说,只要发现某个城市"火"得不自然、不真诚,舆论风向很可能就此逆转。因此,线下,相关部门也要有意识地主动引导和借势提升,如从提升体验和细节入手,通过有温度的城市管理让游客感受到整个城市的好客、热情和温暖。可见在流量经济时代,网络热度确实能够给一座城市烘托起前所未有的"表演舞台",但藏在"聚光灯"背后的是极致的公共服务供给以及到位的消费环节保障。所以,上海文旅宣推工作可以打造为"一站式"买卖,从搭建宣推平台,到接收市场反馈,再到做好配套服务,将以游客为本作为出发点,营造近悦远来的友好型文旅环境,把一款美食、一个场景、一个业态培育成为目的地的超级文旅IP,做到"够火"却不"过火",等待"量变"引起"质变",相信由IP释放出的"马太效应"也将持续赋能城市文旅经济。

参考文献:

[1] 新华社.重塑"诗和远方"走出特色之路——我国旅游发展驶上快车道[EB/OL].(2024 - 05 - 16).https://www.mct.gov.cn/wlbphone/wlbydd/xxfb/

jiaodianxinwen/202405/t20240516_952911.html.

［2］中华人民共和国文化和旅游部.2024 年国庆节假期文化和旅游市场情况.(2024-10-08). https://www.mct.gov.cn/whzx/whyw/202410/t20241008_955599.htm.

［3］曹茜茜."新中式"旅游,复古之中带新意［N］.湖南日报,2024-05-24(005).DOI：10.28360/n.cnki.nhnbr.2024.003255.

［4］韩毅.新中式旅游:"泼天富贵"如何接住［N］.重庆日报,2024-06-16(002).DOI：10.28120/n.cnki.ncqrb.2024.002155.

［5］马玲."新中式"旅游受追捧"影视＋文旅"成新风向［N］.金融时报,2024-06-06(003).DOI：10.28460/n.cnki.njrsb.2024.002527.

［6］位林惠,马嘉悦,解艳华.文旅热背后的文化自信［N］.人民政协报,2024-05-20(004).DOI：10.28660/n.cnki.nrmzx.2024.002933.

［7］富珲文.传统节日社会功能的当代嬗变及其影响因素分析［D］.成都:四川省社会科学院,2019.

［8］王珂."国潮"文创产品为文旅消费添活力［N］.人民日报,2024-06-12(019).DOI：10.28655/n.cnki.nrmrb.2024.006137.

［9］卢岳,王紫茜."文化游"持续升温文创产业消费迎增长［N］.消费日报,2024-05-14(A04).DOI：10.28866/n.cnki.nxfrb.2024.000542.

［10］杨国栋.文化自信视域下网红城市的形成与传播研究［J］.现代交际,2024,(6):42-47,122.

第七章　文旅视域下的上海城市 IP 调研思考

——城市 IP 时代，如何提质上海"文旅引力"[①]

第一节　城市 IP 与城市文旅 IP 的关系解读

当前我国城市运营正在开启 IP[②] 竞争赛道，何谓城市 IP，目前学界业界更倾向于将其理解为"城市总体统一的 IP 体系"，即与城市"文化特质、精神内核、价值取向"相关的 IP 都可归为城市 IP。上海作为国际大都市，多元包容的属性决定了我们对城市 IP 的理解不能也不该被窄化，诚如专家所言，任何单一具象标签都无法很好地表征上海，"上海"两个字本身便代表着城市精神的内核和灵魂。鉴于此，本章倾向于认为上海的城市 IP 建设应该是"上海"这个超级符号统领下的系统工程，是涵盖文化、旅游、经济、环境等方方面面的统一 IP 体系。其中，文旅作为共情城市表达的窗口型载体，有其特殊重要意义，本章因此聚焦上海城市文旅 IP 开展系统梳理和研究，并提出相关对策建议。

[①]　本章作者：翁碧云（上海市文化和旅游事业发展中心）。
[②]　这里的 IP 是英文 Intellectual Property 的缩写，近年来用在文化领域较多。

第二节 文旅视域下上海城市 IP 发展现状

知识经济、体验经济和创意经济融合共生的大语境下,城市 IP 的打造与推广已然成为城市发展的重要战略。对上海而言,"上海"两个字本身就代表了城市精神的内核和灵魂(何建明,2020),习近平总书记概括提炼的"海纳百川、追求卓越、开明睿智、大气谦和"的城市精神和"开放、创新、包容"的城市品格,已经对其作了最好的注解。如何通过社会经济环境的方方面面进行演绎和诠释至关重要,文旅作为传递城市精神、共情城市表达的核心载体,在其中扮演着重要角色。从文旅领域来看,上海目前已基本形成"旅游品牌形象+文旅品牌谱系+出圈地标场景+热点现象话题"的文旅 IP 体系。

一、顶层设计方面,拥有较为成熟的旅游品牌形象

从市域整体来看,上海旅游品牌定位历经多个发展阶段,自 2010 年在"上海,精彩每一天"基础上提出"中国·上海,发现更多·体验更多"后,相关提法一直沿用至今;对外宣推,则基本与外宣口径"Shanghai, Let's meet!"保持一致。调研显示,超八成受访者熟知"发现更多·体验更多"等品牌提法,且半数以上认为该品牌形象能够传达上海旅游资源特色,很能引发关于上海"海纳百川"特征和形象的联想(见图 7-1)。从各区实践来看,大部分区域已明确了相关品牌概念和提法,如静安"国际静安、卓越人文"、徐汇"海派文化之源"、普陀"苏河水岸"、黄浦"黄浦最上海"、松江"上海之根、人文松江"、金山"金山如画"等品牌理念和形象,在市场上也具备了一定认知度。

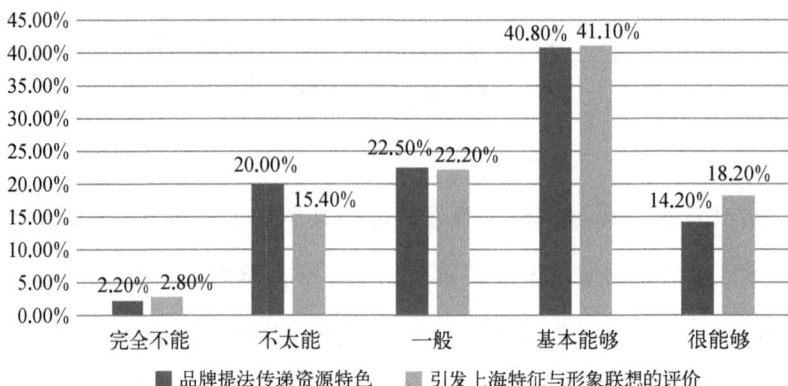

图 7-1　关于上海旅游品牌在传达资源特色、引发
上海特征与形象联想的调研评价

说明:相关数据资料来源于上海市文化和旅游事业发展中心 2022 年度《"上海旅游"品牌构建研究——基于城市旅游品牌战略维度的思考》调研报告。

二、市场布局方面,孵化多元成长的文旅品牌谱系

目前上海已形成包括"一江一河""建筑可阅读""海派城市考古""观文博、看美展、赏好剧""上海旅游节""上海旅游产业博览会"等在内的都市文旅品牌体系,相关品牌在市场上具备较高的知名度和美誉度。例如,2024 年第一季度上海举办营业性演出 1.2 万场,接待观众近 550 万人次,"赏好剧"已成为上海文旅深度融合的样本性 IP 之一;再如,截至 2024 年 9 月,抖音♯上海旅游节♯话题,传播量达 13.83 亿,其中超九成观众为外省市游客,城市重要名片活动效应明显。此外,相关平台的实时声量数据显示(见图 7-2),"一江一河""建筑可阅读""海派城市考古""观文博、看美展"等文旅品牌近 30 天的热度值在全站保持高位,数据结果虽与平台受众结构及暑假节点有关,但影响力仍可见一斑。

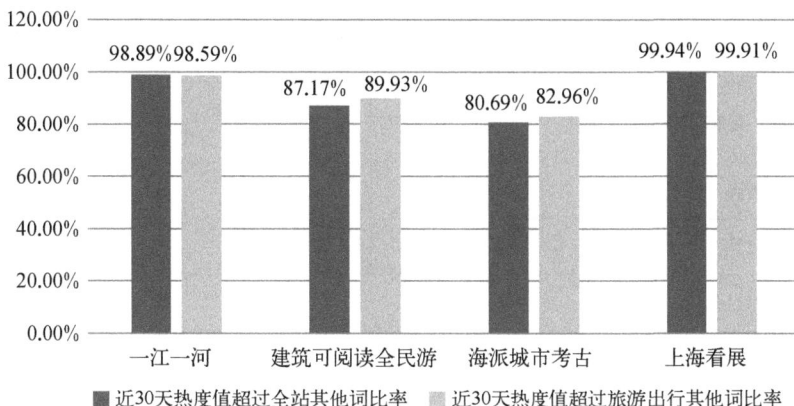

图 7-2　小红书平台上海相关文旅产品和活动品牌声量情况

说明：相关数据资料来源于"新红"平台，以关键词、话题检索的方式进行实时声量数据采集，采样时间为 2024 年 8 月 2 日。

三、场景体验方面，形成新老辉映的出圈地标矩阵

一方面，豫园、东方明珠、外滩、新天地、迪士尼、朱家角等传统地标景点热度依旧，依然是市民游客的必打卡点。例如，豫园商城 2023 年在"东方生活美学"战略和豫园灯会 IP 的加持下，全年吸引到访客流近 4000 万人次（金融界，2024）；上海迪士尼作为自带 IP 资源的娱乐品牌，2023 年接待游客超 1300 万人次，乐园与城市发展相互赋能。另一方面，蟠龙天地、亚洲大厦、张园、上海大世界、武康路、安福路、上生新所、思南公馆、百联 ZX、《不眠之夜》剧场、上博东馆等众多文旅新生地标，逐渐成为上海旅游新的"吸引切面"。例如，2024 年大众点评上海"必玩榜"中新生代地标约占 1/3，思南公馆、武康路、愚园路等纷纷上榜；此外，通过相关平台话题播放量和观众画像（见表 7-1），可以看到各类新生地标"出圈"效应明显，相关话题播放量均达百万级、千万级乃至上亿，且覆盖的观众群体中，外省市游客占比较高，蕴含着较强的品牌张力。

表 7‐1　抖音平台上海相关典型新晋出圈
文旅地标话题流量情况(部分)

文旅地标	话题播放量/万次	上海观众占比/%	外省市观众占比/%
武康路	36 000	21.17	78.83
黄河路	24 100	11.41	88.59
思南公馆	8 735.95	28.99	71.01
张园	6 029.16	20.89	79.11
蟠龙天地	3 588.73	34.50	65.50
耀雪冰雪世界	3 320.54	30.75	69.25
百联 ZX	2 834.06	4.05	95.95
上海大世界	1 888.64	45.49	54.51
上生新所	1 544.91	24.46	75.54
上海博物馆东馆	1 342.26	50.20	49.80
衡复风貌区	1 044.81	24	76
云间粮仓	453.02	45.29	54.71

说明:相关数据资料来源于"新抖"平台,以关键词检索等方式为主对抖音短视频话题流量情况采集。采样时间为 2024 年 9 月 2 日。

四、话题流量方面,涌现众多刷屏的文旅热点现象

上海作为中国最发达的城市之一,流量曝光和话题热度均属"国内顶流",得益于城市卓越的网感基因和优质的产业基础,各类引流刷屏的现象级文旅内容高频迭代。从"武安古镇"、豫园灯会,到《爱情神话》、上海二次元浓度,再到近年的"从波提切利到梵高"大展、《繁花》、博物馆"奇'喵'夜"及"古埃及文明大展"等,相关话题内容的出圈带来了较为显著的文旅 IP 效应。例如,CCG EXPO、BW 等动漫展会的举办有效带热了"上

海二次元"旅游标签,截至 2024 年 8 月,抖音♯上海二次元♯话题播放量达 1 974.15 万次,BW2024 举办第一周,上海国展中心周边酒店搜索量环比上涨近 360％;再如,爆款影视剧《繁花》的热播,带动和平饭店、黄河路等点位热度走高,推动上海影视乐园翻新升级,截至 2024 年 8 月小红书话题♯繁花♯总浏览量达到 16.18 亿,"影视 IP＋文旅"长尾效应仍在延续。

第三节　文旅视域下上海城市 IP 发展痛点与对策

　　基于以上素材可知,上海文旅 IP 塑造呈现出几个较为明显的特征。一是"文化磁场"引领,各类出圈的文旅 IP 均与上海的文化资源特色、多元文化属性密切相关;二是"融合效应"倍增,文旅融合基础上文商旅体展联动加深,相关融合型 IP 场景成为上海新的增量入口;三是"分众趋势"凸显,受市场个性化、年轻化需求影响,上海文旅 IP 呈现出较为明显的分众化、圈层化态势;四是"产业底色"嵌入,文旅 IP 与动漫、演出、文博、影视等上海优质文娱产业资源的捆绑逐步深入。

　　与此同时,受城市体量等因素影响,上海城市文旅 IP 建设仍存在提升空间。比如,从市级部署来看,上海文旅 IP 的塑造和传播基本保持着延续性和统一性,但区级层面各自为政现象仍较为明显,加之各类市场主体、社交媒体的花样宣传,给整体 IP 带来杂音;再比如,上海多元要素汇集、话题热点频出,一定程度上造成文旅 IP 的"失焦",相关 IP 的运营和曝出往往持续性不足。为此,本章立足文旅视角下的上海城市 IP 现状,结合文献案例,从 IP 打造路径出发,提出若干对策建议,为城市 IP 建设和文旅吸引力提升提供参考。

一、遵循聚焦逻辑：强化顶层文旅品牌的统一塑造

成功 IP 的特异和可识别属性，决定了城市作为多元文化经济的容器，在 IP 的打造上需要变"失焦"为"聚焦"。例如新加坡在文化多样性基础上，聚焦狮城"热忱之心"基因，推出"我行由我新加坡""心想狮城"等品牌概念，将城市文旅定调在"满足游客心之所想和心之所向"上。对上海而言，"发现更多·体验更多"既从资源层面诠释了海纳百川的"上海精神"，又从市场层面满足了不同群体关于上海的情感联想，因此可借鉴相关经验，聚焦"发现更多·体验更多"城市文旅品牌内涵，加强统一性塑造和管理。

（一）形成统一的品牌基调

支持市、区两级文旅相关主管部门深入协作，以"发现更多·体验更多"文旅品牌内涵为统领，立足顶层设计层面统筹城市各级文旅发展基调，以一致性或相容性的品牌定位，形成协同效应。推动全市重量级文旅宣传平台及文旅宣传推介活动，通过品牌联名、文字嫁接等方式，融入"发现更多·体验更多"品牌框架中，以类似"乐游上海，发现更多·体验更多"等方式，形成系统性、统一性的表达。

（二）展示统一的品牌形象

依托现有"发现更多·体验更多"品牌 Logo，结合设计创新、需求更迭等城市发展元素，构建全方位的上海文旅 VIS 视觉形象系统。线上整合短视频、微短剧、慢综艺、电竞直播、虚拟音乐会等数字场景，将城市文旅品牌 Logo 通过二维码、小程序码、视觉动画、虚拟卡通形象等方式进行植入；线下在现有宣传海报、可视化大屏等传统展示方式基础上，以"发现更多·体验更多"品牌内涵或 Logo 为载体，借鉴韩国首尔将"I SEOUL U"Logo 雕塑融入城市地标和街道景观的做法，营造主题体验场景和空间，全方位强化城市文旅认知。

（三）构建统一的输出机制

立足"发现更多·体验更多"品牌内涵，针对 slogan、Logo 等市场化应用，推动形成统一标准，制定相关使用规范，并针对使用方所需的资质、经验等形成专业、统一的遴选方式，确保城市顶层文旅品牌价值呈现有的放矢。整合"政、企、协、媒"等多方力量，围绕"发现更多、体验更多"品牌内涵，通过多主体流量入口协同、多样化营销工具及分市场差异化营销等方式，确保品牌沟通的一致性和协同性。

二、着眼矩阵思维：推进文旅 IP 内容的系统建设

诚如品牌的基础是产品，文旅 IP 作为撬动流量的重要杠杆，其最重要的底层逻辑则是"内容"。比如，近年来热度出圈的西安，在"古都长安·常来长安"品牌概念统领下，构建了以《梦回大唐》系列演艺、大唐不夜城文旅地标、"西安年·最中国"文旅活动等为代表的 IP 内容体系，以矩阵式设计形成高效影响力。以此为借鉴，上海可在现有基础上，围绕城市顶层文旅品牌概念，深入演绎城市"发现基因"、持续擦亮城市"体验特色"，丰富文旅 IP 内容体系。

（一）围绕"发现 IP"，打造文旅品牌矩阵

一方面，持续升级现有与城市发现基因密切相关的文旅品牌。比如，迭代"建筑阅读体验"，加大现有建筑资源开放力度，打造"白＋黑"建筑阅读模式，推动深度发现与体验；又如升级"海派城市考古"，构建立体丰富的海考旅游产品体系，推动海考与文旅新玩法融合，擦亮海派发现标签；再如探索"文博深度开发"，在文物、美展基础上，加大文博资源的旅游开发和利用，推动购物、餐饮、演出等消费元素嵌入，塑造文博探索发现品牌。另一方面，持续挖掘彰显城市"探索与发现"特质的新 IP 品牌。比如，依托上海丰富的支马路后街，嵌入文化餐饮、特色市集、艺术展陈等文

旅业态,实施"宝藏后街计划";又如聚焦上海"二次元浓度",整合漫展节会、主题商业及文创周边,探索"文旅二次元玩法";再如聚焦市场分众化趋势,以传统与时尚结合、小众与大众兼顾的思路,持续深耕上海"古镇新发现"IP;还发挥上海文商旅融合地标"高频上新"的优势,创新打造"城市文商旅微目的地"品牌。此外,培育孵化与"发现主题"相关的城市文旅活动品牌。比如,依托上海旅游节等平台,导入"发现最上海"等主题活动板块;再如立足上海演出市场需求,策划"发现上海·全城有戏"观演大赏等,以定期持续举办的方式,打造系列活动品牌。

(二)围绕"体验IP",构建多维体验生态

以上海独有的文化基底、产业元素、生活方式、人群结构等为切入点,着力塑造文旅体验的特色标签。比如,擦亮海派文化"在地感",将海派历史文化、生活美学、烟火气息等通过主题活动、原创演艺、文创好物等方式嵌入各类文旅场景,强化在地文化感,放大海派文化体验;打造"沉浸式"文旅卖点,集合上海沉浸式演艺产业、文旅元宇宙及数字内容产业方面的优势,将各类文化元素、数字内容作品等,通过剧本创作、场景渲染、AR/VR加持、互动设计等方式,转化为沉浸式、交互式的文旅体验场景和空间,强化从"看景"到"入景"、从"看戏"到"入戏"的城市文旅卖点;引领文化旅游"新消费",持续放大上海在新消费可塑性方面的优势,规范引导剧本娱乐、新城市运动、交互展览等文旅新消费业态的发展,推动年轻态消费业态植入各类文旅场景和空间,提升城市情绪价值浓度;讲好"分众化"文旅故事,立足上海文旅市场的分众化、圈层化趋势,着重推进"拖着行李看展""打飞的到上海喝咖啡""上海二次元打卡"等旅游标签建设,完善相关产品体系、服务配套,凸显上海文旅市场的"分异度";塑造"白+黑"全时体验,聚焦"夜上海、不夜城"城市天然文化IP,鼓励各类文旅场所,通过情景夜游产品植入、夜娱活动举办、夜间延时运营、增设主题夜场等方式,升级城市"白+黑"双重体验特色。

三、掌握出圈密码：开展文旅话题流量的共创传播

IP 虽然是城市文旅发展的"DNA 武器"，但也必须通过有效的曝出才能产生"消费黏性"。从市场情况来看，共创逻辑正在成为各类文旅 IP 出圈的重要密码。比如 2023 年火爆全网的"尔滨"现象，虽然业界对其持续性发展存疑，但就营销而言，从社媒话题的引爆，到网络流量和政府推广耦合联动、隔空对话，所带来的共创效应值得探究。对上海而言，可参考相关做法，围绕讲好上海文旅 IP 故事，开展共创式营销。

（一）推动叙事渠道"耦合联动"

整合各方资源，构建包含"官方＋头部＋民间"的文旅 IP 营销体系，推动 IP 曝出、生成。一方面，强化官方公信叙事，对接官方媒体渠道，遴选与上海发现基因和体验特色相关的素材内容，进行全方位、持续性的输出和曝光，例如与新华社、央视网等媒体合作共建全球传播体系等，以主流官方媒体的话语权，提升城市文旅 IP 的影响力和美誉度。一方面，借力头部流量叙事，联动头部文旅企业、平台，推动城市文旅 IP 相关的产品、内容、活动等融入企业宣推计划，例如可在旅游节期间联动国内外知名旅游集团，多维度呈现上海的"发现·体验"故事，利用头部流量助力城市文旅 IP 出圈。此外，引导网络热点叙事，整合头部博主、平台大 v 等网络媒体资源，聚焦与城市文旅 IP 相关的热点事件、社会现象，借鉴上海利用《繁花》IP 引爆城市文旅营销方面的经验，引导社交讨论和话题传播，形成"自来水"效应。

（二）推动话题内容"共情共创"

一方面构建"主流＋本土＋分众"共情话题体系，围绕上海文旅 IP 内容，结合城市特质，从彰显文化自信、演绎本土风情、满足分众需求等维度出发制造共情话题，例如借助文博顶流"何以"系列、本土"沪产电视剧"精品、上海"电竞 & 二次元"等元素创造热点话题，传递城市的文化厚度、生活温度和体验包

容度。另一方面集合"互动＋玩梗＋二创"营销共创玩法,在各类叙事渠道耦合联动的基础上,聚焦上海城市文旅 IP 内容,通过社群式互动、"玩梗"式文旅表达、二次内容创作与传播等手段开展营销共创,例如实施上海"发现·体验"品牌社群共创计划、推动"上海 city 不 city"热梗上新、开展官方话题二次创作征集等,以接地气、近距离的多点互动,加长和延续文旅话题的热度周期。

四、探索长线打法：推动城市文旅 IP 的持续发展

就商业运营维度来看,认知激活仅仅是 IP 塑造的开始,后续的长期运营、持续打造和调整更为关键。例如,新加坡旅游品牌在延续狮城"热忱之心"基调的基础上,以约十年更新一次的频率,保持市场热度和鲜度;再如,阿姆斯特丹围绕"I amsterdam"品牌定位,以商业运作和危机管理的思路,开展目的地品牌资产的动态监测与调整。上海可借鉴相关经验,深耕城市文旅 IP 的长线打造。

（一）探索城市文旅 IP 动态更新

结合城市现有文旅 IP 体系,根据城市发展战略升级、城市文旅布局调整及目标受众更迭等因素,在延续"发现更多·体验更多"品牌基调的基础上,推动城市文旅 IP 体系实现动态性更新和周期性调整。比如结合上海城市发展进程,每 5—10 年开展一次文旅品牌概念升级;再如挖掘上海文旅新消费的亮点和卖点,通过新鲜产品和活动品牌的嵌入,丰富城市文旅 IP 内容体系,拓展城市文旅 IP 的能量周期。

（二）构建文旅 IP 长效露出机制

整合各方资源,创新打造兼顾"常态化＋节点化＋热点化"的文旅 IP 露出机制。统筹梳理上海各类文旅 IP 内容,定期制定覆盖全周期、全内容的营销推广计划,在保持主题聚焦和延续的基础上,形成持续性、常态化的输出;借力寒暑假、节假日等重要节点"窗口期",进行相关文旅 IP 内

容和话题的嫁接、衍生、创作,形成阶段性的声量高峰;结合上海城市文旅发展定调,聚焦嫁接、联动社会热点等方面制定相关遴选标准,引导偶发爆火流量服务城市文旅 IP 建设。

（三）开展文旅 IP 的资产化监管

运营时代命题下,文旅 IP 作为城市资产亟需商业管理思维。可积极整合上海各级文旅主管部门、头部文旅企业、媒体机构、行业协会等资源,以"公私合作＋商业运作"的模式,搭建上海城市文旅 IP 共创管理平台。在此平台基础上,通过满意度调研、市场感知调查、大数据监测、话题舆情分析等方式,对城市文旅 IP 的塑造情况、内容导向等进行监测和分析,并基于监测分析结论制定相应的调整和完善计划。

（四）打造文旅 IP 智库联络机制

整合上海文商旅体展等多领域的专家学者、科研精英和行业领袖,发挥学科交叉优势和团队资源优势,加强上海城市文旅 IP 体系的研发力度,通过会议研讨、专家课堂、建言征集等方式,定期对上海城市文旅 IP 塑造和运营情况进行把脉问诊,围绕顶层理念、品牌图谱、出圈产品、流量事件等关键性问题,形成常态化的智库联络机制,为城市文旅 IP 的系统建设、声量提升及资产化运营提供参考。

参考文献:

[1] 上观新闻.思想者|何建明:"上海"是一个动词,代表着"上海精神"的核心和灵魂[EB/OL].(2020-9-20).https://web.shobserver.com/staticsg/res/html/web/newsDetail.html? id=290866

[2] 金融界.对话豫园股份总裁胡庭洲:2023 年业绩稳中有进,东方生活美学战略布局已显成效[EB/OL].(2024-3-22).https://finance.jrj.com.cn/2024/03/22195039963021.shtml

第八章 文旅融合视野下博物馆助推上海国际旅游形象提升策略思考

——基于若干国际案例的经验借鉴①

第一节 引　言

一、研究目的

博物馆既是文旅融合纵深发展的重要抓手,也是培育彰显文化自信的重要载体。作为世界观察中国的窗口,上海汇集众多高品质博物馆资源,正在深入实施"大博物馆计划",积极打造中国入境旅游第一站。探索如何用好用活博物馆资源,让历史说话、让文化说话,让世界听到中国声音,意义深远。因此,本章详细筛选分析若干国际案例,并以此为借鉴,从强化传播力、丰富体验力、拉动消费力三个层面提出以优质博物馆资源赋能上海国际旅游形象提升的策略建议。

①

二、研究背景

近年来,博物馆持续成为社会热门话题,2024 年全国两会更是史无前例地关注博物馆。根据联合国世界旅游组织(UNWTO)测算,文化旅游市场占全球旅游业的近 40％且以 15％的速率逐年递增。博物馆作为高度浓缩地域文化精华的机构,其受欢迎程度在一定意义上代表着市民游客对城市的形象认同和亲近意愿。

(一)上海现状

截至 2023 年底,上海共有备案博物馆 165 家,数量、规模和社会影响力持续提升。传统历史类、纪念类博物馆与反映艺术、电影、航海、公安、民政、金融等专题博物馆汇聚一城,成为浓缩展示上海都市文化的关键载体和吸引游客的重要景点。近年来"何以中国"文物考古大展、"何谓海派"艺术系列大展聚焦讲好中国故事、演绎上海精彩,发展成就受到国际社会的高度关注和赞誉。据 2023 年《全国博物馆(展览)海外影响力评估报告》显示,目前上海共有 4 家博物馆位列海外影响力 Top100,其中上海博物馆位列榜单第三位①。截至 2024 年 4 月,上海博物馆的境外观众占比约为 5％。到 2025 年,上海全市文博场馆接待观众将达 2 500 万人次,形成大文博千万级流量入口。在此基础上,通过进一步强化传播力、丰富体验力、拉动消费力,博物馆将成为上海提升国际旅游形象、吸引更多海外游客来沪的重要因素。

(二)全球趋势

全球范围内,许多世界著名旅游城市都将博物馆纳入了自身的全球

---

① 此报告由中国文物交流中心、瞭望东方周刊、数字技术科技公司等研究机构支持文物交流智库推出,Top100 中来自上海的博物馆包括:上海博物馆(第 3 位)、上海科技馆(第 36 位)、上海中国航海博物馆(第 95 位)、中国共产党第一次全国代表大会纪念馆(第 98 位)。

旅游发展战略,并借助"博物馆＋旅游"的发展思路,有效提升了城市的国际旅游知名度和影响力。通过博物馆形象的品牌塑造,协助打造城市乃至国家的独特旅游形象。例如,伦敦市内55％的国际假期旅游行程包含参观博物馆;在美国,超1/3的美国游客表示特定的文化或遗产活动影响他们对目的地的选择;在巴西和阿根廷,近2/3的游客将参观博物馆纳入游览日程;英国Top10旅游景点中有8个是博物馆,泰特现代美术馆被认为"改变了世界对英国的认识";大英博物馆积极利用展陈传播本国理念以提升国际竞争力;韩国以博物馆国际合作向海外传播本国文化,在提升国际旅游形象方面取得巨大成功。具体而言,其中可借鉴的经验做法如下。

第二节 强化传播力：加强"博物馆＋旅游"海外推广

一、形象链接

依托社交媒体,将博物馆塑造为展现上海都市魅力、与海外游客建立情感纽带的独特窗口,增强旅游目的地的感知度和影响力。以国际知名博物馆在中国社媒上的宣推为例,卢浮宫、芝加哥艺术博物馆、大英博物馆、大都会艺术博物馆、V&A博物馆等都在微信、微博、抖音等中国用户基数庞大的平台开设账号。例如,V&A博物馆通过与本土时尚品牌联名等方式在社媒平台不断强调与中国的联系,从中国用户最熟悉和最有情感链接的内容出发,巧妙建立博物馆海外形象,吸引潜在游客;又如,The MET通过在抖音发起"♯致敬经典♯挑战"建立了博物馆的亲切形象,并通过发放纽约旅行大礼包将热情好客的形象延伸至整个城市,吸引中国游客;再如,蓬皮杜中心和 MoMA 依托微信小程序专门开发了中国用户极易上手的订票、展讯和导览入口,释放了博物馆机构乃至整座城市极富诚意的欢迎信号。

由此,探索深挖 Meta、X、YouTube、Tiktok 等社交媒体用户资源,鼓励上海各规模、各类型博物馆开设账号并与海外用户加强沟通互动,以证券、邮政、电影、艺术等博物馆相关话题为支点打开海外游客认识上海的窗口,以富有网感和易于传播的方式塑造可亲、可爱、可感知的上海旅游形象。

二、地缘链接

利用博物馆海外巡展、海外展厅、海外分馆开展"软性"文化输出,进而打造多层次、多样化上海旅游海外推广点。许多国际知名博物馆借助藏品优势向国外建设分馆、分展,扩大本国、本城市的全球影响力。例如,卢浮宫在阿布扎比设立首个阿拉伯世界跨文化博物馆,V&A 在深圳建立中国首个海外博物馆分馆;又如,韩国提出运用空间和展览在国际上建构韩国历史和国家身份,向全球 37 家博物馆出借藏品,层级涵盖国家级博物馆、民营机构、大学博物馆等,其中 12 家已建成专门的韩国展厅。韩国文化和观光旅游部在纽约大都会博物馆策划特展"金刚山:韩国艺术中的旅行和怀乡",地道的韩国叙事视角大幅提升了韩国文化的全球能见度,大批海外游客成功"种草";再如,大英博物馆利用"100 件文物中的世界史"全球巡展有力提升了大英博物馆在世界范围的文化影响力,引发全球游客的好奇向往。

由此,探索依托"大博物馆计划"中的文化遗产叙事体系构建以及全球伙伴计划,启动上海博物馆海外分馆可行性研究,打造中国博物馆海外第一馆。支持全市各级各类博物馆在海外不同性质、规模的博物馆中增设上海展厅,储备并推出代表中华文明和讲述上海故事的巡展项目,并通过社交媒体推文、发放宣传册等方式在巡展目的地植入上海旅游相关内容,借由软性文化输出提升上海国际旅游形象。

第三节 丰富体验力：加强"博物馆+旅游"国际化服务

一、服务融合

依托博物馆专业团队和互动内容,拓展海外游客体验深度,将博物馆打造为海外游客与本地居民的链接点,为海外游客提供真实在地文旅体验。博物馆拥有专业的策展团队和讲解员,往往能够较深刻地触及和表达本地文化核心精髓。例如,荷兰梵高博物馆特别针对海外学生推出艺术工作坊和讲座等特别项目,带领来自全球的研学游客结合阿姆斯特丹本地文化深入了解梵·高艺术世界;又如,大英博物馆将本地志愿者、国际导游都纳入讲解服务海外游客的团队,通过官方渠道与专业导游和国际人才寻求合作,提供更地道、更国际化、更符合客源地理解习惯的博物馆旅游体验。中国游客就可以在携程、马蜂窝、大众点评等平台预订到中文讲解服务。此外,很多博物馆采用比语言文字更易被海外游客理解的多样互动方式传递内容。例如,美国国立亚洲艺术博物馆将馆藏编钟乐谱以钢琴按键互动装置呈现出来,易于东西方游客理解;华沙国家博物馆给每件画作配备耳机播放意境相似的音乐。

由此,引导上海的各类博物馆持续深化细化对海外游客的行为习惯、学习经历、满意度等画像特征数据收集和研究,并以此为依据创新展览形式,充分运用 3D 技术、虚拟/增强/混合现实技术增设互动体验,更易触达海外游客。在举办各种针对社区居民、国内游客的活动同时,提供可供海外游客预订、参与的通道,并联合策展团队、国际导游、本地志愿者搭建主客共享的文旅体验空间。

二、集群融合

开展博物馆集群、博物馆联盟、博物馆与旅游节庆联合宣推,形成规模和集聚效应,培育独有的博物馆旅游品牌。例如,华盛顿特区在旅游官网上将 17 座博物馆、画廊以及其中的 150 亿件藏品作为整体推广,将游览史密斯尼博物馆群包装成"一种生活方式",形成强大的旅游品牌效应。又如,英国将博物馆与夜生活文化结合,成立博物馆夜场活动的官方协调推广机构 MAN(Museum At Night),统筹推出博物馆之夜年度庆祝活动,成为吸引海外游客的英国夜间文化重要组成部分。再如,威尼斯多吉宫博物馆与威尼斯狂欢节深度绑定,米罗基金会艺术博物馆与当地节日"圣周"紧密联动。

以这些做法为鉴,一是探索以上海博物馆、中华艺术宫、上海当代艺术博物馆等高能级场馆为核心,整合推广人民广场、外滩、滨江、世博片区等博物馆集群。二是鼓励博物馆与世界人工智能大会、顶尖科学家论坛、上海国际电影电视节、中国上海国际艺术节、上海旅游节等节展赛会结合推出特别展览与活动,丰富海外游客参观体验。三是以博物馆为链接纽带,与国际性博物馆联盟中的其他国家城市展开旅游合作,定向吸引"一带一路"等国家游客。与长三角、长江经济带城市联动,共同开展海外宣推,举办跨馆跨市展览,合力提升长三角、中国在国际上的旅游知名度和影响力。例如以长江口二号古船博物馆建设为契机,与长江旅游推广联盟联动,向全球推广上海在长江这一中华文明重要符号中的关键节点位置,发挥中国入境旅游第一站作用。

第四节　拉动消费力：建立"博物馆＋旅游"跨界产品体系

一、体验联动

以各类博物馆主题为抓手,联动其他游客吸引点,有针对性地开发并推广切中海外游客喜好的旅游线路产品。例如悉尼国家海洋博物馆与悉尼歌剧院联合推出旅行套餐和优惠套票;巴黎奥赛博物馆与塞纳河游船公司合作提供套餐服务;巴塞罗那米罗基金会艺术博物馆将艺术活动延伸至户外海滩,扩大当地文化旅游影响力。

由此,探索针对海外不同年龄、不同圈层游客需求,以博物馆主体为核心,以博物馆所在社区为依托,以博物馆中展出的上海都市文化内容为抓手,策划 citywalk、cityride 等旅行线路产品,并通过社交媒体向海外用户发布。比如,以上海当代艺术博物馆、上海工艺美术博物馆等为核心,联动浦江游船,串联黄浦滨江绿地、徐汇滨江绿地、世博公园等,推出海派生活美学线路;以上海邮政博物馆、中国证券博物馆等为核心,联动苏州河两岸,推出海派文化记忆线路;以上海科技馆为核心,联动陆家嘴金融区,推出未来科技探索线路;以上海电影博物馆为核心,联动愚园路风貌街区等夜生活聚集区,推出都市社交派对线路;以上海城市规划展示馆、建筑模型博物馆等为核心,联动衡复风貌区、外滩建筑群等各类各级优秀历史建筑,推出海外版"建筑可阅读"线路,等等。通过博物馆里的上海都市文化内容核心以及周边点位的游览体验补充,向海外游客提供直观、丰富的文旅套餐选择,拉长消费链条,提升消费水平。

二、产品联动

注重海外市场文创产品营销推广,通过各种方式,从单一的博物馆文创销售转向"博物馆＋生活""博物馆＋商业"文旅品牌营销。以大英博物馆为例,海外文创产品推广尤其注重本土化、在地化,与当地有用户基础的品牌联名,比如在中国与中华铅笔、晨光文具、国潮彩妆、茶饮等能触达潜在游客日常生活的品牌合作,提高知名度。此外,大英博物馆曾在上海、广州等城市的大型商圈设立"流动体验馆",主打数字媒体互动、教育与 IP 衍生品销售,吸引大批观众购买。阿姆斯特丹国立博物馆免费开放60 万件藏品数字版权,鼓励公众参与二次创作,专门设立"博物馆工作坊奖"奖励优秀文创产品创意。美国现代艺术博物馆将旗下设计商店MoMA Design Store 独立化、品牌化、连锁化,打造成为"世界上最具前瞻性和最挑剔的设计品牌",成为现代艺术爱好者必逛必买地。经常在社交平台发起与文创产品相关的挑战互动,鼓励粉丝使用博物馆文创产品拍摄创意照片并使用特定话题标签分享,吸引更多用户参与。哥本哈根国立博物馆考虑不同国家地区的文化背景和审美偏好,专门针对海外游客推出"全球系列"文创产品,与国际电商平台合作销往全球各地。

借鉴以上案例,探索以上海的博物馆文创开发为抓手,进一步培育"博物馆＋生活""博物馆＋商业"文旅产品体系。一是突出在地化和生活化。拓宽上海文博衍生产品销售的国际渠道,鼓励上海各博物馆与海外客源地本土品牌、设计师开展跨界合作,推出联名款产品;探索与当地其他文化机构、旅游景点、餐饮企业、大型商圈、电商平台联动,共同推出文创产品套餐或优惠活动;利用海外社交媒体平台开展互动式营销,以争取更多国际消费者市场。二是聚焦精细化和定制化。鼓励针对不同客源地、不同年龄层的海外消费者,推出细分文创产品线;探索开发旅行体验与文创产品相结合的个性化服务内容,鼓励各博物馆针对海外游客推出诸如"定制导览路线＋专属参观纪念"等定制服务,以加深国际游客体验。三是加强商业化和创新化。探索利用上海丰富的研发人才和商业资源,完善博物馆旅游产品市场化开发流程,形成品种齐全、特色鲜明、优势突出的"博物馆＋生活"产品体系。注重利用海外社交媒体平台开展互动式文创产品营销,通过发放旅行奖励等方法鼓励全球公众参与博物馆 IP 的二次创作。开拓上海文博衍生产品的国际市场,在海外民众衣食住行的日常生活中实现文化输出,助力上海国际旅游形象有效提升。

参考文献:

[1] 中国文物交流中心.《2023 年度全国博物馆(展览)海外影响力评估报告》发布[EB/OL].(2024－07－02).http://www.aec1971.org.cn/art/2024/7/2/art_430_36981.html.

[2] 上观新闻.《2023 年上海市博物馆年度报告》出炉,中共一大纪念馆人气第一[EB/OL].(2024－05－18).https://export.shobserver.com/baijiahao/html/751234.html.